KB041647

Viva! Lawschool

비바!
로스쿨

최기욱

박영사

차례

제3장

여름방학

제4장

1학년 2학기

제5장

겨울방학

들어가며

로스쿨.

어떤 이에겐 꿈이고, 어떤 이에겐 현실이며, 어떤 이에겐 악몽이다.

내겐 정말이지 행복한 꿈이었다. 졸업 후 엔지니어로 5년을 근무하고, 퇴사한 후 로스쿨에서의 3년은 내게 인생 최고의 시간이었다(물론 진짜 최고는 지금의 와이프를 만난 순간이었습니다). 새로운 지식들, 훌륭한 교수님들, 생기 넘치는 똑똑한 동료들, 이것저것 도전해 볼 수 있는 기회와 여유 시간, 그리고 학생 신분에서만 누릴 수 있는 행동의 자유 등 모든 것들이 꿈만 같았다.

하지만 그렇게 느끼지 않는 이들도 많은 것 같다는 것이 내가 받은 인상이다. 적어도 '시험'의 측면에서 남들보다 못해 본 적이 없는 최고들이 한자리에 모여, 3년을 끊임없는 시험과 경쟁 속에서 살아가야 하는 곳이니 계속되는 불안감에 좌절과 분노를 느끼는 것도 충분히 이해가 간다.

그런데, 그래야만 하나? 일단 자신의 의지와 선택으로 입학을 한 이상 변호사 자격 취득을 위해 3년을 버티는 것은 어쩔 수 없는 일이다. 즉, 고정 변수다. 그렇게 계속 3년을 악몽으로 여기고, 날이 갈수록 비뚤어질 수도 있다. 우리의 부정적인 감정은 나름의 쓸모가 있기 때문에 자연선택과정에서 살아남았지만,[1] 어찌할 수 없는 상황에서의 부정적인 마음은 상황을 악화시킬 뿐이다. 이 책을 읽는 여러분들은, 그리고 안타깝게도 아직 이 책을 읽지 않은 법조계 모든 분들 역시 그러지 않으셨으면 한다. 행복은 라틴어로 '베아티투

1

도(beatitudo)'라고 한다. 복되게 하다는 뜻의 '베오(beo)'와 마음가짐을 의미하는 '아티투도(attitudo)' 명사의 합성어라고 한다. 즉 행복은 마음가짐에 달렸다는 것이다[2]. 이왕 학교에서 보내야 하는 3년의 시간, 즐겁고 재미있게 보내면 좋지 않겠는가.

바로 그러한 목적으로 이 글을 쓰기 시작했다. 나는 내가 선택한 업계의 사람들이 그 첫걸음인 로스쿨 생활을 신나고 행복하게 즐기길 바란다. 시작의 행복은 그 이후의 삶, 그리고 주변 사람들에게까지 긍정적인 영향을 미칠 것이다.[3] 내 동료들이 하나의 목표를 향해 함께 달려갈 수 있는 '전우'가 아니라, 나와 친구들을 짓밟고 올라가야만 한다고 생각하는 '경쟁자'들이라면 얼마나 재미없고 삭막한 인생인가. 앞으로의 모든 법조인들에게 내 행복과 꿈을 전염시키고 싶었다. 그리고 법조인이 아니더라도 이 글을 읽는 모든 이에게도 마찬가지이다. 나의 유쾌함이 이 책을 통해 그대에게 젖어들어가기를.

책을 쓴다는 행위는 많은 수고를 요하고 많은 것을 내포하는 행위이지만 적어도 나는 거창한 목표를 생각하며 이 책을 쓰지 않았다. 당연히 독자분들이 이 책을 통해 느끼고 얻어가는 것이 많았으면 하는 바이지만, 학업이나

---

1 나쁜 감정은 생존에 있어 합리적인 이유가 있다. 우리의 부정적 감정은 소위 '화재감지기 원리'로 설명되곤 한다. 생존이 걸린 큰 문제가 없어도, 문제가 생길 수 있는 상황이라면 일단 '알람'이 울리는 것이 안전한 것이다.
인류의 진화와 감정에 대해서 깊게 알아보고 싶은 이들은 다음 책을 참고하면 좋을 것이다.
랜돌프 M. 네스. 안진이 옮김. "이기적 감정". 더퀘스트. 2020.

2 이럴 때 쓰기 좋은 멋진 라틴어 문구들을 더 배우고 싶으신 분이라면 다음 책을 참조하자.
한동일. "라틴어 수업". 흐름출판. 2017

3 사회학자 닉 크리스태키스(Nick Christakis)와 제임스 파울러(James Fowler)의 연구에 의하면 친구들의 행복은 우리가 행복해질 확률을 높인다. 그리고 행복은 공동체 구성원들에게도 퍼져나간다. 즉 실제로 '전염'된다.
로빈 던바. 안진이 역. "프렌즈". 어크로스. 2021

직장생활에 치이는 중간중간 낄낄거리며 스트레스를 풀 수 있다면 나는 더할 나위 없는 보람을 느낄 것이다. 웃음과 행복, 인생에서 그것보다 중요한게 어디있겠는가.

이 책의 제목도 그러한 의도에서 지었다. 즐겁고 신나는 '학창시절'의 분위기를 전달하기 위해. 즐거움은 로큰롤, 로큰롤은 엘비스 아니겠는가.

Viva Las Vegas[4]!

물론 간접체험과 정보의 제공도 중요한 집필 목적이다. 로스쿨 입시를 준비하면서 스릴러 작품 "무죄 추정"으로 유명한 작가 스콧 터로의 "하버드 로스쿨"(원제는 "1L"으로 하버드 로스쿨 1학년을 가리킨다)을 읽었다. 참고로 두 책 모두 무척 재미있다. 꼭 읽어보도록 하자. 아무튼 "하버드 로스쿨"은 로스쿨 1학년생의 이야기를 그들이 배우는 것들과 특유의 경쟁적 분위기, 학풍 등을 모두 종합하여 소설가답게 실감나게 그려낸 에세이다. 로스쿨 입시를 준비하며 마음을 다잡는 데 큰 도움이 됐다. 나도 우리 후배님들에게 이러한 읽을 거리를 제공해주고 싶었다. 다만 나는 조금 더 범위를 넓혀서 3학년, 그리고 변호사시험까지의 이야기를 담았다. 요즘 변호사시험이 끝나고 하릴없이 넷플릭스 드라마에 빠져 살고 있는데 신나게 즐기다가 시즌1에서 이야기가 뚝 끊기면 그렇게 허탈할 수가 없다. 뭐, 내 책이 더 낫다고 주장하는 것은 아니다. 딱히.

그래서 책을 위한 준비작업으로 2019 입시 준비 시기부터 내 개인 블로그[5]에 로스쿨 생활 이야기를 시간순으로 써왔고 분에 넘치는 사랑을 받아왔다. 덕분에 자신감을 갖고 이 책을 낼 수 있었다. 내가 로스쿨을 준비할 때만

---

4 엘비스 프레슬리가 출연한 영화(조지 시드니 감독. 1964년 작) 제목이자 동명의 로큰롤 곡이다. 내가 '흥겨움'을 떠올릴 때 가장 먼저 떠올리는 곡들 중 하나이다. 많은 아티스트들에 의해 리메이크 되기도 하였으며 개인적으로 미국의 록밴드 ZZ Top의 리메이크를 가장 좋아한다.

5 http://blog.naver.com/girugi88

해도 로스쿨 생활을 다루는 블로그는 거의 없었지만, 이제는 많은 로스쿨 학생들이 블로그에 자신들의 생각을 남긴다. 무척 반가운 변화다(물론 이러한 변화의 시작이 내 블로그의 인기 덕분이라는 데에는 이견이 있을 수 있으나 무시하도록 하겠다). 글을 쓰는 행위는 쓰는 이들에게 생각의 깊이를 더해주고 문장력을 향상시켜준다. 그리고 이를 읽는 이들은 정보를 습득하고 감정을 공유할 수 있다. 모두에게 바람직한 일이다. 어차피 글로 먹고 사는 직군에 종사하기로 마음을 먹은 여러분들이라면 글쓰기를 생활화해보자.

이 책은 기본적으로 그렇게 내가 블로그에 썼던 로스쿨 생활기에서 글감을 따와 보완하고 종합한 뒤 살을 (굉장히 많이) 덧붙여 완성한 에세이이다. 공부하느라 힘든 시기에 로스쿨 준비생들에게는 꿈을, 로스쿨생들에게는 일상을 잠시 잊을 수 있는 재미있는 소일거리를, 법조선배님들에게는 추억을 곱씹어 볼 수 있는 기회를 주는 글이 되었으면 하는 바람이다.

내 블로그의 애독자라면 알겠지만 내가 책을 평가하는 두 가지 기준은 '재미'와 '지적쾌감'이다(하도 먹는 얘기만 써서 많은 이들이 잘 모르지만 내 블로그는 애초에 '책 블로그'였다). 재미있는 에세이로서의 역할 말고도 무릇 책이라면 배우는 것이 있어야 할 것이다. 지적쾌감까지는 아니더라도 지식, 특히 수험과 관련된 내용을 포함시키지 않을 수 없었다. 아무래도 로스쿨에 관심이 많을 사람들(즉 이 책의 주 예비 독자들)은 아직 입학하지 않은 직장인, 학생들이 대다수일 것이기 때문에 정보제공을 위해 로스쿨 제도와 입시에 대한 정보를 넣었다. 또한 이미 입학한 두번째 주 예비 독자분들(즉 로스쿨생들)을 위해 학교 생활 그리고 변호사시험에 대한 현실적인 이야기들도 많이 다루고자 한다. 읽는 이들에 따라 관심이 없을 수도 있고, 오히려 이런 부분만 추려서 보고자 하는 독자들도 있을 것으로 생각되기에 이런 내용들은 본문과 별도로 구분하였다.

2022년 희망을 담아.

퇴사에서
입학까지

제**1**장

Viva! Lawschool
비바! 로스쿨

이공계 직장인의 로스쿨 생활기
퇴사부터 입시, 변호사시험까지

로스쿨 제도

법학전문대학원 설치 · 운영에 관한 법률
(약칭: 법학전문대학원법) 제2조

　법학전문대학원의 교육이념은 국민의 다양한 기대와 요청에 부응하는 양질의 법률서비스를 제공하기 위하여 풍부한 교양, 인간 및 사회에 대한 깊은 이해와 자유 · 평등 · 정의를 지향하는 가치관을 바탕으로 건전한 직업윤리관과 복잡다기한 법적 분쟁을 전문적 · 효율적으로 해결할 수 있는 지식 및 능력을 갖춘 법조인의 양성에 있다.

법학전문대학원 설치 · 운영에 관한 법률 제정이유

　현행 법조인 양성제도는 법학교육과 사법제도의 연계가 부족하여 대학에서 충실한 법학교육이 이루어지기 어렵고, 복잡다기한 법적 분쟁을 전문적 · 효율적으로 예방하고 해결하는 능력을 갖춘 법조인을 양성하는 데에 미흡하다는 지적에 따라 다양한 학문적 배경을 가진 자에게 전문적인 법률이론 및 실무에 관한 교육을 실시하는 법학전문대학원제도를 도입함으로써 국민의 다양한 기대와 요청에 부응할 수 있는 법률서비스를 제공하려는 것임.[1]

　로스쿨은 1870년 하버드 대학교에서 시작된 법률가 양성기관이다.
　법학은 분쟁해결의 도구로써 기능하는 실용적 학문이다. 따라서 인간과 사회에 대한 다양한 지식과 경험을 갖춘 자들에게 법률 교육을 시행함으로써 사회의 다양하고 새로운 문제들에 대한 법적 문제해결 능력을 갖춘 법률가를 양성하고자 하는 취지를 담고있다. 그래서 미국의 로스쿨은 법학 이외의 과목을 전공하여 졸업한 사람을 대상으로 3년의 교육과정을 거쳐 변호사시험의 자격을 부여한다. 미국의 로스쿨에는 여러 교육과정이 있지만 법학적성시험인 LSAT을 치르고 입학하는 3년의 법학전문석사 J.D.(Juris Doctor) 과정을 주로 의미한다. 그 외의 법학석사 LL.M.(Legum

---

1　국가법령정보센터 참조
　https://www.law.go.kr/

Magister), 법학전문박사S.J.D.(Doctor of Juridical Science) 등의 교육과정도 존재한다. 실무중심의 교육을 지향하다보니 판례집casebook 위주의 교육이 이루어지는 것이 특징이다.[2]

대한민국에서는 사법개혁의 기치 아래 2009년에 처음 로스쿨 제도가 도입되었다. 많은 이들의 오해와는 다르게 단번에 이루어진 것이 아니라 1995년부터 한국형 로스쿨 제도의 도입이 논의되어 왔고 10년이 넘는 논의과정과 80회 이상의 공청회, 수많은 연구보고서 등을 거쳐 출범했다.

한국형 로스쿨 제도는 기존 사법시험 제도의 단점들인 ① 고시낭인 양산과 고시 업계의 성장으로 인한 수험생들의 경제적 부담 증가, ② 법조직역의 획일화, 폐쇄화, ③ 특정 학교들에 쏠린 합격생 양산으로 인한 국가 균형발전 정책에 역행, ④ 법률 외 전문지식이 필요한 새로운 분쟁상황에 대한 대처능력 미비로 인한 국제경쟁력 결여 등의 문제를 해결하고자 했다. 이후 기존보다 훨씬 다양한 출신성분과 전공[3]의 학생들이 입학하여 많은 분야의 훌륭한 법조인으로 배출되는 등의 성과를 거두며 한국의 법조인 양성소로서 자리잡았다.[4]

아직까지 기존 제도의 잔상이 남아 현재의 제도와 충돌하고 있는 과도기이며, 이로 인해 로스쿨 제도 취지에 충실한 교육이 이루어지고 있는지에 대한 논란이 계속되고 있다.

---

2 '로스쿨'. 네이버 시사상식사전 참조
https://terms.naver.com/entry.naver?docId=937458&cid=43667&categoryId=43667

3 연령, 출신학교, 전공, 사회경제적 지위 등 모든 측면에서 로스쿨제도는 기존 제도보다 훨씬 큰 다양성을 보인다. 변호사시험 합격자 중 35세 이상은 19.91%로 사법시험 합격자에 비해 연령대도 2배 이상 높다. 2021년까지 국내 141개, 외국 60개 대학 출신이 로스쿨에 입학했다. 또한 법학 전공자가 82.15%였던 기존에 비해 현재 변호사시험 합격자는 법학 비전공자가 52.36%이다. 이공계 출신들의 진출도 활발해졌다. 2009년부터 2020년까지 이공계 출신 2,284명이 로스쿨에 입학했다. 사회적 취약계층을 위한 특별전형제도도 운영, 2009부터 2020년까지 1,632명이 특별전형으로 로스쿨에 입학했다. 법학전문대학원협의회가 2021. 4. 발간한 '로스쿨팩트체크' 참조.
법학전문대학원협의회 자료실에서 다운로드 받을 수 있다.
http://info.leet.or.kr/board/board.htm?bbsid=publication&ctg_cd=pds

4 이상의 내용은 법학전문대학원협의회 발간 '로스쿨 창' 2022년 1월 호를 참조했다.
법학전문대학원협의회 자료실에서 다운로드 받을 수 있다.

이에 따라 법학전문대학원 협의회 차원에서 '법학전문대학원 교육 정상화를 위한 법조인 양성 제도의 개선방안', '변호사시험 제도의 바람직한 개선방안' 등이 논의되고[5], 최근에는 법학전문대학원 학생협의회 차원에서 로스쿨 제도 개선안 제안대회[6]가 열리는 등 문제를 해결하려는 활발한 노력이 계속되고 있는, 현재 진행 중인 진화하고 있는 제도이다.

한국의 로스쿨 역시 법학적성시험 LEET를 치르고 입학하며, 이후 입학생들은 3년의 과정을 거쳐 법학전문석사 자격과 변호사시험 응시자격을 취득한다. 미국과 다른 점은 로스쿨이 없는 학교에 법학 학부가 존속 중이고, 케이스스터디에 국한되지 않고 실무는 물론 이론까지 두루 교육한다는 점 등이 있다.

현재 전국 25개 대학에서 로스쿨을 운영하고 있다. 목록은 다음과 같고 학교명 뒤의 괄호 안 숫자는 입학정원이다.

서울대(150), 고려대(120), 연세대(120), 성균관대(120), 부산대(120), 전남대(120), 경북대(120), 한양대(100), 이화여대(100), 충남대(100), 전북대(80), 동아대(80), 충북대(70), 영남대(70), 경희대(60), 원광대(60), 중앙대(50), 외대(50), 인하대(50), 시립대(50), 아주대(50), 건국대(40), 서강대(40), 강원대(40), 제주대(40)

---

5 역시 법학전문대학원협의회 자료실에서 참조

6 2022년 2월 25일 개최되었다. 법률신문 참조
   https://www.lawtimes.co.kr/Legal−Info/Legal−Info−View?serial=176084

퇴사를 꿈꾸며

3년 차.

대부분의 직장인들이 퇴사를 꿈꾸는 시기이다. 남녀노소 안가리고, 심지어 신의 직장이라고 불리는 곳에 다니는 녀석들도 3년 차만 되면 자다가도 소속 기관 이름만 들으면 벌떡 일어나 몸에서 두드러기가 난 듯이 반응한다. 이 시기의 직장인들은 아침에 알람 소리를 들으며 일어나는 순간 입에서 자동으로 육두문자부터 나오며, '다 패버리고 싶다'는 생각이 퇴근 전까지 머릿속에서 떠나지를 않는다. 덕분에 이직이 제일 활발하게 이루어지는 시기이기도 하고, 이직 시 경력으로 쳐주는 근무 기간의 마지노선 역시 3년이다. 심지어 요즘은 더 빨라져서 3, 6, 9 '개월' 째에 이런 경험을 하는 직장인들도 늘고 있다고 한다. 인류 발전은 초선형적으로 이루어지므로 동일한 정도의 발전에 소요되는 시간이 갈수록 짧아진다[7]. 몇 년이 지나면 '주' 단위 퇴사가 트렌드가 될지도 모르는 일이다. 아무튼 왜 그 시기가 되면 그리도 퇴사가

---

[7] 혁신의 속도는 단지 지수적이 아니라 초지수적으로 팽창하고 있다. 도시인의 삶이 갈수록 빨라진다는 느낌은 착각이 아니다. 인류 발전과 혁신의 주기와 관련, 초선형적 스케일링과 유한 시간 특이점finite time singularity에 관하여 더 깊은 지식을 얻기를 원한다면 다음 책을 참조.
제프리 웨스트, 이한음 역. "스케일". 김영사. 2018

10

하고 싶은지 아직 과학적으로 밝혀진 바가 없다. 아마도 '취업의 기쁨과 돈 버는 즐거움'에 작용하는 호르몬의 유효기한이 끝나서 아닐까. 사랑의 흥분을 일으키는 페닐에틸아민의 작용도 그 유효기간이 3년이라고 한다.[8] 나도 마찬가지였다.

3년 차 어느 날, 대학생 때부터 친하게 지내던 친구와 집 근처 칵테일 바에서 한탄을 하고 있었다. 이 친구는 훗날 내 결혼식 사회를 보게 된다. 이날의 술안주도 어김없이 '퇴사하고 싶다' 타령이었다. 하지만 '퇴사하면 뭐 해 먹고 살지'의 문제가 우리의 발목을 잡았다. 3년 차 직장인들의 대부분이 퇴사를 꿈꾸지만 결국 그들의 반절은 그러지 못하는 이유이다. 나라고 별 수 있겠나. 나도 이 문제를 해결못하던 중이었다. 집안 사정상 그냥 백수가 될 수는 없었다. 결국 퇴사를 한다면 어디든 새 직장을 구해야 했다. 이 문제는 내가 다니던 회사는 당시 업계에서 제일 좋은 조건의 회사였기에(지금은 택도 없다) 더욱더 딜레마였다. 같은 업계로 가는건 다운그레이드고, 새로운 업계로 가기엔 당시 내 전공인 기계공학 관련 업계의 사정들이 좋지 않았다(이 상황은 지금 이 책을 쓰고 있는 2022년 현재에도 마찬가지이다. 안타까운 일이다). 그렇기에 내 경력도 어느 정도 인정받으면서 내가 원하는 조건들을 맞출 수 있는 더 괜찮은 직장을 찾는 것이 지상과제였다. 퇴사를 위해.

한편 친구는 건축학과 출신이라 학부가 5년이었기에 나보다 1.5년 사회생활 시작이 늦었지만, 원래 사회에 불만이 많던 친구라 그런지 발 빠르게 퇴사의 꿈을 꾸고 있었다. 이때까지만 해도 나는 이 친구가 구체적인 계획이 있다는 걸 모르고 있었다. 그러나 내 친구는 그저 불만이 많은 평범한 불만

---

8 사랑의 유효기간에 관하여 더 깊게 배우고 싶은 로맨티스트라면 다음 기사를 참조하면 도움이 될 것이다. "사랑의 콩깍지 씌우는 페닐에틸아민". 2012. 10. 4. 브레인미디어 https://www.brainmedia.co.kr/BrainScience/1099

쟁이가 아니라 실행력을 갖춘 불만쟁이였다. 한참 쓰레기 같은 상사를 라볶이와 함께 씹어 대고 있던 차에(칵테일 바였지만 기가 막힌 라볶이를 팔았다) 이 친구 녀석이 느닷없이 로스쿨을 준비하고 있다는 충격고백을 했다. 순간 눈이 번쩍 뜨였다. 이거다.

라이센스. 일반 퇴사자는 동네 노는 아저씨가 되지만 라이센스를 딴다면? 동네 노는 변호사가 된다. 세상에서 제일 멋있어 보인다. 내 여태까지의 고뇌들이 한번에 해결됐다. 됐다. 가자.

'친구따라 강남간다'는 옛말이다. 이제 친구따라 변호사되는 시대다. 그렇게 이 친구는 내 결혼식 사회도 봐주고 나를 변호사로도 만들어 준, 내 인생에서 가장 중요한 역할을 한 친구가 되었다.

여기서 잠깐, 왜 나는 학생 때부터 로스쿨을 생각하지 않았는지 의문이 드는 학생 독자분들이 많을 것이다. 현재 많은 수의 학생들이 학부를 졸업하고 바로 로스쿨에 입학하는 것을 감안하면 타당한 의문이다. 나는 2007학번으로 로스쿨의 탄생(2009년)을 대학교 재학 중 목격했다. 그 당시 학교 분위기를 살펴보자. 다음 내용들은 물론 어느 정도 주관적이며 각자 지인들의 범주에 따라 상황과 분위기가 다를 수 있음을 염두에 두며 읽자. 독자분들의 주관적 경험에 따라서 "내 기억과 다른데?", "내 친구들은 안 그랬는데?!" 이런 말이 튀어나올지도 모른다. 내 경험이니까 토달지 말자.

당시 고려대학교 온라인 커뮤니티 전반적인 분위기와 법학과를 다니던 내 친구들의 태도는 '(고법 자존심이 있지) 당연히 사법고시봐야지 뭔 로스쿨이니?'였다(그 친구들은 모두 몇 년 후 전국 곳곳의 로스쿨에 입학했다). 그들의 이러한 인식은 내게도 많은 영향을 미쳤다. 내가 잘 모르는 분야이니 그들이 그렇게 말하길래 나도 그렇게 받아들였다. 이후 내 많은 문과 친구들이 사법고시, 행정고시, 외무고시를 준비하느라 신림동으로 사라졌다. 그리고 다시는 그들을 볼 수 없었다. 그런 시대였다.

재미있는건 고등학교 친구들 중 꽤 많은 수가 연세대 법학과를 입학했는데, 그 친구들은 모두 발빠르게 로스쿨에 입학하였다. 내 고등학교 친구들은 빠르면 3기(2011년도 입학), 군대를 다녀온 남학생들은 5기 즈음에 분포해있다. 연세대의 학풍이 확실히 트렌디한 것인가. 당시 한 연대 법대 친구 녀석과 카페에서 수다를 떨던 때의 기억이 난다. 그 친구가 자신이 요즘 공부하는 것이라면서 내게 퍼즐 문제같은 것들(나중에 알게 되었지만 LEET 문제였다)을 잔뜩 보여주길래 서로 "뭔 대학생이 이런걸 공부하니? 하하!" 하면서 즐겁게 웃었던 기억이 아직도 생생하다. 10년 후 내가 그걸 울면서 뜯어보고 있을거란 사실은 꿈에도 몰랐다.

한편 당시 이공계열에서는 과 이름에 '화학' 또는 '생명'이란 명칭이 붙은 학과 학생들은 모두 하나되어 의학전문대학원, 약학전문대학원 입시를 준비했다. 대학생들이 대학교에서 만나서 단체로 손잡고 학원을 가는 아름다운 광경이 연출됐다. 그리고 기계공학과는 100명 졸업하면 200명이 대기업에 취업한다는 최대 호황기였다. 주변의 나름 공부 좀 한다는 녀석들도 고시류 시험이나 다른 진로를 생각하는 일이 많지 않았다. 굳이? 아무도 미래를 걱정하지 않았다. 슬프게도 그 호황기는 내 졸업시기에 맞추어 끝났다.

어쨋든 이러한 내 대학 재학 당시 분위기 덕분에 재학 중에는 물론, 졸업 후 한참 동안에도 로스쿨이 내 진로가 될 것이라는 생각을 해 본 적이 없었다. 친구와 술집에서 라볶이를 씹던 그 날까지는.

물론 위와 같은 즉흥적이고 단순한 이유만 있었던 것은 아니다. 내가 삶을 즐기며 바람 따라 음악 따라 떠다니듯 삶을 살아가고 있긴 하지만 그렇게까지 생각 없는 녀석은 아니다. 남들도 그렇게 생각해주기를 바란다.

내가 근무하던 당시는 마침 '주 52시간'[9] 논의가 뜨거운 감자였던 시기였기에 나쁜만이 아니라 많은 직장인들이 노동법 전문가가 되었던 시기이다. 나도 이때 혼자 노동법 책을 읽으며 열심히 노동법을 독학하고, 내 근로계약서와 회사 취업규칙을 날마다 잡아먹을 듯이 노려보곤 했다. 거기다가 내가 4년 차가 되었을 때 회사에 처음으로 노동조합이 생겼다. 전직원 모두가 노동법에 관심이 많을 수밖에 없었다.

그리고 마침 4년 차에 기존의 설계 부서에서 리스크 관리 부서로 팀을 옮기며 건설 실무에서 벌어지는 각종 분쟁들과 FIDIC[10]을 배웠다. 처음 3년을 몸담은 설계부서의 엔지니어링 실무에서의 분쟁은 주로 공학적 문제였지만 팀을 옮기며 그보다 범주가 큰 계약 관련 분쟁을 다루게 된 것이다. 그렇게 나도 모르는 사이 법의 세계로 한걸음 내딛고 있었다.

이러한 배경은 나중에 자소서에서 큰 힘을 발휘했고 로스쿨 생활 기간 동안 내 진로 설정과 학업계획에 지대한 영향을 미쳤다.

---

9 이는 법정근로시간 40시간(근로기준법 제50조)에 최대 연장가능근로시간 12시간(동법 제53조)을 합쳐 일주일의 최대 근로시간을 주 52시간으로 제한하는 근로기준법 개정으로, 2018년 7월 1일부터 시행 중이다. 머리 좋은 누군가가 용어의 명칭을 '주 52시간'이라 프레이밍 한 덕분에 법을 모르는 사람들은 주 52시간을 무조건 일해야 되는 것으로 많이들 잘못 생각하고 있다. 우리나라의 법정근로시간은 2003년부터 계속 여전히 주 40시간이고 최대 근로가능시간이 주 52시간으로 바뀐 것이다. 정말 재미있는 것은 이 글을 쓰고있는 2022년 현재에도 아직도 주 52시간이 논쟁거리가 되고 있다는 것이다. 참고로 국제노동기구는 1935년에 1주 40시간 기준을 채택했다.
임종률. "노동법". 박영사. 2020

10 FIDIC[Fédération Internationale Des Ingénieurs-Conseils]은 건설산업계에서 표준을 제정하는 국제컨설팅엔지니어링연맹이자 해당 기관에서 작성하는 국제 표준 건설계약서 양식을 일컫는다. 해외 건설분야에 관심이 있는 법학도라면 한번쯤 어떤 내용이 있는지 공부해두는 것이 필수적이다. 이와 관련한 상세한 사항을 알고자 한다면 아래 사이트를 참조하자.
https://www.fidic.org/

이 글을 읽고 계시는 여러분이 현재 직장생활 중이라면 이왕 로스쿨에 관심을 갖게된 김에 자신의 근로계약서와 회사의 취업규칙을 한번 공부해보도록 하자. 그리고 자신의 업무와 관련된 분쟁상황들이 어떠한 측면에서 발생하는지, 관련 업무와 그에 관한 분쟁해결이 어떠한 프로세스를 거쳐서 이루어지고, 어떠한 서류와 어떤 법률조항들이 문제되는지 눈여겨보자. 짧게는 로스쿨 자기소개서 작성에 큰 도움을 받을 것이고 길게 보았을 때 향후 변호사로서 법적분쟁을 다루는 데에 소중한 자산이 될 것이다.

지금 이 책의 독자분들은 어떤 동기에서든 로스쿨에 관심이 있는 분들일 것이다. 그렇다면 여러분들도 왜 자신이 법조인이 되고 싶은지, 왜 로스쿨에 입학할 생각을 하게 되었는지 한 번쯤은 진심으로 생각해보길 바란다. 로스쿨 생활을 견디는 과정이든, 법조인으로서 살아가는 과정에서든 자신이 이때 가졌던 '그 때의 그 마음가짐'을 되새겨보는 것이 여러분의 힘든 삶을 이겨내는데에 버팀목이 되어 줄 것이다.

그리고 진심은 아니더라도 그럴싸하게 남들 앞에서 말할 수 있는 순화된 버전도 생각해두자. 이 생각은 당장 자기소개서에서 써먹을 자료가 되어 줄 것이다. 또한 이와 관련한 내용을 다른 사람들에게도 이야기를 하게 될 일이 반드시 한번쯤은 있을 것이다. 물론 사람들은 이 버전을 고개를 끄덕이며 듣곤 하겠지만 곧이 곧대로 믿지는 않을 것이다.[11]

---

[11] 스탠퍼드대학의 칩 히스Chip Heath 교수는 우리가 다른 사람들에게 동기가 부족하다고 생각하는 경향을 '외부 인센티브 편향'이라 부른다. 그가 로스쿨생들을 대상으로 실시한 설문조사에서 "응답자의 64%는 법을 공부하는 것이 오랜 꿈이거나 관심이 있어서 선택했다고 답했다. 그러나 다른 로스쿨생도 마찬가지일 것이라고 믿는 비율은 12퍼센트에 불과했다. 나머지 모든 학생들이 돈 때문에 법을 공부하고 있다고 생각한 것이다." 뤼트허르 브레흐만. 조현욱 역. "휴먼카인드". 인플루엔셜. 2021

종합해보면 나는 3년 차 초에 퇴사를 꿈꿨으며, 3년 차 말에 로스쿨에 대한 아이디어를 얻었고, 4년 차에 노동분쟁과 건설분쟁에 대한 경험을 얻고 관련 교육을 받으면서 퇴사 계획을 세우기 시작했다. 그리고 5년 차. 본격적으로 로스쿨 입시에 뛰어들었다. 엔지니어 최대리의 친구따라 변호사되기 프로젝트, 시작합니다.

퇴사준비

　원래대로라면 입시준비에 대한 글이 나오는 것이 순서이겠지만, 로스쿨 입학을 꿈꾸는 직장인들을 위해 퇴사 준비과정도 잠시 언급하고 넘어가도록 하자.

　각자 맡은 일과 직급, 조직 분위기에 따라 주변에 퇴사 결심을 알리고 퇴사 준비를 실행하고 실제로 퇴사를 하는 시기와 방법은 상이하다. 나의 경우에는 로스쿨 입시에 뛰어드는 것을 4년 차 말 정도에 확정하였다. 여기서 '확정'이라 함은 와이프와 장모님의 허가를 득하였음을 의미한다. 쉽지 않은 결정이었을텐데 내 뜻을 존중해주셔서 감사합니다.

　그리고 확정 이후 나는 일반 직장인들과 조금 다른 노선을 택했다. 보통은 퇴직준비를 숨기고 입학까지 확정이 된 이후 퇴사 커밍아웃을 한다. 지금 책상 밑에 숨어 남몰래 로스쿨을 준비하는 직장인 대부분이 이렇게 계획하고 계실 것이다. 하지만 나는 입시준비 시작을 확정하고 나서부터 바로 동네방네 '나 퇴사하고 로스쿨 갈꺼다'라고 소문을 내고 다녔다. 이해가 안갈 것이다. 솔직히 감정적으로 '다 엿이나 먹으라지!'하는 마음이 없었던 것은 아니다. 하지만 보다 이성적 사고에 근거한 이유가 있었다. 내가 근무하던 곳은 당시의 '주 52시간제' 논의에도 불구하고 야근이 일상이었던 조직이었기에 이렇게 하지 않으면 입시준비에 필요한 퇴근 후의 공부시간 확보가 불가능할 것이란 판단이 있었던 것. 로스쿨 입시가 그리 많은 시간을 들일 필요는 없는 과정이지만 어느 정도는 필요한 것이 당연하다. 뭘 하려면 적어도 퇴근은 해야할 것 아닌가. 물론 이와 같은 '대놓고 말하기' 전략은 조직 특성과 자신의 상황에 따라 달리 취해야 한다. 아무 생각없이 '책보니까 최씨가 이랬대서 나도 그냥 질렀어요!'하고 따라하면 안 된다. 자기책임원칙이라는 게 있다.

말은 이렇게 했지만 나도 팀장님과 담당 임원분과 충분한 대화를 통해 서로의 입장을 확인하고 업무를 조율하며 충분한 인수인계 계획을 세우며 퇴사준비를 하였다. 나는 그렇게 약 1년 반 동안 입시 준비에 필요한 시간을 벌었고 부드러운 퇴사절차를 밟을 수 있었다. 경우에 따라서 몰래 준비하다가 합격발표와 함께 급작스런 퇴사통보를 하는 것이 오히려 예의가 아닐 수도 있다. 눈치껏 판단하도록 하자. 사회생활이 다 그렇지 뭐.

일찍부터 퇴사 커밍아웃을 하는 방법의 단점은 남은 기간 동안 다른 사람들의 눈치를 보아야 한다는 당연한 점 외에도 또 있다. 굉장히 현실적인 문제이고 입시결과에 지대한 영향을 미칠 수도 있는 단점이다. 이러한 전략은 '반드시 합격해야만 하는' 배수의 진을 치는 것이다보니(물론 본인이 주변에 큰소리 뻥뻥치고 실패해도 전혀 남들 눈치를 안보는 철면피라면 상관없다), 쫄지말고 편안한 마음으로 봐야지 잘 볼 수 있는 적성시험인 LEET를 극심한 긴장 속에서 보게된다는 것이다. 시험을 볼 때 긴장을 심하게 하는 분이라면 이 점이 상당한 압박으로 작용할 수 있으니 자신의 상황에 맞는 선택을 하도록 하자.

퇴사시기의 경우 보통 12월에서 다음해 2월 중에서 상황에 맞게 선택하면 된다. 나는 입학 전 해의 12월 말이었다. 12월 31일까지. 딱 5년을 채웠다. 그런데 근무 시작일이 '1월 2일'부터였다는 이유로 치사하게 경력증명서에는 4년 11개월이라고 찍어주더라. 끝까지 너무하네 진짜. 나는 일찍부터 인사담당자분들과 퇴직 계획을 세웠었고, 퇴사를 하는 김에 예습도 할 겸 2개월은 쉬고싶다는 생각이었기 때문에 12월 퇴사를 결정했다.

업무 사정상 또는 월급을 한 달이라도 더 받기 위해 1월, 2월 즈음에 퇴사를 하는 직장인 출신 로스쿨생도 많은 것으로 알고있다. 합격발표 후 충분한 예습기간 확보를 원하시는 분이라면 일찍, 최소 12월에 퇴사를 하는 것이 좋다. 나는 추가합격으로 1월에 합격이 확정되었기에 12월 퇴사는 굉장히 패기로운 짓이었다. 물론 지원한 두 학교 중 한군데는 반드시 합격할 것이라는 자신감이 있었기에 그리한 것이었지만 사실 한 달 동안 무서워서 잠도 제대로 못잤다. 상황이 굉장히 난처해질 수도 있다. 이런 점을 고려하면 '합격 발표 이후 상황이 허락하는 한 최대한 빨리' 퇴사를 하는 것이 좋아보인다.

형편이 좋지 않아 국가장학금을 받아야 하는 학생이라면 반드시 12월 중순 이전에 퇴사를 해야 한다. 1학년 1학기 국가장학금 신청 및 소득분위 산정이 12월 중순을 기준으로 이루어지기 때문이다(이는 추가합격으로 1월 이후에 합격이 확정된 분들의 경우도 마찬가지이다. 정확한 시기는 그 해 국가장학금 공지를 확인하자). 따라서 12월에 아직 퇴사절차가 마무리 되지 않아 소득이 있는 상태라면 비록 바로 다음달부터 소득이 없게되더라도 12월의 소득을 기준으로 소득분위를 산정하게 된다. 그리고 첫 학기 등록금에는 입학금이 포함되기 때문에 가장 부담이 크다.

ⓣIP 로스쿨 입시

로스쿨 입시는 입사나 이직처럼 준비, 실행, 결과발표가 빠르게 이루어지는 절차가 아니기에 일반 이직준비보다 훨씬 장기의 계획과 준비가 필요하다. 그리고 갈수록 로스쿨 입시에서 정성요소들의 '합격결정력'이 중요시되는 추세이고, 정보 공개가 거의 이루어지지 않는 입시 특성상(적어도 지원자 입장에서는) 모두들 불확실한 희망과 좌절로 점철된 시간을 보내야 한다. 학생을 선발하는 입장에서 생각해보면 어쩔 수 없는 일이기도 하다. 시대가 요구하는 인재상은 계속 바뀌기 마련이다. 그리고 입시든 취업이든, 가족보다도 더 오랜 시간을 함께 보내고 함께 목표를 달성해나갈 '사람'을 뽑는다는 것은 본래 주관적일 수밖에 없는 작업이다. 결과적으로 세상 일이 다 그렇지만 입시 역시 100퍼센트 확실성이란 존재하지 않는다. 따라서 여러분의 고통은 필연적이다.

그럼에도 불구하고 다행히 입시는 취업에 비해서 훨씬 객관적인 지표를 활용할 수 있으며 이에 따라 꽤나 안정적으로 합격 가능성을 점칠 수 있다. 따라서 입시에 대해 미리 알아두고 각 지원학교에 맞는 준비를 하는 것은 법조인을 꿈꾸는 이들에게는 필수 과정이다.

1. 네 자신을 알라

먼저 자신이 로스쿨에 지원은 가능한지, 가능하다면 어느 정도의 순위의 로스쿨에 입학이 가능할지를 파악해야 한다.

이 지원가능성 판단의 기초는 **학점 / 토익 / LEET** 3대 정량요소다. 자소서에 들어갈 서류나 면접같은 정성요소들도 중요하지만 이는 최종합격여부를 좌우하지, 지원가능성을 좌우하긴 힘들다. 일단 서류통과가 제1과제이다. 그렇기에 제일 먼저 확인해야 할 것은 정량이다.

3대 정량요소 중에서 학점과 토익은 지원을 마음먹은 순간 확인 가능한 요소들이다. 아직 학생 신분이라면 아닐 수 있겠지만. 최선을 다해서 점수를 올려두자.

현재 모든 요소들이 상향평준화되고 있다. 원인은 다양하다. **LEET**는 단순히 응시자 수가 늘어감에 따라[12] 같은 표준점수라도 그 점수를 받은 학생수가 증가하며 입학 정원은 그대로 정해져 있는 입시에서의 희소성이 떨어지고 있다. **학점**은 더 가파르게 증가세를 보인다. 날이 갈수록 입시 준비생들의 평균 학점이 높아지는 추세인지라 이미 졸업한 준비생들의 골머리를 썩게 한다. 특히 코로나 시대를 맞아 A 학점이 남발되고 있는 현재 대학가의 모습을 생각한다면 로스쿨에 관심이 있는 학생들은 일 년이라도 더 빨리 입시에 뛰어들어야 한다[13].

평균 학점의 증가 원인은 단순한 응시생의 증가 외에 다른 요소들이 있는 것으로 보인다. 학점은 원래 학생의 학습능력과 성실도를 판단하기 위한 척도였다. 하지만 일단 회사들과 전문대학원에서 높은 학점에 대한 선호가 형성되고 난 뒤에 학생들은 재수강과 학점을 잘 주는 수업 위주의 수강 등으로 '학점 자체'를 관리하기 시작했다. 취업난과 입시경쟁이 치열해지며 이는 더 심해져 학생사회는 상대평가의 완화와 절대평가를 요구했고 학교는 이들의 기대에 부응했다. 결과적으로 평균학점은 점차 상승하며 성실성과 학습능력의 지표로서의 취지와 다소 유리되어 어느 정도의 경향성만을 나타내게 되었다. 이는 '피셔의 폭주과정' 모델과 부합한다.[14] 작은 경향성의 이탈임에도

---

12 2016년부터 꾸준히 응시인원이 늘어 2016년 7,578명, 2017년 8,110명, 2018년 9,408명, 2019년 9,740명, 2020년 10,291명, 2021년 11,150명, 2022년 12,622명이 되었다. 하기 기사 참조
"2022 LEET 응시자 12,622명, 4년 연속 '역대 최다 경신' … 응시율 90.4%"
http://www.veritas−a.com/news/articleView.html?idxno=379922

13 학교별, 학과별 졸업학점 분포는 대학알리미 사이트에서 확인 가능하다.
https://www.academyinfo.go.kr/index.do

14 로널드 피셔(Ronald Fisher)는 수학자이자 생물학자이다. 그는 환경에 대한 '적응'과 관련이 없는 공작의 깃과 같은 '아름다움(과시형질)'이 어떻게 진화했는지를 설명했다. 특정 형질에 대한 선호가 적응적 관점(자연선택적 관점)에서 먼저 자리잡으면 경쟁이 심한 상황에서는 자연선택과 별개의 성선택의 관점에서(매력이 있기에) 그 형질 자체가 목적이 되어 진화한다는 것이다. 예를 들어 어떤 새의 긴 꽁지가 최초에 건강을 나타내는 표지로써 기능하여 선호되었지만, 일단 선호요소가 된 이후에는 긴 꽁지 자체가 성선택의 매력이 되어 애초의 '적응성의 지표'라는 목적과 유리된 채 독자적으로 발전, 점점 더 긴 꽁지를 지닌 새들이 나타나게 된다. 유전적 공진화의 결과이다. 이를 강화적 성선택 메커니즘, 또는 폭주 과정으로 부른다. 이는 이후 수리생물학자인 러셀 랜드와 마크 커크패트릭에 의해 수학적으로 모델링되었다.
대학교의 예를 들면 "대학 평가 지수"에 외국인 학생수가 중요한 평가 지표가 된다는 사실이 알려지자 국내 유수의 대학들이 외국인 학생수만을 기계적으로 늘리는 데에 몰두하기 시작했다. 결과적으로 그 지표가 나타내고자 했던 '좋은 대학인지' 여부와는 전

오직 전국 2,000명만을 뽑는 로스쿨 입시에는 큰 영향을 미칠 수밖에 없다. 더군다나 A 학점 비율이 유의미하게 늘어난 코로나 이후 이러한 경향은 훨씬 심해진 상태다. 게다가 졸업연도별, 학교별, 과별로 각각 평균 학점이 현저히 다른 것은 형평성의 문제를 일으킬 소지가 다분하다.

다행히 피셔의 폭주 과정 모델에 의하면 자연선택과 성선택의 균형은 '점'이 아닌 '선'에서 이루어진다. 즉, 학점이 그것이 나타내는 취지와 유리된 상태에서는 높은 학점만을 중시하지 않는 학교들이 생기기 마련이다. 포지셔닝 전략이라 할 수 있다. 일부 로스쿨들은 일정 점수 이상의 학점을 받은 경우 모두 만점을 주어 비중을 낮추거나, 학점을 '짜게' 주기로 유명한 학과 출신의 경우 어느 정도 정성적 측면에서 고려해 주기도 하는 등 'GPA 점수 그대로'의 학점의 반영 비중을 줄이고 LEET 점수와 정성 요소들의 비중을 늘리는 시도를 하고 있다(물론 지원 희망학교에 따라 그 경향과 정도는 다르다. 학점을 가장 중요한 요소로 보는 학교들도 여전히 많다.).

하지만 로스쿨 제도의 태동부터 입시의 공정성과 객관성은 끊임없이 시험대에 오르는 이슈였기에 가장 눈에 잘 보이는 점수인 학점은 여전히 중요한 정량요소로써 입시에 반영이 된다. 어쩔 수 없다. 준비생 입장에서는 입시 성공을 위해서는 점수를 올릴 수밖에. 고고익선이다.

이미 졸업한 직장인이라면 학점은 고정변수이니 학점 비중이 적은 로스쿨들을 찾아 지원하는 노력이 필요하다. 그리고 **토익** 점수라도 올려두자. 공인 영어 점수의 반영 비중은 점점 약화되는 추세이다. 학점보다 약화되는 정도가 훨씬 더 크고 직접적이다. 아무래도 학교입장에서는 그 학생의 '변호사시험 합격 가부'가 제일 큰 문제이므로 이와 가장 관련이 적은 외국어능력의 비중은 줄어들 수밖에 없다. 하지만 대한민국에서 영어 잘해서 손해볼 일은 없다. 변호사도 마찬가지이다. 입시에는 도움이 덜 되더라도 졸업 후 고급 일자리를 얻는 데에는 외국어가 상당한 파괴력을 자랑하니 나중을 위해서라도 열심히 준비를 해두는 것을 추천한다.

준비가 됐으면 이제 입시에서 가장 큰 비중을 차지하는 **LEET** 점수를 보자.
기출문제를 풀어보시라. 대충 3개년을 풀어보고 평균 점수를 내보자. 그리고 메가

혁 상관없이 외국인 학생 수만 늘어나게 되었고 대학이 이들에게 경제적으로 종속되는 결과만을 초래했다.
이상과 관련된 내용은 하기 책을 참조하자.
리처드 프럼. 양병찬 역. "아름다움의 진화". 동아시아. 2019

로스쿨 등 입시 정보 사이트를 이용하여 로스쿨에 지원이 가능한지, 가능하다면 어느 정도의 로스쿨에 지원이 가능한지 결정을 하면 된다.

나의 경우 이 단계에서 파악된 정량점수는 94.4 / 975 / 125~135(평균적으로 대략 131였다) 정도였고 당시 기준으로 이정도면 인서울은 문제가 없었다.

내 학점의 경우 07학번 시절, 공대, 기계공학과로서는 탑급의 굉장히 높은 점수였던 것이 사실이지만, 요즘은 위에서 언급한 원인들로 인한 평균 학점 상승으로 인해 94.4 GPA가 '로스쿨 입시에 뛰어드는 학생들' 사이에서는 낮은 학점이다.

이러한 점은 내 나이대의 사람이 로스쿨에 지원할 때에 가장 큰 좌절 요소가 될 수 있다. 요즘은 졸업 평균 학점이 3.8 이상인 과들도 있다고 한다. 학점 받기가 어려운 전공을 택했거나 상대평가 강화 시대[15]를 거쳐 온 좀 연식이 된 지원자들의 경우 능력과 경력 면에서 정말 우수한 인재임에도 불구하고 학점 때문에 로스쿨 지원자체가 '원시적 불능[16]'인 경우를 정말 많이 보았다. 다양한 분야의 지식과 경험이 있는 사람들을, 교육 훈련을 통해 법조인으로 양성한다는 로스쿨 제도의 취지에 비추어보면 다소 아쉬운 점이다. 다행히 이러한 점들을 고려해 학점 비중을 낮추고 기타 요소들을 강조하는 로스쿨들이 존재한다. 학점이 낮은 학생들과 직장인들도 겁먹지 말고 LEET나 정성요소를 중시하는 학교를 목표로 하여 열심히 준비해보자. 최대한 빨리.

다만 자신이 학점이 좋지 않다면, 특히 변호사시험 합격률이 저조한 로스쿨에 지원하는 경우 자신의 **학업능력에 대한 어필**이 필요할 것이다. 예를 들자면 객관적 GPA 수치는 낮은 편이지만 그 당시로서는 높은 등수였다는 것을 등수가 표기된 성적표나 성적장학금확인서를 통해 증명하거나, 각종 시험 합격 경험 등을 활용하자. 2018년, 처

---

[15] 고려대학교에서는 학생들의 역량강화를 위해 2003년부터 '교양과목'에까지 상대평가를 확대했다. 당시에도 학생사회에서 큰 논란이었지만 결국 시행되었다. 내가 입학한 2007년에도 이 기조는 계속 이어졌고 고대신문은 상대평가의 폐해를 성토하고 절대평가를 요구하는 기사를 냈다. 그리고 2016년부터 핵심교양에 절대평가를 적용할 수 있게 되었다. 하기 고대신문 기사들 참조.
2003. 2. 25. '자유교양 교과목 상대평가 실시'
http://www.kunews.ac.kr/news/articleView.html?idxno=1015
2007. 6. 3. '본교 교수 50% "절대평가가 가장 적절"'
http://www.kunews.ac.kr/news/articleView.html?idxno=10053

[16] 계약성립 당시부터 이행이 불가능한 것을 의미하는 용어이다. 로스쿨생들 사이에서 '애초에 글러 먹은'의 의미로 사용된다.

음으로 로스쿨별 변호사시험 합격률이 공개된 이래 합격률은 모든 로스쿨의 지상과제가 되었다. 합격률이 저조한 로스쿨의 교수님들은 이 부분을 신경쓸 수밖에 없으므로 학점 외에 자신의 수험능력을 증명할 만한 에피소드들을 만들어두자.

　　* **학벌**이 로스쿨 입시에 있어 어느 정도의 영향력을 발휘하는지는 알려져 있지 않다. 제도 도입 초창기의 경우 학벌이 큰 요소로 작용했다는 소문이 있다. 하지만 입시에 대한 감사가 철저하게 이루어지고 있는 현재의 입시 상황에서도 그러하다고 볼 객관적 근거는 없다. 앞서 언급했듯이 2021년까지 국내 141개, 해외 60개 대학의 학생들이 로스쿨에 입학했다. 엄청난 다양성이다. 통념과는 다르게 대부분의 사람들이 존재도 모르는 학교의 졸업생들도 로스쿨에 입학을 하고 있는 것이다. 로스쿨 입시를 위해 제출하는 서류에서 출신 학교를 나타내는 부분은 모두 블라인드 처리되고 있으며, 공식적으로 정량 및 정성요소에 학벌을 포함시킨 학교는 단 한 군데도 없다. 물론 우리의 이 학벌사회에 대한 강한 불신을 근거로, 심정적으로는 어느 정도 학벌이 점수에 반영될 것이라는 의심이 든다. 하지만 분명한 사실은 학벌이 좋다고 평가되지 않는 대학의 졸업생들은 물론이고 심지어는 학점은행과 독학사, 방통대 출신 인원도 꾸준히 법학전문대학원에 합격하고 있다는 것이다.[17] 더군다나 로스쿨에는 입학 인원의 일정 비율 이상을 각 지방소재 대학교 출신자에서 뽑아야 하는 지역균형인재선발 제도[18]가 존재하여, 많은 수의 지방 소재 대학 출신 학생들이 로스쿨에 입학할 기회를 얻어 우수한 법조인으로 거듭나고 있다. 자신이 충분한 능력을 갖춘 인재라면 고졸이거나 지방대학을 졸업했다는 이유만으로 시작부터 주눅 들지 말자. 두드리면, 열릴 것이다.

2. LEET[19] 준비

　　입시에서 가장 중요한 요소이다. 먼저, 리트가 무엇인지부터 알고가자.
　　리트, 법학적성시험은 법학전문대학원 교육을 이수하는 데 필요한 수학능력과 법조

17　2021년까지 학점은행 출신은 52명, 독학사는 26명, 한국방통대는 22명이 법학전문대학원에 입학했다.
　　　법률저널의 다음 기사를 참조.
　　　http://www.lec.co.kr/news/articleView.html?idxno=730552
18　'지방대학 및 지역균형인재 육성에 관한 법률 시행령'으로 구체적인 내용을 규율하고 있다.
19　'법학전문대학원 설치·운영에 관한 법률' 제23조 제2항에 근거한 법학'적성시험'이다.

인으로서 지녀야 할 기본적 소양 및 잠재적인 적성을 가지고 있는지를 측정하는 시험으로 법학전문대학원 입학전형에서 적격자 선발 기능을 제고하고 법학교육 발전을 도모하는 데 목적이 있다.

리트의 문제는 다음과 같은 능력을 측정하기 위한 방식으로 출제된다. ① 공통적으로 특정 전공 영역에 대한 세부 지식이 없더라도 대학 교육과정을 정상적으로 마쳤거나 마칠 예정인 수험생이면 주어진 자료에 제공된 정보와 종합적 사고력을 활용하여 문제를 해결할 수 있도록 문항을 구성하고, ② 언어이해의 경우 법학전문대학원 교육에 필요한 독해 능력, 의사소통 능력 및 종합적인 사고력을 측정하며, ③ 추리논증의 경우 사실, 주장, 이론, 해석 또는 정책이나 실천적 의사결정 등을 다루는 다양한 분야의 소재를 활용하여 법학전문대학원 교육에 필요한 추리(reasoning) 능력과 논증(argumentation) 능력을 측정한다. ④ 논술은 법학전문대학원 교육 및 법조 현장에서 필요한 논증적 글쓰기 능력을 측정한다.[20]

이제 이에 따라 준비를 해보자.
1) 언어영역 / 추리영역으로 나뉘는 리트 준비는 **약점 파악**부터 시작된다.
'시험범위'라는 것이 존재하지 않는 적성시험이고, 만점을 받기 위한 시험이 아니다. 따라서 한정된 준비 시간을 효율적으로 활용하기 위해서는 자신의 약점을 위주로 공략하는 것이 필요하다. 언어가 약한지 추리가 약한지, 더 나아가 세부적으로 각 과목 중 어느 파트가 약한지를 파악하자. 약점파악이 됐으면 그에 따른 맞춤 훈련을 해주자. 이미 점수가 잘 나오는 파트에 시간을 쓸 필요가 없다.

일반적으로 논리문제들인 **추리영역**이 반복 훈련을 통해 단기간 내에 실력향상이 가능하다고 알려져 있다. 게다가 추리논증은 문제 유형들이 정형적이기 때문에 자신이 약한 부분을 찾아내고 훈련하기도 용이하다.

언어영역의 경우는 자신이 여태까지 습득한 글 읽기 습관과 선지검토 과정을 리트문제 풀이에 맞추어 바꾸어야 한다. 즉 자신의 사고 과정에 깊숙이 내장된 생각의 토대 자체를 바꾸어야 하기 때문에 단기간에 점수 올리기가 쉽지 않다. 그래도 언어이해 영역 성적 향상에 일반적으로 유용하다고 알려진 방법은 다음과 같다.

정답 선지가 왜 정답이 되는지를 지문과의 관계에서 도식적으로 그려 파악해보고 오답인 선지들과 비교해보자. 그리고 자신은 왜 오답을 체크했는지의 분석을 해보는 경험이 유용하다. 이 과정에서 문제를 '설계'한 사람의 입장에서 생각을 해본다면 도움

---

20 이상 법학적성시험 사이트 참조. https://leet.uwayapply.com/

이 될 것이다.

아 참, **논술**도 있다. LEET 시험장에서 논술 시험을 치르긴 하지만, 이 답안지를 법학전문대학원협의회에서 '채점' 해주지는 않는다. 여러분의 논술 시험지는 점수화되지 않고 그대로 여러분의 지원학교로 배달된다. 여러분의 지원학교에서 여러분의 논술 시험지를 채점해서 점수에 실제로 반영을 하는지는 미스테리다. LEET 논술의 입시에의 실질 반영 비중이 알려진 바는 전혀 없고, 글을 완전히 '사람 같지 않게' 쓰지 않는 이상 합격에는 지장이 없다는 것이 학계의 정설이다. 입시 시즌에 교수님들과 행정실이 얼마나 바쁜지를 고려하면 그걸 다 채점해서 점수화할 것 같지는 않다는 것이 내 생각이다. 내 지인 중 하나는 심지어 가장 형식적인 사항인 '요구되는 줄 수'를 넘겨서 서술했는데도 문제없이 합격했다. 사정이 그러하므로 이하에서는 논술은 딱히 언급하지 않도록 하겠다. 물론 앞으로 로스쿨 입시 경쟁이 심화되면 논술도 입시의 중요 요소로 부상할 가능성이 없지 않다. 그러니 아예 준비를 하지 않는 것은 위험하다. 기출 문제를 훑어보며 대충 어떤 문제들이 나오는지 정도는 파악해두고 마음의 준비를 해두자. 그 정도면 될 것이다.

2) 리트는 기본적으로 문제를 풀 시간이 매우 부족한, 소위 말하는 **타임어택** 시험이다. 주어진 촉박한 시간 내에, 가장 투입시간이 짧고, 자신이 맞출 확률이 가장 높은 문제부터 빠르게 풀어나가는 훈련이 필요하다. 자신이 리트 문제를 풀 때에 시간이 남아도는 몇 안 되는 태생적 리트형 인간이 아니라면, 빨리 풀 수 있는 문제부터 풀지 않으면 뒷 문제들을 풀 때에 시간이 촉박하여 눈에 지문이 들어오지 않아 제대로 풀이를 못하거나 심하면 아예 문제를 건드리지도 못하는 사태가 벌어진다.

1번부터 풀지말고 쉽게 풀 수 있는 문제부터 푸는 훈련은 필수다. 여기서 '쉽게 풀 수 있는 문제'의 기준은 자신의 배경지식이 많은 분야이거나, 자신이 문제 풀이에 강한 파트로 각자가 다를 것이다.

집에서 혼자 풀어볼 때와 시험장의 긴장감 속에서 문제를 풀 때의 느낌은 확연히 다르고, 그 차이는 소심한 성격일수록 커진다. 이를 반드시 염두에 두고 훈련을 해야 한다. 사람에 따라서는 실제시험시간에서 5~10분을 빼고 문제를 푸는 연습을 하는 것이 도움이 된다.

3) **배경지식**은 어느 정도 필요한가? 사실 리트는 배경지식이 없어도 풀 수 있도록 설계되었다. 시간이 충분하다면, 어느 정도는 문제 해결이 가능하다. 하지만 수험생 각자 이 '어느 정도'에 대한 기준은 자신의 전공과 관심분야에 따라 천차만별이다. 또한 배경지식이 없어도 풀 수 있지만 있으면 잘 풀리는 것이 당연하다. 그리고 시간은 절

대 충분하지 않다. 배경지식으로 인한 '잘 풀리는 느낌'은 시간이 촉박한 리트에서 굉장히 큰 영향을 미친다. 그러므로 최대한 배경지식을 늘리는 것은 문제풀이에 실제로 도움이 된다.

다만, 배경지식 습득에 너무 시간을 많이 쏟는 것은 비효율적이다. 자신이 잘 모르는 분야에 대한 배경지식을 학습할 때에는 각 학문분야에서 ① **어떠한 '개념의 존재'에 대한 인식, ② '어떤 기준으로 그러한 개념들을 분류하는가', ③ '각 개념들 사이의 인과 또는 상관관계가 어떻게 되는가'**를 중점적으로 보아야 한다. 개념들의 구조를 파악하라. 세부내용을 암기하는 것이 아니다. 이는 언어이해와 추리논증의 문제구조를 생각해보면 명확하다. 아는 개념이 등장하면 지문을 읽지도 않고 답을 내는 것이 가능한 경우가 있는 것은 당연하다. 그리고 비록 해당 개념을 알지 못하더라도 해당 분야에서의 '개념 분류 기준'이 어렴풋하게라도 머릿속에 잡혀있으면 문장이해 속도가 비교할 수도 없이 빨라진다. 이것으로 충분하다. 확실한 개념 정의와 관련 논의를 전부 머릿속에 담아두고 있는 것은 소위 말하는 '가성비'가 떨어진다. 배경지식들을 공부한답시고 자신이 모르는 분야의 모든 생소한 개념들을 '암기'하려 드는 것은 소중한 시간과 노력과 뇌용량만 잡아먹는다. 다시 말해 여러분들이 배경지식 습득 과정에서 해야 할 것은 머릿속에 온갖 지식들을 때려박는 것이 아니라 '판단과 분류의 구조와 흐름'의 회로를 한번 형성해 두는 것이다.

배경지식 관련 자료로는 이 글의 마지막에 있는 내 독서목록을 참조하자. 대부분의 로스쿨 준비생들은 문과 출신이므로 대략 여섯 지문 정도를 차지하는 과학지문들이 고민이지만, 나는 이공계 출신이라 인문사회분야 즉, '나머지 지문들 전부'가 고민이었기에 배경지식 습득에 상당한 시간을 쏟았다.

내 리트준비과정은 다음과 같았다.

먼저 약점 파악. 나는 이공계 출신이라서 그런지, 전부터 SSAT와 같은 적성시험류는 수십종의 기업 적성검사를 보면서도 떨어져 본 역사가 없었기에 추리논증파트는 어느 정도 자신이 있었다. 기출문제와, 모의고사를 풀 때에도 (2019년 입시 이전 기준) 표준점수로 60점대 후반 이상을 꾸준히 받았다.[21]

---

21 표준점수와 문항수가 관련된 시험 체계가 최근 바뀌었다. 기존에는 언어이해와 추리논증의 경우 각각 35문항, 평균을 50점으로 맞추는 표준점수 시스템이었다. 그러다 2019년에 언어이해가 35문항에서 30문항으로 줄어들었고, 추리논증은 40문항으로 늘어났다. 또한 2020년부터 언어이해는 0.9, 추리논증은 1.2의 가중치를 두어 언어이해는 평균이 45, 추리논증은 평균이 60인 새로운 시스템이 시행되고 있다. 그리고 학교 자체적으로

문제는 언어영역이었다.

언어도 처음엔 자신은 있었다(과거형). 하지만 논리에 강한 이공계적 두뇌로 상대적 우위를 점할 수 있었던 추리영역과는 달랐다. 누가 뭐래도 로스쿨에 지원하는 인재풀 자체가 문과 최고의 브레인들이다. 나도 그랬지만 수능 언어영역 1등급 아래로는 받아본 적이 없는 전국 1만 명을 모아 놓고 언어 시험을 보는 것이다. 당연히 수능 언어 수준을 아득히 뛰어넘는 난이도를 고수할 수밖에 없다. 여기서 문제는 이 높은 난이도가 문제 자체의 난이도보다는 시간의 문제라는 것.

책을 읽는 것을 좋아하고 많이도 읽었다. 이것이 내가 이공계였음에도 불구하고 수능 언어는 공부를 안 해도 항상 1등급을 받는 데 도움을 줬다. 하지만 나는 글을 찬찬히 다 소화시킨 후 독후감까지 쓰는 소위 말하는 '좋은 독서'만 해왔다. 이러면 안 된다.

리트를 위해서는 팍팍 읽고 팍팍 문제를 찍고 넘어가는 과감성이 요구된다.

나는 언어영역의 경우 표준점수 기준으로 50점 중반에서 60점 중반을 왔다갔다했으며, 60점대 중반을 넘지를 못했다. 약점이었다. 게다가 소심한 성격 덕분에 수능 같은 인생이 걸린 큰 시험에서는 완전히 머릿속이 새하얘질 정도로 겁에 질리는 스타일이다.

훈련이 필요했다.

이 부분 준비에는 메가로스쿨의 모 변호사님의 강의가 도움이 되었다.

워낙 박학다식한 분이라 수업 내내 계속되는 수험생활의 긴장감을 풀어주는 각종 썰들도 재미있었고, 무엇보다 내가 제일 부족했던 **시간 관리 훈련**을 제대로 시켜주신다.

훈련을 하면서 그때서야 알게된 내 진짜 문제는 글 읽는 속도보다는 헷갈리는 문제 하나에서 붙잡고 고민하는 시간이 길다는 것이었다. 알고보니 시간 내로 두어번 지문을 읽는 것이 가능한 정도로 내 읽는 속도 자체는 수험에 적합한 편이었다. 하지만 언어 영역 질문의 특성상 선택지 사이에 존재할 수밖에 없는 그레이존에서 고민을 하고, 그 시간이 내 소심한 성격과 결부되어 시너지효과를 일으켜 '고민하다 시간을 다 날리는 것'이 진짜 문제였다. 물론 일부 문제는 충분한 시간을 들여야 풀 수 있지만 대부분의 경우 적성시험의 특성상 고민한다고 정답률이 높아지는 것도 아니다. 이러한 점은 충분히 쉽게 풀 수 있는 다른 문제를 건드리지도 못하게 만드는 최악의 단점이고 반드시 고쳐야했다.

추리논증의 비중을 높여 반영하는 학교들도 있다. 추리가 약한 학생들은 특히 조심해야 할 트렌드이다. 내 입시 준비는 평균 50 / 50 기준 표준점수 시절이었으니 본문의 내용은 이를 감안하면서 읽으면 된다.

그래서 계속 문제를 풀어보며 한 지문당 배분이 가능한 시간(약 6~8분)을 몸이 터득할 정도로 반복을 했고, 시간되면 헷갈리는 두 선택지가 있더라도 '아몰랑'하면서 넘어가는 훈련을 반복했다.

훈련을 하기 위해서 계속 모의고사를 푸는 것이 중요했으므로 같이 입시를 준비한 친구녀석과 스터디, 그리고 실제로 대학교 고사장을 빌려서 진행되는 (더럽게 비싼) 사설 모의고사를 닥치는 대로 신청하며 훈련을 했다.

이렇게 써놓고 보니 뭔가 되게 많이 한 것 같지만, 이때도 난 계속 '직장인'이었다. 별거 아니다. 그렇게 많은 시간을 투자할 것도 없다. 쫄지마시라.

아무튼 그렇게 훈련을 했는데, 놓친 게 있었다.

그 변호사님은 시간 관리와 더불어 '자신이 고쳐서 맞는 타입인지, 고쳐서 틀리는 타입인지'를 파악하라고 하셨다. 그런데 나는 생체타이머 맞춤과, 시간 안배에만 몰두하다보니 이걸 전혀 훈련을 해 보질 못한 채로 시험장에 들어갔다.

시간 훈련은 완벽했다. 언어 문제를 다 풀어내고도 5~10분가량의 시간이 남았다.

모의고사였으면 심호흡을 하면서 다음 추리 시간을 차분히 기다렸을게다. 그런데 실전의 긴장감은 시험지의 앞 장의 헷갈렸던 문제를 계속 뒤적거리게 만들었고 그 짧은 시간에 자그마치 세 문제를 고쳤다.

그리고 고친 세 문제를 다 틀렸다.

나는 무의식적 판단이 정확한 유형의 사람이었던 것이다. 이 점을 알고나서도 나는 이후 변호사시험에서 같은 실수를 반복하게 된다. 원래 인간이 그렇다.

그렇게 내가 파악하고 있었던 내 점수밴드인 리트 기출 / 모의고사에서의 125~135보다 떨어진 점수인 123.9를 받았고 지원 원서를 제출할 때 큰 고민에 빠질 수밖에 없는 상황에 처했다.

3. 원서질

어찌보면 굉장히 중요한 전형이다. 서류 전형과는 다른 원서전형이 존재하는 것이다.

전에는 더 불확실했지만 요즘은 '메가로스쿨'에서 제공하는 모의지원 서비스가 워낙 정확해서 여기서의 **정량 등수**로 지원할 학교를 정하는 데 도움을 받을 수 있다. 아니, 받아야 한다. 그거 아니면 뭘 보고 쓰려고?

정량 점수, 즉 앞서 언급한 학점 / 토익 / LEET 점수의 경우 각 학교마다 반영하는 비중이 다르므로 각자의 장단점에 맞춘 지원이 필요하다. 위의 모의지원 서비스는 각 요소별 비중을 반영하여 산출된 점수와 모의지원자들 간의 등수를 보여준다.

추가적으로 볼 게 있긴 하다. 대략적인 입시생들 사이의 소문으로 존재하는 각 대학이 선호하는 '**인재상**'이다. 어느 학교는 정량 등수대로 간다더라, 어디는 어린 놈을 좋아한다더라, 어디는 특이경력을 좋아한다더라 등등. 오피셜한 것은 하나도 없다. 물어보면 다들 '그런 건 없고 모든 지원자들을 공정한 기준에 따라 선발한다'고 한다. 하지만 소문은 괜히 나는게 아니다. 반드시 고려해야 할 요소이다. 앞서 언급했듯이, 사람을 뽑는 작업에는 당연히 뽑는 사람의 주관이 개입된다. 아무리 성적이 훌륭해도 경력, 성격, 사회성, 가치관 등 인간적인 측면에서 나와 방향이 맞지 않는다면 함께 할 수 없다. 어떤 집단이든 마찬가지이다. 이는 입시에 불확실성을 더하는 요소이지만, 입장바꿔 생각한다면 당연한 이치다. 함께하고 싶은 사람이 되는 것. 모든 사회생활에서 가장 중요한 요소이다.

하지만 이러한 '인간적인 요소'들은 정량 점수가 그 학교 지원자 평균 정도 된다고 할 때 참고할 것이다. 사람에 따라 다행일 수도, 불행일 수도 있겠다. 인재상에 부합한다고 압도적으로 정량차이가 나는데 합격하는 경우는 잘 없고, 대부분의 케이스는 지원한 학교의 얼추 비슷한 정량의 지원자들끼리의 경쟁에서 최종 합격 당락을 가르는 기준으로 작용할 뿐이다. 이러한 소문은 공식적인 자료에서 찾기 힘들다. 그리고 입시를 준비하는 당시의 각 법전원 원장님들의 성향에 따라 바뀔 수 있다. 여러분이 졸업한 학교나 로스쿨 준비생 커뮤니티를 적극 참조하자.

나는 안정권 / 소신지원 하나씩을 선택했고 각각 중앙대학교 / 고려대학교에 지원했다.

참고로 내 정량의 고려대학교 모의지원 등수는 280등. 서류합격은 300등까지이므로 별 문제가 없을 것으로 보였고 최종합격의 경우 추가 합격이 많이 된다면 약 215등 정도까지 합격이 되기에 분명히 '소신' 지원이긴 하지만, 모교고 서류와 면접에서 점수를 따면 어느 정도 합격이 가능한 선이라 지원을 했다. 실제로 정량이 나보다 낮으신 분들도 꽤 많이 합격을 했지만(당시 고려대학교 커뮤니티의 합격인증을 실시간 확인한 결과 최소 6명의 학생들이 나보다 낮은 정량으로 합격했다. 축하드린다) 뭐 이제 나와 관계없으니 쿨하게 떠나 보내자. 이제 내 마음의 고향은 흑석동이다.

중앙대학교 로스쿨의 경우 내가 입시 준비를 하던 당시에 '어리고, 학점 좋은, 문과' 학생들을 선호한다는 '소문'이 있었다. 이 중에서 '고학점' 학생에 대한 선호는 이후 공개된 정량요소 반영 공식에 의해 어느 정도 객관적 사실로 밝혀졌다. 하지만 '어리고, 문과' 부분은 확인도 불가능하고, 논란의 소지가 있었다(그것이 소문의 본질 아니겠는가). 나도 당연히 그 소문을 알고있었다. 그런데 왜 그런 소문이 있는 학교에 지원했는지 궁금해하실 것이다. 한마디로 별 생각이 없었다. 나는 지원 당시 상대적으로 낮은 학점은 리트 점수로 충당이 될 것이라 봤고 나이는 "로스쿨은 40대 아저씨들도 많이 입학하는거 아니야? 나 정도(당시 만 30세)면 어리지 뭐. 하하!"하며 지원했다.

놀랍게도 사실이다. 그리고 이과생들을 '우대'한다는 소문이 있는 학교는 애초에 없다시피해서 문이과 관련 소문은 신경쓰지 않았다. 지금 생각해보면 아찔한 선택이었지만 결과적으로 최종합격을 했고 중앙대학교에서 매우 만족스런 학교생활을 즐겼기에 후회는 없다.

만약 위와 같은 소문이 당시에는 사실이었더라도 '나이 많고, 이과 출신'인 내가 상당히 훌륭하게 학교생활을 해서 현재는 교수님들의 인식이 긍정적이다. 때로는 큰 변화가 단 한 사람에 의해 이루어지는 경우가 있다. 내가 그런 사람이다.

원서전형에서 인재상 외에 보아야 할 요소가 하나 더 있다. 나보다 점수가 높은 경쟁자들이 얼마나 다른 군에 합격해서 빠져나갈 것인지, 즉 내가 지원한 학교의 **추가합격**이 얼마나 될 것인지를 반드시 고려해야 한다. 우리는 '최종 합격'을 목표로 한다는 점을 잊어서는 안 된다. 이는 우리가 대학 간판을 따지기 때문에, 그리고 25개 로스쿨 중 두 곳만을 선택해서 지원하기 때문에 발생하는 현상이다.

예를 들어보자. 아무래도 우리들은 대학 간판이 그럴싸한 곳을 좋아한다. 로스쿨 간판도 그 순위를 거의 그대로 따른다. 이러한 "우리들 마음 속의 대학간판" 순위대로 A, B, C 로스쿨이 있다고 치자. 가군, 나군 두 군데에 지원을 해야한다. A와 C는 가군, B는 나군에 속한 로스쿨이다. 나는 내 점수를 고려해 B로스쿨과 C로스쿨을 지원했다. 나는 지원자의 정량점수 순위가 B로스쿨의 3배수[22] 즈음이라 '최초합격'은 가망이 없어보인다. 그런데 그 해에 B로스쿨에 지원하는 학생들의 상위권 분포를 보니 A로스쿨에 지원을 많이 했다. 그리고 그들이 A로스쿨에 많이들 붙었다. 나는 최초합격은 할 수 없었지만 A로스쿨이 내 위의 학생들을 다 흡수해 준 덕분에, 그리고 괜찮았던 정성요소 덕분에 4차 추가합격으로 내가 원하던 B로스쿨에 입학할 수 있었다. 남들이 내게 3배수는 '불나방'이라고, 합격은 불가능한 일이라 다들 말했음에도 불구하고. 이런 일들이 상당히 많이 벌어진다. 소위 말하는 '빵꾸'가 뚫리는 것이다. 게다가 '대학간판 순위'가 비슷한 학교들이 같은 군에 몰려있는 구간의 경우 추가합격이 땅끝까지 늘어진다. 일단 면접장에 들어갔으면 모두가 한번씩 최종합격 전화를 받아보는 영광스런 구간이 생긴다. 세 군데가 아니라 25개로 숫자가 늘어나면 더 혼란스러워진다. 단지 자신의 정량등수가 지원자 중 몇 등인지만을 보면 '최종합격'을 예측할 수 없다. 그렇기 때문에 결과적으로 정량순위대로 최종합격이 이루어지지 않고 최종합격은 확률로만 나타낼 수 있다. 마치 양자역학처럼!

---

[22] 예를 들어 50명을 선발하는 대학의 경우, 지원자 중 성적 순위가 150등인 경우를 말한다.

나뿐만이 아니라 내 경쟁자들이 지원하는 '더 높은 순위의 학교'들을 눈여겨보자. 특히나 학교별 입시기조 변경이 있는 해라면 더욱더 발 빠르게 움직여야 한다.

4. 자소서

핵심적인 정성요소다.

여러분의 진심을 보여주는 파트와 각종 첨부서류를 자랑하는 파트로 나뉜다. 이 부분은 직장인분들께 유리한 부분이다. 두 파트 모두.

많은 로스쿨 지원자들의 착각 중 '법무'와 관련없는 직장 경력은 로스쿨 입시에서 의미없다는 편견이 있다. 정량 측면에서는 맞는 말이다. 하지만 **경력**은 자기소개서에서 강력한 파괴력을 가질 수밖에 없다. 학교 밖으로 나가보면 모든 것이 법 문제와 연관된다. 여러분들이 어떤 직장을 갖게 되든 법 문제와 얽히지 않을 수가 없다. 어느 정도 경력이 있으신 분이라면 본격적으로 변호사가 참여하는 분쟁을 경험하지 않았더라도, 돌이켜 생각해보니 법적분쟁이었던 문제를 많이 겪었을 것이다. 로스쿨 진입에 마음이 동한 직장인들이라면 이와 관련하여 이미 생각의 가닥이 잡혀있을 것이고, 술술 써내려져가는 자소서를 볼 수 있을 것이다. 특히 지원동기 부분을 쓸 때 이와같은 구체적인 경험들은 강력한 차별화의 소재가 된다. 경험-동기의 인과가 명확하게 드러나므로 글 흐름도 훨씬 자연스러워진다. 경험을 잘 살리자.

이와 관련하여, 특히 이 글을 읽고 있는 독자 여러분이 이공계 대학생이라면 확실한 차별화를 위해서 지금 당장 입시를 준비하기 보다는 실무경력을 쌓고 입시에 뛰어드는 것을 추천한다. 이공계 학부를 갓 졸업했을 경우 알고있는 것은 이학, 공학 지식들뿐이다. 추후 법조인으로 활동하면서 다루어야 분쟁상황에서는 공학 지식들이 직접적으로 문제되는 특허분쟁이 아니라면, 업계와 업무에 관련된 좀 더 포괄적인 지식들이 요구된다. 예를 들어 다음과 같다. 그 공학 지식들이 어떠한 문서에 활용되는지(예를 들어 설계도면, 기술계약서, 사양서, O&M Manual 등)을 알고, 해당 업계에서 어떤 유형의 분쟁이 자주 발생하며, 그런 분쟁시 검토해야 할 전문 서류들이 어떤 것들이 있는지, 그것을 담당하는 부서는 주로 어떤 부서들이며 어떤 업무 프로세스를 걸쳐서 의사결정이 이루어지는지 등에 대한 지식들이 있어야 이공계 출신인 것이 본격적인 장점이 될 수 있다. 단순히 맥스웰 방정식, 나비에-스토크스 방정식을 알고있다고 법적 분쟁에서 여러분이 두각을 나타낼 일은 거의 없을 것이다. 학문적 깊이의 문제가 아니라 업계와 업무, 관련 분쟁에 대한 이해도가 문제다. 로스쿨 제도의 도입취지에 부합하는 인재상은 이런 것이다. 앞으로 나와 같은 길을 걷는 이공계 직장인 출신 후배들이 많아졌으면 하는 바람이다.

일반 재학생 분들이라면 열심히 연구해서 원하는 **구체적인 분야**를 탐구해서 쓰는 것을 추천한다. 당연히 솔직하게 '엄마가 무조건 전문직이 좋댔어요.'라고 쓰면 안 된다. 그렇게 쓰는 놈도 없겠지만. 그런데 그런 '티'가 나는 글들이 많다. 예를 들어 정의감 넘치고 약한 이들을 돕고 싶다고 쓴 놈이 봉사활동 시간도 없네? 이런거다. 구체적으로 목표를 정하시라. 근거가 있는 목표를.

학생 분들의 경우 자기소개서에서 차별화할 요소가 없다고 생각하여 좌절할 수 있다. 절대 좌절하지 말자. 대학교 갓 졸업한 사람이 자기소개서에 멋지게 쓸 말이 없는 것은 당연한 것이다. 하지만 여러분들의 나이와 관리된 좋은 학점 자체가 확실한 차별 요소다. 굳이 자기소개서에서 차별화를 하지 않아도 된다. *대부분의 로스쿨생들이 학부졸업하고 바로, 별로 차별화될 것 없는 무난무난한 자기소개서로 합격했다.* 오히려 무리해서 경력도 없는데 눈에 띄는 자기소개서를 만들고자 말도 안 되는 소설을 쓰다가 마이너스가 될 수 있다. 구체적으로 목표를 정해서 쓰되, 너무 특수해서 실무가 출신 교수님들도 잘 모르는 분야를 쓰거나, '얘 그냥 어떻게든 합격하려고 소설 썼네'라는 느낌을 주는 글은 피하자.

이제 재료를 어느 정도 모았다면 그것을 자연스레 문장 속에 녹여내면 된다. 무릇 **글**은 흐름이 가장 중요한 법이다. 이 부분이 많은 입시 분석글에서 간과되곤 한다. 나도 회사에서 몇 번 자기소개서들을 검토한 적이 있었다. 자기소개서의 수준 차이는 부드러운 글 흐름과 문장들에서 가장 두드러진다. 그리고 그 수준 차이가 자기소개서의 A, B, C 등급 차이와 직결된다. 사람 뽑는 작업을 한 번이라도 해본 이들이라면 모두 공감하는 사항일 것이다. 바로 서류분쇄기로 들어가는 자기소개서는 글 그 자체로 결정된다. **학생들의 지적 수준차이가 가장 적나라하게 드러나는 부분이 바로 글이다.** 학점과 경력이 아무리 화려하더라도 문장이 엉망이거나, 목적에 맞지 않는 수사들만 거북스레 가득하거나, 흐름 없이 이력서 쓰듯 줄줄 읊기만하면 좋은 점수를 받을 수 없다. 잊지 말자. *문과 고등교육의 꽃은 글쓰기다.* 글솜씨가 화려할 필요는 없지만, 적어도 글로 먹고사는 직업을 갖기 적합한 수준이라는 것은 보여주어야 한다.

한 가지 팁. 아무래도 지원자들은 두 곳의 학교에 지원을 한다. 그리고 본능적으로 가장 가고 싶은 학교의 자소서를 먼저 쓸 것이다. 가장 공을 들여서. 그러면 여러분의 머릿속에 그 글의 형식과 흐름이 박혀 고정이 된다. 이는 두 번째로 가고 싶은 곳의 자소서를 작성할 때 글을 망치는 주범이 되기 쉽다. 학교별로 자소서에서 요구하는 형식과 질문이 다르기 때문이다. 두 번째 자소서를 작성시 첫 번째 자소서를 편집하는 형태로 작업을 하는 경우에는 더욱 그렇다. 그리고 자기 글의 오류는 스스로 발견하기 힘들다. 단순한 인간 심리다. 반드시 제3자에게 부탁해 읽어보도록 하자. 리트 준비를 하면서 함께 했던 스터디를 활용하면 좋다. 불행히도 친구가 없거나 스터디원들이 모두 경쟁자로 느껴지거나 인성에 문제가 있는 경우라면 안타깝다. 그럴 경우 어쩔 수 없이 자신의 글을 혼자 검토해야 하는데 이럴 때는 자신이 쓴 글을 필사하거나 소리내어 읽어보면 도움이 된다. 실제로 많은 직장인들이 보고서 최종 검토 시 이 방법을 활용한다.

그리고 직장인이라면 정규직 합격 이후, 여러분들이 취업준비생이던 당시 취득했던 **자격증**들을 다 묵혀 두었을 것이다. 따라서 대부분 유효기간이 만료되었을텐데, 아직 운좋게 유효기간이 남아있다면 꾸준히 갱신이나 재응시를 통해 관리를 하는 것을 추천한다. 결국 스펙은 첨부 '**서류**'가 있어야 인정이 된다. 나 같은 경우에도 법학교수님들이 좋아할 만한 제2외국어인 독일어 자격증이 있었지만 직장을 갖게된 이후 맘놓고 있다가 만료됐더라.

나 같은 정신머리 없는 직장인이라면 만료된 자격증을 부여잡고 눈물을 흘리고 있겠지만 서류 전형에서 직장인들에게 다시 유리해지는 지점이 있다. 여러분이 어느 정도 규모가 있는 기업에 다니는 분들이라면 서류로 인증이 나오는 교육과정이 엄청나게 많을 것이다. 그중 법 관련 교육도 많을 것이다. 진지하게 교육에 임하고 수료증도 챙겨두시라.

직장에서 받은 각종 수료증만 앵간한 잡지 두께가 나오는 마법을 볼 수 있을 것이다. 이러한 서류들이 정량점수로 직결되는 일은 없을 것이다. 하지만 차별화된 경험으로 인한 좋은 인상을 줄 것이고 자기소개서에 녹이기 좋은 재료가 될 것이다.

4.5 기타 자격(독학학위제, 노무사)

나는 이공계 출신이기 때문에 교수님들은 '이 녀석이 법 공부를 좀 해봤거나 할 준비가 된 놈인가? 공대생 놈들, 긴 글 보면 오줌싸는 애들 아니야?'라고 생각할 것이라고 예상했다.

그래서 급하게 법 관련 스펙을 만들었다.

첫 번째로 준비한 것이 독학학위제다.

독학학위제는 네 번의 시험을 거쳐 4년제 대학 학사에 해당하는 학위를 따는 국가인증과정이다. 학사학위가 있는 사람이라면 1차 시험은 면제된다. 네 번의 시험은 각 8과목으로 구성되어 있고 6과목 이상 합격해야 다음 단계의 시험을 응시할 수 있다.[23] 여기서 이 시험의 매우 긍정적인 면을 볼 수 있다. 독학학위제 시험은 학점은행제와 연동이 된다. 합격을 한 과목은 학점은행제를 통해 학점 이수 인증을 받을 수 있다. 독학학위제 1과목당 5학점을 인정받을 수 있다. 즉 각 차수별 시험에서 모든 과목을 합격하지 않아도 합격한 과목별로 이수인정을 받을 수 있다. 결과만을 중시하는 각박한 우리네 사회에서, 과정까지 인정해주는 아주 소중한 시험이라 할 수 있다. 거기다가 네 번의 시험을 모두 잘 통과한다면 학사 학위까지 받을 수 있다. 다만 학사 학위는 다음해 2월, 즉 로스쿨 입시가 끝나고 한참 뒤에 수여되므로 의미는 없다. 2년 이상의 기간을 두고 입시준비를 하는 학생이라면 한번 도전해 볼 만하다. 이왕 법학전문석사 자격을 따는데 법학 학사 자격도 있으면 좋잖아?

사실 나는 직장생활하면서 시험 준비하기가 힘들기에 헌법, 민법, 형법 세 과목 정도만 합격해서 학점은행제의 학점인증을 받고자 독학학위제 공부를 시작했는데, 너무 잘 붙어서 결국 법학사 학위까지 따버리게 됐다. 난 이제 명함에 학사 두 개 석사 한 개, 총 세 개 학위를 쓸 수 있다. 부럽지?

독학사 하나로는 좀 부족한 감이 있다 싶었다.

노무사 시험도 준비를 했다. 각종 법 관련 시험이 있지만 아무래도 직장인 신분으로 시험을 준비하기가 만만치 않았기에 1차 시험이 '절대평가'로 이루어지며 1차 시험만 붙어도 1차 시험 합격증명이 가능한 노무사 시험을 택했다. 사실 노무사 1차 시험과 독학사 2차 시험이 일정이 겹쳐서 둘다 준비를 엉망으로 하고 갔는데 둘 다 붙었다. 직장 다니면서! 가성비 좋은 시험이다. 추천한다.

노무사 2차 시험은 시기가 독학사 3차 시험과 겹치고, 리트 시험 직후라서 준비를 더더욱 엉망으로 하고 갔다. 덕분에 독학사는 붙었지만 노무사 2차는 떨어졌다. 만만한 시험이 아니다. '논술형' 문제다. 평균 60점 이상이 합격이고, 나는 약 3주 정도 공부를 했는데 48점을 받았다. 조금만 더 시간을 투자했으면 이것도 붙을 수 있었을 것 같은데 좀 아쉬웠다. 어쨌든 노무사 2차는 서류제출 이후에 합격여부가 결정되니 입시에서 의미는 전혀 없다. 저 포도는 신포도다.

다만 유의할 점이 있다. 위 내용은 내 블로그에도 이미 썼던 내용이고, 내 블로그의 폭발적인 인기와 더불어 노무사 1차 시험과 독학사가 로스쿨 입시 준비생들 사이에서 굉장히 유명해졌다. 그 효과로 진지하게 독학사와 노무사 시험을 준비하는 사람들에게 민폐를 끼쳤을 뿐만 아니라, 로스쿨 교수님들도 이제 위 시험들이 그리 대단한 스펙이 아니라는 점을 잘 아신다. 미안하다.

---

23 이상의 기준은 학과별로 상이하다. 본문의 내용은 내가 학위를 취득한 법학과의 기준이다. 상세사항은 국가평생교육진흥원에서 확인하자.
https://bdes.nile.or.kr/nile/base/bdesMain.do?

각자 추가적인, 자신만의 진솔한 스펙을 찾아내는 것을 추천한다.

5. 면접

면접 준비는 지원하는 학교별로 다르다.

경향은 꾸준히 변화하지만 크게 보았을 때 SKY의 경우 추상적인 문항이, 나머지 학교들의 경우 시사적인 문항이 주로 나온다.

그런데 내가 면접을 볼 때 중앙대학교에서 뜬금없이 '진정한 용서란 무엇인가'라는 주제가 나와버렸다. 나는 다행히도 고려대학교 로스쿨 준비도 병행했기에 별 문제 없이 풀이에 임할 수 있었다.

그리고 고려대학교에서도 뜬금없이 두 문제 모두 사회적인 문제가 출제됐다. 거기다 문제 자체도 한 주제에 대해 길게 답하는 게 아니라 여러 개의 소질문에 답하는 형식으로 유형이 바뀌었다. 이번엔 진짜 당황해서 제대로 대처를 못했다.

따라서 추상적인 문항과 구체적인 시사 문항 모두 대비를 해 두도록 하자. 입시기조는 항상 변화하기 때문에 기출문제를 통해 경향성을 파악하되 이에 너무 의존하지는 말고 어떠한 문제가 나오더라도 해결할 수 있도록 '빠른 시간 내에 논리적으로 사고하여 말을 통해 발표하는 과정 자체'를 훈련하는 것이 도움이 될 것이다. 특히 추상적인 문항의 경우 철학과 사회과학 딜레마에서의 전형적인 개념 분류체계와 판단근거들을 익혀두자.

학교별로 문제 유형은 다르지만 **면접 방식**은 어느 정도 비슷하다.

내 차례가 되면 '준비실'로 들어간다. 긴 지문과 문제와 짧은 시간이 주어지고, 시간 내로 문제를 풀이한 뒤 '면접실'로 가서 그 답안을 교수님들께 이쁘게 발표하고 질타를 받아내면 된다. 보통 10~15분의 시간 동안 한 두 페이지 분량의 지문을 읽고 문제를 해결해 낸 뒤 5~10분의 시간 동안 질의응답을 한다. 여기서도 시간관리가 핵심이다. 면접은 리트만큼 시간이 부족한 것은 아니다. 하지만 적어도 주어진 시간 내에 문제를 읽고, 5분 정도의 말을 할 수 있는 분량의 스크립트를 쓸 수 있는 능력을 배양하기 위한 훈련이 필요하다. 여러분이 애드립의 황제라면 안 해도 된다. 그런데 아닐 것이다.

자신이 얼마나 빨리 읽고 사고할 수 있는지, 자신이 얼마나 빠르게 메모지에 스크립트를 쓸 수 있는지 연습을 통한 검토가 필요하다. 말을 잘하는 학생이라면 키워드만 빠르게 적어두고 문제해결에 더 시간을 투입하는 전략이 가능하다. 하지만 극도의 긴장 속에서 빠른 시간 내에 자신의 생각을 정리해서 완전한 문장으로 5분 동안 발표하는 일은 쉽지 않다. 이 부분에 자신이 없는 학생이라면 시간은 걸리더라도 완전한 문장으로 된 스크립트를 메모하도록 하자.

　　나도 각 학교별 예상 문제풀이시간에서 2분을 제외하고 문제를 풀고 발표하는 연습을 했다.

　　실전에서 고려대학교에서는 두 문항 중 선택하여 답하는 방식이었는데 운이 좋게도 둘 다 준비를 해왔던 주제들이었다. 그런데 나는 멍청하게 그 좋은 운을 스스로 걷어차버렸다. 난 정말 운이 좋다고 생각하며 싱글벙글 둘 중 어느 것을 고를까, 어느 문제를 골라야 더 멋지게 보일까 너무 고민을 하다보니 시간이 2분도 넘게 지났다. 갑자기 다급해졌다. 식은 땀이 흘렀고 문제가 글로 보이지 않고 알파벳들이 되어 눈 앞에서 춤을 췄다. 그렇게 지문을 대충 읽고 '소문제'들에만 답을 써내려가다 보니 소문제 위에 있던 'A의 입장에서'를 못 읽고 헛소리만 했다. 발표 중간에 문제를 잘못 푼 걸 눈치채고 급하게 "아 그건 사실 이런 측면에서 말한 것이었습니다 어쩌고…" 하면서 기똥차게 애드립을 했지만 엎질러진 물. 뭐 정량점수도 애매한데 면접도 망했으니 떨어져도 싸다.

　　이렇게 대략적인 실제 입시는 끝이 난다. 남은 일은 잘 먹고 잘 쉬면서 열심히 기도하는 것뿐이다.

6. 독서

　　리트 언어영역과 면접에 총체적으로 도움이 되는 습관이다.

　　나는 이공계 출신이다보니 내가 부족했던 분야인 사회과학 분야의 책을 많이 읽었다. 사회과학분야 문외한이었던 나같은 사람들은 책 선택을 하기 전에 '지대넓얕'이 굉장히 도움이 됐다. 대학물을 먹은 우리같은 사람들은 교양서들을 무시하는 좋지 않은 경향들이 있다. 하지만 솔직해져 보자. 전공자들도 해당 분야의 교양서 수준의 지식들도 갖추지 못한 경우가 대부분이다. 그리고 단기간 내에 넓은 배경지식을 쌓는 데에 교양서적만한 툴이 없다. 괜한 자존심 부리지 말고 빠르게 익혀나가자. 물론 읽을 때에는 위에 언급했듯이, 각 학문분야에서 ① 어떠한 '개념의 존재'에 대한 인식, ② '어떤 기준으로 그러한 개념들을 분류하는가', ③ '각 개념들 사이의 인과 또는 상관관계가 어떻게 되는가'를 중점적으로 보고, 모든 내용들을 '암기'하겠다는 생각을 버려야 한다.

　　목록에는 포함시키지 않았으나 나는 원래 스릴러 장르 소설 매니아였기에 기분전환 겸 동기부여 측면에서 스콧 터로,[24] 존 그리샴,[25] 마이클 코넬리[26] 등의 법정스릴러 작품[27]도 많이 읽었다.

　　아래는 내가 약 1.5년간 입시준비를 하면서 읽은 책들 목록이다. 도움이 되길 바란다. 입시기간에 읽은 책들 외에도 추천하고 싶은 책들이 많지만 여백이 좁아 적지 않겠다. 나중에 나와 커피 한 잔 할 일이 있다면 물어보시라.

표기 방법은 "저자. (역자). "제목". 출판사. 출판 연도" 순이다. 출판 연도는 원서가 아닌 내가 읽은 국내출판본의 출간 연도를 따랐다.

종합 분야	• 채사장. "지적 대화를 위한 넓고 얕은 지식1, 2". 한빛비즈. 2015, 2017 • 유발 하라리. 조현욱 역. "사피엔스". 김영사. 2015 • 유발 하라리. 전병근 역. "21세기를 위한 21가지 제언". 김영사. 2018
에세이	• 스콧 터로. 이승훈 역. "하버드 로스쿨". 마음북스. 2015 • 문유석. "미스 함무라비". 문학동네. 2016 • 문유석. "판사유감". 문학동네. 2019 • 문유석. "전국의 개인주의자들에게". 문학동네. 2017 • 김웅. "검사내전". 부키. 2018
철학	• 톰 버틀러 보던. 이시은 역. "짧고 깊은 철학 50". 흐름출판. 2014 • 신영복. "강의: 나의 동양고전 독법". 돌베개. 2004 • 최승환 엮음. "동서양 철학윤리 핵심 키워드". gazisys. • 마이클 샌델. 안기순 역. "돈으로 살 수 없는 것들". 와이즈베리. 2012 • 마이클 샌델. 김명철 역. "정의란 무엇인가". 와이즈베리. 2014 • 마이클 샌델. 강명신 역. "생명의 윤리를 말하다". 동녘. 2010 • 진중권. "현대미학 강의". 아트북스. 2013 • 진중권. "미학 오디세이" 시리즈. 휴머니스트. 2014 • 김용규. "설득의 논리학". 웅진지식하우스. 2007 • 박찬국. "삶은 왜 짐이 되었는가". 21세기북스. 2017 • 키케로. 안재원 역. "수사학". 길. 2006 • 플라톤. 황문수 역. "소크라테스의 변명". 문예출판사. 1999

---

24 대표작: "무죄추정", "이노센트"

25 대표작: "타임 투 킬", "그래서 그들은 바다로 갔다", "레인메이커", "불량변호사"

26 대표작: "링컨 차를 타는 변호사", "탄환의 심판", "다섯 번째 증인", "배심원단"

27 그 외에도 윌리엄 랜데이의 "제이컵을 위하여", 존 카첸바크의 "하트의 전쟁", 도진기 작가님의 "붉은 집 살인 사건"을 추천한다. 도진기 작가님의 "유다의 별"은 법정 스릴러 장르는 아니지만 너무 재미있어서 추천.

철학	• 아리스토텔레스. 손명현 역. "니코마코스 윤리학/ 정치학/ 시학". 동서문화사. 2007 • 아리스토텔레스. 김재홍 역. "변증론". 길. 2014 • 루드비히 비트겐슈타인. 김양순 역. "논리철학논고/ 철학탐구/ 반철학적 단장". 동서문화사. 2008 • 루이 알튀세르. 서관모 역. "마르크스를 위하여". 후마니타스. 2017 • 막스 베버. 김현욱 역. "프로테스탄티즘 윤리와 자본주의 정신/ 직업으로서의 학문/ 직업으로서의 정치/ 사회학 근본개념". 동서문화사. 2009 • 존 롤스. 황경식 역. "정의론". 이학사. 2003 • 장 자크 루소. 최석기 역. "인간불평등기원론/ 사회계약론". 동서문화사. 2016 • 존 로크. 남경태 역. "시민정부". 효형출판. 2012 • 존 스튜어트 밀. 서병훈 역. "자유론". 책세상. 2005 • 쇼펜하우어. 권기철 역. "의지와 표상으로서의 세계". 동서문화사. 2016 • 슬라보예 지젝. 주성우 역. "멈춰라, 생각하라". 와이즈베리. 2012
역사	• 설민석. "설민석의 조선왕조실록". 세계사. 2016 • 신병주. "조선평전". 글항아리. 2011 • 에드워드 카. 김택현 역. "역사란 무엇인가". 까치. 2015 • 올랜도 파이지스. 조준래 역. "혁명의 러시아 1891~1991". 어크로스. 2017 • 존 허스트. 김종원 역. "세상에서 가장 짧은 세계사". 위즈덤하우스. 2017
법	• 한기찬. "재미있는 법률여행 시리즈". 김영사. 2014 • 김동재, 김웅수. "대한민국에서 반드시 알아야 할 노동법 150". 시대의창. 2014 • 폴커 키츠. 배명자 역. "법은 얼마나 정의로운가". 한스미디어. 2017 • 레오 카츠. 이주만 역. "법은 왜 부조리한가". 와이즈베리. 2012 • 윤재왕 외. "지금 다시, 헌법". 위즈덤하우스. 2016 • 한동일. "법으로 읽는 유럽사". 글항아리. 2018 • 김영란. "판결을 다시 생각한다". 창비. 2015 • 류승훈. "법으로 풀어 가는 역사기행". 법률출판사. 2015 • 박은정. "왜 법의 지배인가". 돌베개. 2010 • 양천수. "법해석학". 한국문화사. 2017 • 위르겐 하버마스. 한상진 역. "사실성과 타당성". 나남. 2007 • 게오르크 빌헬름 프리드리히 헤겔. 임석진 역. "법철학". 한길사. 2008 • 앨런 M. 더쇼비츠. 변용란 역. "최고의 변론". 이미지박스. 2006 • 이준일. "13가지 죽음". 지식프레임. 2015 • 김진한. "헌법을 쓰는 시간". 메디치미디어. 2017 • 헤르만 칸토로비츠. 윤철홍 역. "법학을 위한 투쟁". 책세상. 2006 • 몽테스키외. 이재형 역. "법의 정신". 문예출판사. 2015

수학· 과학	<ul><li>조던 엘렌버그. 김명남 역. "틀리지 않는 법(수학적 사고의 힘)". 2016</li><li>제임스 글릭. 박래선 역. "인포메이션(인간과 우주에 담긴 정보의 빅히스토리)". 동아시아. 2017</li><li>마크 뷰캐넌. 김성훈 역. "우연의 설계". 반니. 2017</li><li>네이트 실버. 이경식 역. "신호와 소음". 더퀘스트. 2014</li><li>페드로 도밍고스. 강형진 역. "마스터 알고리즘". 비즈니스북스. 2016</li><li>킵 손. 박일호 역. "블랙홀과 시간여행". 반니. 2016</li><li>캐시 오닐. 김정혜 역. "대량살상 수학무기". 흐름출판. 2017</li></ul>
인문· 사회· 정치	<ul><li>유시민. "국가란 무엇인가". 돌베개. 2017</li><li>조지 레이코프. 유나영 역. "코끼리는 생각하지마". 와이즈베리. 2018</li><li>리처드 호프스태터. 유강은 역. "미국의 반지성주의". 교유서가. 2017</li><li>로버트 카플란. 이순호 역. "지리의 복수". 미지북스. 2017</li><li>숀 홀. 김진실 역. "기호학 입문". 비즈앤비즈. 2016</li><li>한동일. "라틴어 수업". 흐름출판. 2017</li><li>파커 J. 파머. 김찬호 역. "비통한 자들을 위한 정치학". 글항아리. 2012</li><li>조지 오웰. 김영진 역. "더 저널리스트: 조지 오웰". 한빛비즈. 2018</li><li>미셸, 로버트 루트번스타인. 박종성 역. "생각의 탄생". 에코의 서재. 2007</li><li>미셸 푸코. 이규현 역. "광기의 역사". 나남. 2003</li><li>미셸 푸코. 오생근 역. "감시와 처벌". 나남. 2003</li><li>존 스튜어트 밀. 서병훈 역. "여성의 종속". 책세상. 2006</li><li>칼 마르크스, 엥겔스. 이진우 역. "공산당선언". 책세상. 2002</li><li>귀스타브 르 봉. 이재형 역. "군중심리". 문예출판사. 2013</li><li>알렉시스 드 토크빌. 은은기 역. "미국의 민주주의". 계명대학교출판부. 2013</li><li>존 J. 미어셰이머. 이춘근 역. "강대국 국제정치의 비극". 김앤김북스. 2017</li><li>최장집. "민주화 이후의 민주주의". 후마니타스. 2010</li><li>마이클 울프. 장경덕 역. "화염과 분노". 은행나무. 2018</li><li>지그문트 프로이트. 서석연 역. "정신분석학 입문". 범우사. 2008</li><li>필립스 쉬블리. 김계동 역. "정치학 개론". 명인문화사. 2013</li><li>앨버트 O. 허시먼. 이근영 역. "보수는 어떻게 지배하는가". 웅진지식하우스. 2010</li></ul>

경제	• 클라우드 슈밥. 송경진 역. "클라우드 슈밥의 제4차 산업혁명". 메가스터디 북스. 2016 • 유시민. "부자의 경제학 빈민의 경제학". 푸른나무. 2004 • 장하준. 김희정 역. "장하준의 경제학 강의". 부키. 2014 • 장하준. 안세민 역. "그들이 말하지 않는 23가지". 부키. 2010 • 장하준. 이순희 역. "나쁜 사마리아 인들". 부키. 2018. • 조셉 스티글리츠. 이순희 역. "거대한 불평등". 열린책들. 2017 • 토마 피케티. 장경덕 역. "21세기 자본". 글항아리. 2015 • 토마 피케티 외. 유엔제이 역. "애프터 피케티(21세기 자본 이후 3년)". 율 리시즈. 2017 • 토마 피케티 외. 장경덕 역. "세계 불평등보고서 2018". 글항아리. 2018 • 리처드 탈러, 캐스 선스타인. 안진환 역. "넛지". 리더스북. 2009 • 리처드 탈러. 박세연 역. "똑똑한 사람들의 멍청한 선택". 리더스북. 2016 • 헨리 조지. 김윤상 역. "진보와 빈곤". 비봉. 2016 • 라나 포루하. 이유영 역. "메이커스 앤드 테이커스". 부키. 2018 • 장하성. "왜 분노해야 하는가". 헤이북스. 2015 • 장하성. "한국 자본주의". 헤이북스. 2014 • 요제프 알로이스 슘페터. 이종인 역. "자본주의 사회주의 민주주의". 북길 드. 2016

* 입시 준비기간에 읽은 책이 아니어서 위 표에 소개하지는 않았지만, 학생들이 꼭
  읽기를 바라는 다른 저작들은 본문 곳곳에 각주로 소개했다. 이외에도 각 대학별
  '추천 필독서 목록'을 참조하는 것도 도움이 될 것이다.

나의 입시준비

입시의 일반적인 내용은 따로 정리한 '로스쿨 입시' 파트를 참조하자.

로스쿨 입시에 뛰어들기로 결심하고 나서 나는 다음과 같은 행동을 취했다.

1. 회사에서 취득한 자격과 이수한 교육의 문서화, 이력 정리

일에 치여 사느라 바빠서 내가 무슨 교육들을 받았었나 기억도 나지 않았다. 어제 저녁 뭐 먹었는지도 기억 못하는데 그런 게 기억이 날리가 만무하다. 하지만 사내 시스템들을 뒤져보니 나도 모르게 그간 직장생활을 하면서 해둔 것들이 은근히 많았다. 교육시스템을 갖춘 회사라면 쉽게 확인할 수 있을 것이다. 이왕 평소에 접속하지 않는 교육시스템에 접속한 김에 둘러보니 법학 관련 교육들도 있길래 추가 수강하였다. 연차가 좀 있다보니 수강증들을 뽑아보니 꽤나 두툼했다. 별건 아니지만 정성요소로 사용될 수 있다. 그리고 첨부서류가 많아지면 괜시리 마음이 따뜻해진다. 문서화 가능한 것은 모조리 문서화해두자. 로스쿨 입시는 굉장히 검증이 철저하기 때문에 문서로 증명되지 않은 것은 기재할 수 없다. 심지어 자기소개서에도 쓸 수 없거나 걸러진다.

그리고 이왕 퇴사를 마음 먹은 김에 자신의 그간 경력들을 정리해두는 것도 좋다. 즉 대강의 이력서를 만들어두자. 아니, 필수적으로 하자. 3년은 꽤 긴 시간이다. 아직 머릿속에 자신이 수행한 업무(학생이라면 수행한 각종 활동들)에 대한 기억이 있을 때에 해두어야 한다. 학생분들도 익숙치 않겠지만 지금부터 이력서 관리를 시작해두는 것을 추천한다. 로스쿨을 졸업할 때가 되면 내가 그동안 뭘 했는지 기억이 나지 않아 변호사로서의 이력서를 쓸 때 굉장히 난처해진다. 자신의 그간의 활동들을 돌아보는 시간을 갖고 이를 글로 정리하다 보면 자연스럽게 자기소개서에 쓸 테마들이 떠오르게 된다. 그리고 이렇게 자연스럽게 떠오르는 아이디어를 바탕으로 쓰여진 글은 훨씬 잘 읽히는 글이 된다. 매력있는 글로 차별화가 가능하다.

2. 법학 관련 시험 응시

지금은 취업난의 심화로 로스쿨의 인기가 하늘을 찌를듯하여 상위권 문과학생들은 법학과 관련있는 전공을 선택하거나 법학 학점을 이수하는 것이 트렌드가 되었다. 하지만 내가 학교를 다닐 때에는 그런 분위기가 아니었고 더군다나 나는 공대생이었기에 법학 관련 스펙이 있을리가 만무했다. 독학학위제와 노무사 1차 시험을 응시해서 합격증을 손에 넣었다(상세사항은 위 '로스쿨 입시' 파트 참조).

3. 스터디

나를 법조인의 길로 인도해준 그 친구 녀석과 둘이 스터디를 했다. 스터디원들 간에 수준 차이가 너무 심하면 관계가 지속되기 어렵다. 다행히 나랑 친구는 지적수준이 비슷했다. 그래서 친구가 된 것일 지도 모르겠다. LEET는 시간 관리가 가장 중요한 시험이므로 혼자 집에서 문제를 풀면 훈련이 되지 않는다. 인간은 자신에게 무척이나 너그러운 동물이다. 이런 사태를 방지하기 위해 스터디를 꾸려 함께 시간을 정해 문제를 푸는 것은 도움이 된다. 그리고 성인이 되어 자신의 이미 굳어진 사고 방식을 바꾸는 것이 필요하기 때문에 문제를 풀고 오답을 검토하는 과정에서도 제3자의 시각이 필수적이다. 일주일에 한 번씩 카페에서 문제를 풀었고, 함께 모의고사에도 응시했다.

면접은 친구와 지원학교가 다르기도 했고 면접스터디의 필요성을 느끼지 못하여 따로 스터디를 하지 않았다.

대신 자기소개서는 서로 완성될 때까지 끊임없이 첨삭을 해주었다. 내 글은 내가 보면 세계 최고의 명문이다. 이 책도 마찬가지이다. 정말 재미있게 잘 썼네! 내 글은 남이 봐주는 것이 필수적이다. 다만 굳이 변호사 개인이나 학원에서 진행하는 비싼 유료 첨삭을 받을 필요는 없다고 생각한다.

4. 독서

나는 원래 책을 읽고 새로운 것을 배우는 것을 좋아하는 사람이어서 출퇴근 시에 항상 책을 들고 다니면서 읽었다. 단지 로스쿨 입시에 도움이 될 책으로 장르만 변경했을 뿐, 평소 하던대로였다. 지하철에서 책을 읽는 것은 매우 권장할 만한 습관이다. 사고의 확장과 지식의 습득 측면은 당연하고 시간의 효율적 활용이 가능해지며, 출퇴근하다 마주친 말 섞기 싫은 김부장님을 못 본 척 지나칠 수 있다. 아주 유용하다.

이렇게 입시 이야기를 마무리 하고자 한다. 이제 여러분은 어엿한 로스쿨생 신분이 되었다. 3년간의 즐거운 제2의 '학창시절'이 시작된다.

합격 그리고 프리로스쿨

두 학교 모두에서 최초 합격은 하지 못한 채, 방구석에서 오들오들 떨면서 추가합격을 기다리고 있었다. 중앙대학교의 경우 면접 이후 합격을 예감하긴 했다. 나는 어딜가든 새로운 장소에 가면 수백만 년 전 형성된 본성에 충실하게 화장실을 들러 영역표시를 한다.[28] 면접을 그럴싸하게 마치고 중앙대학교 법학관 지하1층(언덕 경사면에 지어진 건물이라 특이하게 지하 2층, 지하1층, 3층, 6층에 출입구가 있는 구조이다) 화장실에 갔다. 남자 소변기 위에 붙어있는 스티커 문구가 눈에 들어왔다. "중앙인은 中앙에!" 너무 멋졌다. 유쾌함, 발랄함, 단순함과 실용성, 그리고 위트. 내 가치관과 정확히 부합했다. 프로파간다의 아버지 에드워드 버네이스[29]도 무릎을 탁 칠 문구다. 그때부터였다. 이곳이 내가 평생을 몸담을 학교라는 느낌이 왔다. 면접을 잘 보기도 했고.

---

28 사회생물학자 에드워드 윌슨은 그의 저서 "인간 본성에 대하여"에서 다음과 같이 썼다. "인간 본성의 일반 형질들은, 다른 모든 종들의 형질이라는 거대한 배경 앞에 놓고 보면 특별하며 특이해 보인다. 그러나 추가 증거들은 더 상투적인 인간 행동들이 일반 진화론에서 예측한 대로 포유류의 것이며, 더 구체적으로는 영장류의 특징에 해당한다는 것을 보여주고 있다."(에드워드 O. 윌슨. 이한음 역. "인간 본성에 대하여". 사이언스북스. 2011)
물론 에드워드 윌슨의 멋진 저서에 화장실 얘기는 없다

29 이런 멋진 표어를 만들고자 하는 학생이라면 다음의 책을 꼭 읽어보자.
에드워드 버네이스. 강미경 역. "프로파간다". 공존. 2009

추가합격은 미등록 인원이 발생할 경우 2월 말까지 계속적으로 발생한다. 따라서 그때그때 전화로 개별공지가 되기 때문에 긴장의 끈을 놓칠 수 없다. 혹시나 전화를 놓쳐서 등록을 못하는 대참사는 피하고 싶었다. 샤워할 때에도 핸드폰을 들고 들어갔다. 1월 중순 즈음, 중앙대학교에서 기다리던 연락을 받았다.

"등록 하시겠어요?"

"네!"

나 이제 학생이다! 덩실덩실. 신이 났다. 당장 학교에 뛰어가서 수업을 듣고 싶었다. 그런데 마침 '프리로스쿨'[30] 기간이었다. 당장 학교에 뛰어가서 수업을 들을 기회가 생긴 것이다! 학교별로 다르지만 많은 로스쿨에서 입학 전, 합격생들을 대상으로 몇 주간 헌법, 민법, 형법 기초 입문 수업을 한다. 열심히 참석했다. 추가합격이 계속 진행되면서 그 다음 주에 또 다른 학생들이 추가되는 재미도 있었다. 새 환경에서 새 사람을 만나는 것은 언제나 즐겁다.

프리로스쿨 수업의 구성은 물론 학교별로 다르고 학생들의 참여도도 다르다. 집이나 학원을 통해 혼자 예습을 하거나 그저 쉬기 위해서 불참하는 학생들도 있다. 개인의 선택이지만 나는 학교에서 제공하는 수업을 듣는 것을 추천한다. 특강 형식으로 짧은 기간 내에 이루어지는 강의의 경우, 강의 준비를 위해 방대한 양의 법학에서 추리고 추리는 작업을 할 수밖에 없다. 그렇기에 교수님들의 평소 수업스타일이 어떻든, 특강은 핵심적이고 도움이 될 내용으로 알뜰하게 구성이 되는 것이 보통이다. 내 기억으로는 수업 구성

---

30 프리로스쿨(pre-lawschool). 로스쿨 입학 전 몇 주간 이루어지는 예비과정을 의미한다. 학교별로 명칭이 다를 수 있다. 심지어 학부과정으로 '프리로스쿨 학과'를 운영하는 학교도 있는데 이 책에서 사용되는 용어와 구별하자.

들도 알찼고, 교수님들과 동기들을 처음 만날 수 있는 소중한 시간이었다. 늦은 추가합격이었기 때문에 내가 프리로스쿨에 참가할 당시에는 이미 일주일의 강의가 진행된 상태였다는 점이 아쉬웠다. 전주 수업에 이미 많은 학생들이 모여서 즐겁게 술자리를 가졌다고 하더라. 이런.

이후 프리로스쿨 기간에 만난 친구들과는 모두 졸업 할 때까지 좋은 관계를 유지했다. 좋은 성적도.

프리로스쿨 기간이 끝나고 약 한 달간 못다한 민법 예습을 하면서 즐거운 백수생활을 이어갔다. 일반적으로 합격 발표 후 약 두 달의 시간이 있고 민법을 한 바퀴 돌리면 얼추 시간이 맞다. 이왕 하는거 열심히 해보자 마음먹고 눈물을 흘리며 값비싼 인터넷 강의를 결제했다. 변호사시험 과목 강의는 정말 더럽게 비싸다. 퇴직금을 두둑히 받아서 다행이었다. 열정이 넘치는 친구들은 민법은 기본이고 형법까지 예습을 하고 온다고 한다.

예습을 얼마나 해야 하고, 얼마나 필수적인가에 대해서는 많이 의견이 갈린다. 내신의 경우 수업 내용과 교수님의 성향에 맞춘 공부를 해야 하기 때문에 예습은 큰 의미가 없는 것으로 보인다. 하지만 장기적으로 보았을 때 변호사시험을 위해서 민법 전 범위 통독은 한번이라도 더 하는 것이 좋지 않을까. 따라서 내 결론은 예습은 하면 좋지만 필수적이지는 않다는 것이다. 각자의 사정과 장·단기 목표에 맞추어 조절하자.

2월 중순, 학교 행정실에서 전화가 왔다. 뭐지? 괜히 두려웠다. 너무나도 행복했기에 그 행복에 금이가는 나쁜 뉴스일까봐. 다행히도 '합격취소통보' 같은 끔찍한 일은 아니었다. 내가 신입생 대표로 입학식에서 선서를 해야 한다는 것이었다. 어? 나 신입생 대표야? 추가합격인데 그럴 수가 있나? 아무튼 기분이 좋았다. 하지만 궁금한 건 참을 수 없지. 왜 내가 선서를 하게 됐는지 물어봤다.

"최고령자가 선서하는 게 전통이라서요. 호호."

"아 그렇군요. 하하"

그렇게 설레는 입학 첫 날부터 노친네 인증을 했다(다행히도 이후 동기들에게 얘기를 들어보니 다들 입학식 당시에는 내가 최고령자라서 선서를 한 것이라는 사실을 몰랐다고 했다).

나이 얘기가 나온 김에 잠깐. 중앙대학교 로스쿨은 학생들 나이가 많이 어린 편이다. 2019년 입학 당시 평균 94~95년생 정도가 주류를 이루었다. 지원을 할 때에는 그래도 대학원인데 35살 정도 되는 학생들도 있겠지 싶었다. 88년생인 내가 최고령자가 될 줄은 꿈에도 몰랐다. 하지만 언제나 현실은 상상보다 가혹하다. 동기뿐 아니라 전교 최고령이었다. 중앙대학교 로스쿨이 나이 어린 학생들을 좋아한다는 소문 때문에 지레 겁을 먹고 나이 있는 지원자들이 거의 지원을 안하기 때문에 벌어진 현상이다. 객관적인 근거도 없는 소문일뿐더러 나이 많은 내가 훌륭하게(?!) 학교생활을 하였기에 현재 교수님들의 나이 많은 학생들에 대한 인식은 상당히 좋은 편이다. 실제로 지금도 나이 좀 있는 학생들이 왕왕 들어오고 있다. 겁먹지 말자. 어쨌든 이 어린 동기들이 웃긴게 서로 92년생 정도 되는 애들한테는 '형'이라고 부르면서 나한테는 '형님'이라고 한다. 81년생부터 96년생까지가 같은 MZ 세대라는데, 이것들이.

물론 세대 차이를 느끼는 일이 없었다면 거짓말일 것이다. 2019년 10월. "람보: 라스트 워"[31]가 개봉했다. 나도 물론 람보 시리즈가 히트한 당시 문화생활을 한 세대가 아니지만 그 명성은 익히 알고있었고, 신이 나서 극장으로

---

31 애드리언 그런버그 감독. 2019년 작품. 실베스터 스탤론의 처절한 분노 액션이 돋보이는 명작이다.

달려갈 준비를 하며 동기들에게 자랑을 해댔다. 그러자 96년생 동기가 내게 물었다.

"람보가 뭐야?"

입학식은 간단한 학교소개와 원장님의 축하 인사 등으로 이루어졌고 금방 끝났다. 그리고 바로 정장을 벗어던지고 OT행 버스에 탑승했다. 그냥 정장입고 가도 되는 거 아닌가 싶었지만 안 그래도 노친네 인증했는데 혼자 정장입고 다니면 애들이 교수님인 줄 알거 아니야. 대세를 따랐다.

20, 21, 22학번의 경우 코로나 여파로 입학식과 OT가 없거나 입학식과 입학식 직후 그 자리에서 학생회 소개 정도만 이루어졌다. 하지만 내가 입학한 19년도까지는 OT를 갔다. 부럽지? 이게 얼마만인지. 심장이 벌렁벌렁, 너무 설렜다. 대학교 OT나 기업연수를 생각하고 저녁의 대환장 파티타임을 떠올렸다. 한 오후 5시까지 일정을 마치고 해피타임이 시작되겠지? 아니다. 역시 배운 것들은 좀 다르다.

OT 장소에 도착하고 조별로 나누어 점심식사를 하고 잠시 친목도모의 시간을 가졌다. 이후 연회장에서 '수업'이 시작됐다. 저녁식사 시간이 한참 지나서, 밤 10시까지. 학교와 학생회소개, 자기소개 시간들이 이어졌다. 힘들긴 했지만 법조인의 삶 같은 특강도 있어서 매우 유익했다. 전반적인 분위기는 놀자판은 아니었지만 즐거웠다. 2019년 OT 당시까지만 해도 갓 발표된 6, 7기 선배들의 변호사시험 합격률이 상당히 높은 편이었기 때문에 교수님들도 자부심을 잔뜩 뿜어내셨고 선배들도 싱글벙글이었다. 미래에 대한 걱정은 없었다. 모두의 머릿속에 "환희의 송가"[32]가 울려퍼졌고, 장미 꽃 잎들이

---

32 베토벤 제9번 '합창' 교향곡(No. 9 in D minor, op. 125)의 4악장 합창 파트. 전통적으로 푸르트뱅글러의 전시, 전후 녹음이나 카라얀 녹음이 명반으로 꼽히지만, 개인적으로

아름답게 내려앉았다. 영화 "아메리칸 뷰티"[33]의 한 장면처럼. 물론 몇 달 후 발표된 8기 합격률이 곤두박질친 덕분에 그 분위기는 오래가지 못했지만 당시에는 아무도 몰랐다. 모두가 평화가 지속될 것이라 믿었다.

OT에는 거의 대부분의 교수님들이 참석하셨다. 다들 학생들에게 굉장히 관심들이 많다는 인상을 받았다. 좋은 현상이다. 실제로 많은 교수님들이 3년간 물심양면으로 학생들의 성장을 위해 도와주셨다. 밤 10시쯤 공식일정이 대충 마무리 되고 조별로 나뉜 각 방에 교수님들과 선배님들이 돌아가며 들어와 후배들과 담소를 나누고 아낌없는 조언을 해주었다.

3시간 반 동안.

새벽 1시 반이 됐다. 파티타임은 글렀다. 더 놀고 싶어하는 눈치인 아이들이 ⅓ 정도 있어보였지만 곧 쓰러질 것 같은 아이들이 ⅔ 정도였다. 물론 나는 후자였다. 눈치로 합의된 다수결에 따라 바로 잤다. 베개에 머리가 닿는 순간 잠이 들었다. 다음날 이야기를 들어보니 새벽 6시까지 밤새 논 조들도 있다고 했다. 대단한 친구들이다.

다음날에도 오전 내내 특강들이 이어졌다. 그 대단한 친구들은 졸지도 않았다. 정말 대단했다. 모든 OT 일정을 마치고 돌아와 버스에서 내려 다시 학교 캠퍼스를 밟았다. 연못에 있는 못생긴 청룡상[34]이 우리를 반겼다. 이제 정말 다시 학생이 된 것이 실감났다.

몬테베르디 합창단과 함께한 존 엘리엇 가디너의 녹음을 추천한다.

33 샘 멘데스 감독의 1999년 영화. 케빈 스페이시와 미나 수바리가 열연했다.

34 중앙대학교의 상징이 청룡이다. 솔직히 전국 대학교들의 상징 중 청룡은 제일 멋있는 상징이다. 하지만 중앙대학교 청룡연못에 있는 청룡상은 정말 못생겼다. 내가 나중에 성공한 변호사가 되면 가장 먼저 하고 싶은 것 중 하나가 이 청룡상 얼굴을 멋지게 성형시켜주는 것이다. 그러니까 독자 여러분들께서는 주위 중앙대학교 친구들에게 이 책을 많이 홍보하도록 하자.

1학년 1학기 - 본격적인 학교 생활의 시작

제**2**장

Viva! Lawschool
비바! 로스쿨

이공계 직장인의 로스쿨 생활기
퇴사부터 입시, 변호사시험까지

학교생활 일반

첫째 날은 뭐가 뭔지도 모르고 '어어어' 하다 지나갔다.

둘째 날에는 **열람실** 배정을 받았다. 로스쿨은 3년 내내 앉아서 공부를 해야하는 공간이므로 모든 학생에게 1인1좌석(독서실 책상! 콘센트와 수납공간 완비!)을 배정해준다. 때문에 매일매일 학교 도서관에 자리를 잡기 위한 치열한 경쟁이 필요없다. 보통 1, 2, 3학년 열람실이 따로 있어 매년 장소를 옮겨가며 새로운 느낌으로 공부를 할 수 있다. 중앙대학교 로스쿨의 경우 학생회 차원에서 매 학기 각자의 좌석배치를 바꾼다. 각자 선호하는 구역이 있기 때문에 형평성을 위한 것이다. 좌석 선정은 사다리타기로 결정된 순번에 따라 원하는 좌석을 선택하는 방식으로 이루어진다. 선호 구역은 개인에 따라 천차만별이지만 일반적으로 오가는 사람들에 의해 방해받지 않는 구석탱이의 자리들을 선호하는 경향을 보인다. 나는 대학생 때부터 백색소음이 있는 곳들을 선호해서 꽉 막힌 공간보다 카페에서 공부를 하곤 했기에 열람실 좌석 선택도 복도 쪽의 훤히 드러난 자리를 선택했다. 사람들이 지나다니면 어떤 놈들이 지나다니는지 궁금하잖아. 복도 쪽 자리에 앉으면 어떤 녀석들이 지나다니는지 바로 알 수 있다. 궁금한 건 못 참지. 그리고 나란 놈은 다른 사람들의 눈길이 닿는 곳에 있어야 그나마 눈치를 보며 공부를 하기 때문에 열린 공간이 좋다. 다행히 내 선호가 소수 취향이기 때문에 3년 내내 좌석 선정에 무리가 없었다.

수업용 교재가 별도로 있는 과목들도 강의안은 따로 있기 때문에 프린트할 것들이 엄청나게 많았다. 금전적으로나 물리적으로나 상당히 부담스럽다. 몇 주 지나서 알게 됐는데 다행히 중앙대학교 로스쿨은 원우회 차원에서 프린터를 운영, 원우회비를 냈다면 공짜로 프린트를 할 수 있었다. 내가 학교를 다니던 시절에는 학교 이곳저곳에 복사집이 있었고 프린터 이용 후 '돈 통'에 현금을 집어넣는 형식으로 운영됐다. 학생들은 항상 잔돈을 가지고 다녀야 했고, 카드는 논문 출력 같이 대량 구매를 하는 경우에만 가능했다. 복사집 사장님들은 메르세데스를 끌고 다니셨다. 요즘도 복사집들은 많이 있지만 캐쉬 적립식으로 운영되거나 교통카드로 간편하게 결제가 된다. 나는 이걸 몰랐고 등교한 첫 주에 집에 있는 잔돈들을 모조리 긁어모아 비닐봉지에 넣어 달랑달랑 들고갔다. '나는 준비성이 정말 철저해 룰루랄라' 콧노래를 부르며. 부끄러웠다.

　　프린트할 강의안들이 까무러치게 많기 때문에 과목별로 정리할 파일을 샀다. 대학생 시절에는 프린트들을 교과서 사이사이에 끼워넣고 다니며 대충 보관을 했다. 한 학기가 지나면 가방 밑바닥에는 피카소의 작품 같은, 형체를 알 수 없는 종이 쪼가리들의 잔해가 수북히 쌓인다. 로스쿨의 프린트물들은 그런 식으로 도저히 관리를 할 수 없는 분량이다. 펀치를 내거나 한 장 한 장 파일철에 끼워넣는 형태의 파일의 경우 내 성격상 귀찮아서 관리를 못할 가능성이 컸기에 '집게'로 고정을 시키는 형태의 파일들을 샀다. 학기말이 되면 집게가 터져나간다는 단점이 있다. 내 허리띠처럼. 물론 이것도 3학년이 되고나서는 다 귀찮아져서 열람실 책상에 쌓아두었지만.

　　프린트물들이 너무 많아 관리가 힘들다는 이유 때문에 아이패드 같은 태블릿을 사용하는 학생들도 많다. 나는 종이 공부에 익숙한 사람이라 나중에 태블릿을 장만하긴 했지만 인강 시청용으로만 사용했다. 태블릿이 있는 학생들도 대부분 강의안을 프린트 하는걸 보니 나만 그런건 아닌 것 같다.

난생처음 독서대라는 것도 사봤다. 그전까지는 책만 펼쳐놓고 공부를 했기에 독서대가 필요없었지만 법학공부를 할 땐 다르다. 법전과 교과서와 사례집을 한번에 펼쳐놓고 보아야 하기 때문에 책상 공간을 활용하기 위해 독서대가 필수적이다. 나는 굉장히 클래식하게 생긴 나무 독서대를 샀고, 나중에는 휴대가 편한 접이식 독서대를 추가로 구입했다. 뭐든지 쉽게 질리는 성격이라 계속해서 메뚜기처럼 공부 장소를 바꾸면서 로스쿨 열람실, 빈 강의실, 법학도서관 그리고 중앙도서관을 오며가며 공부했기 때문. 2학년 즈음 동기들 사이에서 엄청나게 크기가 크고 교과서 위에 법전도 한꺼번에 얹을 수 있는 괴물같은 2단 독서대가 유행하기도 했다. 2단 독서대는 들고다니기가 힘들고 열람실 책상이 작은 경우 안맞을 수 있으니 구매 전 유의해야 한다.

펜도 로스쿨생들에게 중요한 문제이다. 영화 "아메리칸 사이코"[1]에서는 잘나가는 금융업계 종사자들이 서로의 명함들을 돌려보며 야릇한 손길로 쓰다듬으면서 서로 자기 명함이 제일 고급지다고 으스대는 장면이 나온다. 우리에게 펜은 이 명함과 같다. 우리가 쉽게 접하던 싸고, 항상 다쓰기 전에 잃어버리는 반영구 볼펜과 다르다[2]. 수험용 펜 가격은 한 자루에 2천 원에서 4천 원 정도까지로 꽤 비싸다. 그리고 잉크가 엄청나게 빨리 닳는다. 물론 공부 스타일에 따라 다르겠지만 나는 주로 직접 손으로 쓰면서 익히는 스타일이기 때문에 수험용 펜 기준으로 1주일이면 다 썼다. 펜 값이 생각보다 많이 든다.

---

1 메리 해론 감독. 2000년 개봉. 크리스찬 베일 주연. 스릴러 명작이다.

2 우리는 항상 볼펜을 다 쓰기 전에 잃어버린다. 신비롭게도. 이에 대해 더글러스 애덤스는 그의 걸작 "은하수를 여행하는 히치하이커를 위한 안내서"(김선형, 권진아 역. 책세상. 2020)에서 우주 어딘가에 볼펜 생명체들이 살고 있는 행성이 있고 무관심 속에 버려진 볼펜들은 우주의 웜홀을 통해 이 행성을 향해 간다는 독창적인 가설을 내세운 바 있다.

펜으로는 필기만 하고 평소 공부는 눈으로 읽으며 하는 분들은 훨씬 오래 쓸 것이다.

펜 선택은 각자의 필체에 따라 달리해야 한다. 변호사시험 채점은 우리가 쓴 답안지들을 복사한 뒤 그 복사본을 가지고 채점을 하는 식으로 이루어진다. 따라서 안 그래도 눈이 침침하실 나이대의 교수님들이 읽기 정말 힘들다. 결론적으로 글씨가 눈에 잘 보이는 펜이 최고다. 나는 악필이고, 악필 중에서도 글씨를 흘려쓰는 타입이었기에 굵고 잉크가 잘 나오는 펜을 쓰면 이게 사람 글씬지 잭슨 폴록 작품인지 구분이 안됐다. 내 정신 나간 손목을 제어해주는 '서걱서걱' 써지는 펜이 필요했다. 그래서 처음엔 '유니볼 시그노 0.28' 제품을 선택했다. 얇고 필기감이 날카롭다. 그러다가 펜 가격에 부담을 느껴 답안지 작성용이 아닌 평소 공부용으로는 'BIC 이지글라이드(일명 오렌지펜)'를 선택했다. 훨씬 싸고 오래간다. 고급펜 한 자루 살 가격으로 한 다스를 살 수 있다. 3년 동안 제일 많이 쓴 제품이다. 박스 단위로 쌓아두고 썼다.

한번 선택한 펜은 변호사시험까지 쭉 가져가 익숙해지는 게 좋다. 나는 글씨도 못 쓰면서 얇은 펜을 써서 알아보기 힘들다고 1학년 때부터 꾸준히 교수님들께 욕을 먹었다. 꾸준히 욕을 먹으면서 버티다가(박스로 사둔건 다 써야 될거 아닌가!) 결국 변호사시험을 위해서 3학년 2학기가 되어서 답안지 작성용 펜을 '에너겔 0.7'으로 바꾸었다. 굵고 잉크가 잘나오는 타입이다. 내가 첫 펜 선정시 제일 기피했던 타입으로 바꾼 것이다. 3년간 글씨를 많이 쓰면서 그래도 알아는 볼 수 있게 필체가 발전했기에 가능한 일이었다. 잉크가 질질 나오는 펜은 빨리 쓸 수 있어 시간이 촉박한 변호사시험에 유리하다. 그리고 굵은 펜은 복사했을 때 선명하게 보여 채점자들의 눈에 잘띄고, 굵은 펜으로 글씨를 큼직하게 쓰다보면 별말 안 써도 답안지가 시각적으로 꽉 차 보여 풍성한 답안을 써냈다는 착시 효과를 일으킬 수 있다.

기타 형광펜, 포스트 잇 등의 문구류는 각자 공부스타일에 맞추어 장만하

자. 나는 귀찮아서 하이라이트는 전부 3색 볼펜으로 해결했다.

우리가 잘 알고 있듯 유발 하라리는 그의 히트작 "사피엔스"[3]에서 인간이 무리를 이루어 협력하게 된 것은 추상적인 허구의 이야기를 공유할 수 있는 능력 덕분이라 한 바 있다. 하지만 뭔가 석연치 않다. 이야기를 나누려면 먼저 무리가 형성되어야 하는 것 아니겠는가? 낯선 이들에게 접근만해도 이야기는 커녕 입 뻥끗하기 전에 찢겨 죽을 수 있는 침팬지들을 생각해보라. 최근 하버드 대학의 진화생물학자 마크 모펫은 저서 "인간 무리"[4]에서 정체성을 통한 소속감을 인간이 낯선 이들을 받아들이게 될 수 있게 된 핵심사유로 꼽았다. 그러한 정체성 표지의 가장 원시적인 형태는 의복, 몸치장 같은 외부로 드러나는 표지들이다.

로스쿨생들은 슬리퍼와 핏기 없는 얼굴 그리고 과식한 오랑우탄 같아 보이는 펑퍼짐한 츄리닝으로 정체성을 표현한다. 거기에 앉아서 공부밖에 안했으면서 철인 삼종 경기를 두 번은 뛰고 온 듯한 힘없고 늘어진 걸음걸이까지. 저격수들은 500m 밖에서도 로스쿨생들을 알아볼 수 있다. 학생들은 최대한 편안한 슬리퍼와 츄리닝에 대한 정보를 공유한다. 그것이 로스쿨생들의 '에스콰이어'요 '코스모폴리탄'이다. 심지어 어떤 학생은 누가봐도 내복 같아 보이는 옷을 입고 복도를 돌아다니며(본인은 내복이 아니라고 박박 우겼지만) 수험생패션의 신기원을 열었다. 방학이 되어 다들 쫙 빼입고 실무수습을 나가니 한 교수님은 "너네들도 정상적인 옷이 있구나!"하고 감탄하셨다. 물론 멋쟁이들은 변호사시험날까지 멋짐을 포기하지 않지만 그런 이들은 드물다. 다행히 나는 그런 드문 학생이었다. 나는 옷을 편하게 입으면 몸도 편해져서

---

3 유발 하라리. 조현욱 역. "사피엔스". 김영사. 2015
4 마크 모펫. 김성훈 역. "인간 무리: 왜 무리지어 사는가". 김영사. 2020.

늘어져 잠만 잔다. 그래서 항상 최대한 쫙 빼입고 구두까지 신고 학교를 다녔다. 재학 중 로스쿨생의 정체성을 표현하지 못한 게 못내 아쉬웠는지 졸업을 하고서야 로스쿨 책을 쓰며 내 정체성을 표현하고 있다.

내가 대학교를 졸업한 것은 2014년으로, 2019년은 그리 많은 세월이 흐른 상태는 아니었는데 그새 대학교 강의실 풍경은 많이 달라졌다. 요즘 출석 체크는 강의실에 설치된 기기에 블루투스로 스마트폰을 연결해서 어플로 출석을 한다. 신기하다. 물론 모든 기술은 득과 실이 있는 법. 블루투스와 어플을 이용하는 출석 시스템은 출석체크가 안되는 경우가 잦다. 매학기 한번씩은 교수님께 "저 출석 했는데 안 찍혔어요. 살려주세요"하는 메일을 보내야 했다.

또 하나 달라진 광경은 노트북이다. 내 학창시절에도 학생들은 노트북을 많이 들고다녔다. 주 용도는 과제 작성과 수험생들의 경우 인강 시청. 물론 게임과 인터넷 커뮤니티에 쏟는 시간이 대부분이지만 어쨌든 명분이 중요하다. 그 당시 수업시간 중에 노트북을 펼쳐놓는 학생들은 거의 없었다. 거의 대부분 노트와 교과서에 손필기를 했다. 노트북을 펼쳐놓는 학생이 가끔 있으면 교수님들은 수업시간에 딴짓하지 말라고 핀잔을 주셨다. 그 친구들은 십중팔구 실제로 딴짓을 하던 중이긴 했다.

2019년 로스쿨 첫 수업에 들어가 강의실에 앉았다. 그리고 자리에 노트북을 펼쳐놓지 않은 학생은 나뿐이었다.

이제 학생들은 워드프로세서를 이용해 교수님의 말씀을 그대로 받아적는다. 나는 당시까지도 여전히 노트북은 데스크탑이 휴대하기 좋게 변한 것일 뿐 용도는 똑같다는 인식을 가지고 있었다. 그러한 노트북이 완전히 다르게 활용되는 모습을 본 것이다. 장단점이 있을 것이다. 나도 나중에는 말이 빠르고 정보량이 많은 교수님의 수업은 노트북을 이용해 필기하곤 했다. 하지만 손필기에서 요구되는 '강의내용을 순간적으로 이해해서 압축하여 내 언어로 기록하는 과정' 자체가 공부에 큰 도움이 된다는 사실은 명백하다.[5] 각자 취향에 맞는 방법을 택하자.

로스쿨도 학생 집단이므로 동아리 활동이 활발하게 이루어진다. 학회라는 멋진 이름을 달고있긴 하지만 본질은 다를바 없다. 입학정원이 40~60명의 규모가 작은 로스쿨의 경우에도 신기하게도 수많은 동아리 활동이 이루어진다. 대부분 중복해서 여러 학회에 가입하기 때문. 다들 공부로 바쁘다보니 대부분의 학회가 하는 것들은 한 학기에 한두 번 있는 친목 모임과 한 학기에 한 번 혹은 방학기간에 한 번 있는 활동이 전부이기 때문에 이러한 형태의 운영이 가능하다. 덕분에 어딜 들어가도 그 놈이 그 놈인 기현상을 볼 수 있다.

주된 목적은 친목도모이고 부수적인 목적은 선배들의 꿀팁이나 자료 전수다. 사회로부터 3년간의 유예기간을 허락받은 청춘남녀들이 모였다. 봄이다. 그리고 부수적인 목적에 부합하는 꿀팁과 자료를 전수해주는 "××법 학회" 시리즈들의 경우에는 거의 대부분의 학생들이 명목상 가입하므로 자연스레 정보의 평등이 이루어지는 아름다운 광경이 펼쳐진다. 물론 이는 규모가 작고 화기애애 즐거운 분위기로 소문난 중앙대학교 로스쿨의 경우이고, 사람 수가 많은 대형로스쿨은 가입하는 학회들에 따라 만나는 사람이 달라질 수 있다. 법조계가 포화라지만 그래도 좁은 업계다. 네트워킹은 필수적이다. 사회성의 부족은 장점이 되기 힘들다. 학회 활동의 경우 학교마다 기수마다 분위기가 다르므로 두리번 두리번 잘 눈치를 봐서 대세를 따르도록 하자. 단,

---

5 실제 프리스턴대 등의 연구결과가 있다. 다음 DBR 기사를 참조하자. '컴퓨터 필기 월등히 속도 빨라도 손 필기의 학습효과가 앞선다'.
https://dbr.donga.com/article/view/1206/article_no/6506

2020년부터 이 글을 쓰고 있는 2022년까지는 코로나 때문에 모든 학회 활동들이 소강상태일 것이다.

이와 관련하여 잠깐. 로스쿨에 관심이 있는 사람들이라면 로스쿨 학생들이 너무 악독하여 공부 자료를 숨기고, 찢고, 훔치고, 친목회 단위로만 몰래 공유한다는 부정적인 이야기들을 들어본 적이 있을 것이다. 너무 걱정할 필요는 없다. 분위기가 밝은 상당수의 로스쿨들은 원우회 차원에서 시험 관련 자료들을 전구성원들에게 공유한다. 물론 어떤 로스쿨들은 실제로 시험 관련 자료 공유가 특정 교우회나 특정 모임을 통해 알음알음 이루어지기 때문에 이를 얻기 위한 학생들 간의 치열한 눈치싸움은 덤이고 전체 분위기까지 험악해지는 일이 있다는 것은 공공연한 사실이긴 하다. 각 학교 학생회의 자율이긴 하지만 이런 경우 시험의 공정성이 심각하게 훼손되기 때문에라도 그런 문화는 하루빨리 사라져야 하지 않을까 생각해본다. 중앙대학교 로스쿨은 이런 사태를 방지하기 위해 매년 이전 연도 학교 기출문제 등 모든 자료를 모든 원우들에게 공유한다. 뿐만 아니라 교수님들께서도 서로 경쟁하지 말 것을 주문하시고, 정보교류와 친목도모를 강조하는 분위기이다. 이것이 습관이 되어 우리 동기들은 3학년이 되어서도 단체카톡방에 계속 서로의 자료들을 공유했다. 공부를 제일 잘하는 학생들도 얌체 같은 면모 없이 아낌없이 공유했다. 나도 (제일 잘하는 학생은 아니지만) 몇 번 내 자료들을 공유했다. 엣헴. 아름답지 않은가. 상생이 답이다.

나는 민사법학회, 공법학회, 국제거래법학회, 조정학회, 인권법학회 다섯 곳에 가입했다. 거기다 자동가입인 교우회까지.

국제거래법학회와 조정학회는 내가 이전에 몸담던 업계와 관련이 있어서 커리어에 도움을 받기 위해 가입했다. 국제 건설산업이다보니 국제거래법과 관련이 깊을 수밖에 없고, 국제 건설 업계에서는 소송보다 중재와 조정으로 분쟁을 해결하기 때문이다. 실제로 위 학회 덕분에 대형건설사 법무팀에서 인턴을 하기도 했고 조정대회에서 수상을 하기도 했으니 매우 유용했다. 나머지 "××법 학회"시리즈들의 경우 친목도모와 정보교류를 위해 가입했다. 그러나 애초에 향후 진로로 검, 경 쪽에는 관심을 두고 있지 않았기에 형사법학회는 가입하지 않았다. 인권법학회의 경우 봉사활동 관련 정보가 활발히 공유되는 곳이다보니 가입했는데 코로나 덕분에 졸업요건에서 봉사활동이 사라졌다. 저런.

놀랍게도 고대 교우회는 딱히 아무것도 한 것이 없다. 생각날 때 한두번 모임을 갖고 끝이었다. 세간의 인식과는 다르다. 하긴 시대가 어느 땐데. 지금 돌이켜 생각해보니 막걸리와 하늘 같은 선배님으로 대표되는 열혈 고대문화에 별 관심이 없었던 내가 제일 고학번이라 그런 걸지도 모르겠다는 생각이 문득 들었다. 특히 로스쿨 선배님들은 교우회랍시고 모아봤더니 난데없이 07학번 조상님이 앉아계셨으니 굉장히 난처했을 것이다. 그런걸 바랐던 로스쿨 선후배님들이 있다면 이 자리를 빌어 사과드린다.

그 외에도 중앙대학교 로스쿨에는 달리기 동호회, 축구 모임, 기독교 모임, 교지 모임 등이 있다. 역시 별다른 준비물도 필요없고 신체활동을 하는 달리기 모임이 제일 활발하게 이루어진다. 나도 잦은 모임을 좋아하기에 달리기 모임에의 가입을 고민한 적이 있었지만 폐활량이 안 좋아서 결국 가입하지 않았다. 사실 그냥 움직이는 게 싫다. 농구모임은 없는 것 같다. 있나? 있으면 미안합니다.[6] 야구모임은 확실히 없다. 기독교 모임은 규모도 크고(역시 교회는 비법인 사단[7]이다!) 기도모임을 해서 그런지 모임도 잦고 끈끈해보였

---

6 방금 허겁지겁 학교 홈페이지를 찾아보니 농구동아리가 있다. 동아리 이름은 자그마치 로앤비. 동기들이 농구하는 모습을 본 적이 없어서 몰랐다. 게다가 코로나 덕분에 내 재학기간 중 대부분의 기간 동안 농구코트가 폐쇄됐다. 어쨌든 미안합니다. 동아리 정보는 각 로스쿨 홈페이지에서 확인할 수 있다.

7 일정한 목적에 따라 결성되었으나 법인격을 갖추지 않은 사단. 교회와 종중이 대표적이다.

다. 매 시험기간에 전교생들에게 비타오백을 나누어주는 기독교모임의 모습에 감동받았다. 할렐루야.[8] 편집위원회(교지 모임)은 지구상 모든 로스쿨에 다 있을 '××법학', '×× Law Review'들을 쓰고 편집하고 관리한다. 법학에 더 깊은 관심을 가질 수 있는 계기가 될 뿐 아니라, 장학금이 나오는 유일한 학회이므로 생활비가 필요한 학생이라면 적극 추천한다. 각자 학교별 사이트에 동아리 소개들이 있을 것이다. 잘 둘러보고 좋은 선택하길 바란다.

거주지의 경우 본가가 서울인 학생들도 거의 대부분이 공부시간을 최대한 확보하기 위해 기숙사에 들어가거나 학교 근처에서 자취를 한다. 법학관 건물에서 걸어서 10분 이상 걸리는 곳에 살고 있는 학생들이 드물 정도이다. 기숙사 사정은 대학마다 아주 크게 차이가 날 수 있지만 로스쿨생들은 대부분 원한다면 기숙사에 들어갈 수 있는 것으로 알려져있다. 본가와 거리가 있는 학교를 지원할 경우 사전 조사가 필요하다. 중앙대학교 로스쿨의 경우 기숙사 시설이 좋은 편이고, 학교와 본가 거리에 상관없이 로스쿨생들은 신청만하면 입관이 가능하다. 로스쿨생들만 같은 층에 몰아넣어서 학부생 아이들과 싸울 걱정은 하지 않아도 된다.

나는 2학년까지는 기존에 살던 곳에서 약 30분 거리의 대중교통 통학을 했고, 이후 학교 근처로 이사를 했다. 사실 3학년을 앞두고 지레 겁먹고 이사

---

8 헨델의 오라토리오 "메시아" 중 파트 2 마지막 합창곡. 메시아는 전통적으로 엄청난 스케일을 자랑하는 토머스 비첨 경의 로열 필하모닉오케스트라 녹음이, 원전연주로는 존 엘리엇 가디너의 잉글리시 바로크 솔로이스트의 녹음이 명반으로 꼽힌다. 개인적으로는 크리스토퍼 호그우드의 고음악 아카데미 녹음을 최고로 꼽는다.
할렐루야는 또한 캐나다의 음유시인 레너드 코헨의 노래로도 유명하다. 1984년에 발매된 "Various Positions" 앨범 수록곡. 이 곡은 원곡보다 제프 버클리의 아름답고 처절한 리메이크가 더 유명하다. 하지만 원곡 특유의 신성함과 무게감은 그 어떤 리메이크에서도 재현해내지 못했다.

를 하긴 했지만 내가 1분 1초를 아까워하면서 밤 늦게까지 공부하는 스타일이 아니다보니 별 의미는 없었다. 버스 끊길때까지 공부를 해야 그게 의미가 있지. 아침 수업에 늦을까봐 두려움에 떨지 않아도 된다는 장점이 있긴 하지만 2020년부터는 비대면 수업이 이루어졌기에 이마저도 의미가 없었다. 교통비 절약에 의의를 뒀다. 통학이 아주 부담스럽게 느껴지지 않는다면 일단 통학을 해보고 각자 공부 사정에 따라 주거를 옮기는 것을 추천한다.

급식은 학교마다 매우 다를 것이다. 하지만 매우 중요한 요소이다. 한국인은 밥심이지. 중앙대학교는 규모에 비해 학생식당이 많다. 심지어 법학관 건물 안에도 식당이 두 개나 있었다. 로스쿨 건물에 식당이 있는 것은 굉장한 자랑거리이다. 거기다가 싸고 맛있다. 원래 급식은 싸거나 맛있거나 둘 중 하나만 충족돼도 훌륭한 법인데, 여기는 싸고 맛있기까지 하다. 나는 여태 대학교와 직장에서 평생을 맛없고 비싸기까지 한 급식만 먹어오다가 대학원에 와서 큰 문화충격을 받았다. 급식이 맛이 있을 수가 있구나. 거기다가 CAU 버거라는 학교 자체의 햄버거가게도 있다. 가격도 착하고 맛도 훌륭하다. 대량 조리를 안 해두는지 언제 주문하든 거의 항상 갓 튀긴 상태를 유지하는 감자튀김은 이곳의 별미다. 더 마음에 드는 것은 이곳에서 소프트 아이스크림을 판다는 것. 1,000원에 내 팔뚝만한 소프트 아이스크림을 먹을 수 있었다. 나는 이걸 너무 좋아해서 하루에 한번씩(가끔 두 번, 아니 세 번) 복도를 돌아다니면서 동기들에게 "아이스크림 먹으러 갈래?" 소리를 지르고 다녔다. 나중에는 동기들은 내 입에서 '아'자만 나와도 도망을 갔다. 나는 정말 아이스크림을 사랑한다. 냉장고에 계속 떨어지지 않게 구비해놓는 유일한 식품이 아이스크림이다. 그런데 소프트 아이스크림은 일반 아이스크림보다 훨씬 더 맛있고 냉장고에 쟁여둘 수 없기에 더욱 탐난다. 기회가 있을 때마다 사먹어야 한다. 내가 학교생활을 즐긴 이유가 3000이라면 800은 이 소프트 아이스크림 덕분이었다(나머지는 어딜가도 풍부한 흡연구역과 좋은 사람들 덕분이다). 한 가지 아쉬운 점은 CAU 버거의 운영시간이 매우 짧고, 자주 가게를 닫거나 아이스크림을 판매하지 않는 날이 많다는 것. 이럴 때면 몹시 슬퍼 본관 앞에서 아이스크림 내놓으라고 시위를 하고 싶을 지경이었다.

2학년 때부터는 코로나로 비대면 강의가 대세가 되면서 두 곳을 제외한 학생식당들이 운영을 중단했다. 후배님들에게 괜히 죄송스럽다. 나만 즐겨서. 빨리 비정상의 정상화가 이루어지길 바란다. 다행히 2022년부터 대면강의가 시작됐다고 한다.

공부합시다

사실 이런 말을 하면 몰매 맞을지도 모르겠지만 나는 원래 새로운 것을 배우고 익히는 것을 좋아라 했기에 로스쿨에서 3년간의 공부가 전혀 힘들지 않았다. 변호사시험의 꽃인 사례형 공부도 내 적성에 잘 맞아서 성적도 꾸준히 좋은 편이었다. 성적이 좋은 편이어서 힘들지 않았던 것인지 그 반대인지는 잘 모르겠다. 어찌됐건 공부 자체에 스트레스 받은 적은 없었다. 그렇지만 굳이 3년 중 공부 때문에 가장 스트레스를 받은 시기를 꼽자면 내 경우는 1학년 1학기였다.[9] 이유는 단순하다. 불확실성 때문이다. 내가 리스크 관리 업무를 해왔지만 그래도 불확실성은 두렵긴 마찬가지다. 지금에야 법학문제 풀이가 내 적성에 맞는 것을 알았지만 그 당시까지만 해도 내가 잘 할 수 있을지 몰랐고, 처음해보는 문과 공부다보니 막연한 두려움이 있었다. 거기다가 나는 5년간 일을 해서 공부 감각이라는 게 없어질 대로 없어진 상태였고, 최고령자로 전교에서 뇌 기능이 제일 저질이었다.[10] 그뿐만이 아니다. '법학공부'

---

9 이 부분은 사람마다 의견이 다르다. 나처럼 1학년 1학기를 꼽는 학생도 있지만, 본격적으로 깊게 7법을 다루기 시작하는 1학년 2학기와 2학년 1학기가 가장 힘들다는 학생들도 많다.

10 노화가 진행되면 앞이마엽 피질이 담당하는 정신적 유연성, 즉 사고능력과 사고속도가 저하된다. 그리고 앞이마엽 피질의 퇴화는 이미 20세부터 시작된다.
디크 스왑. 전대호 역. "세계를 창조하는 뇌, 뇌를 창조하는 세계". 열린책들. 2021

에 대해 일반적으로 떠올리자면 무지막지한 암기가 필요하다는 생각이 든다. 나는 암기력이 금붕어보다 조금 더 나은 수준이다. 태어나서 광화문 새문안 교회에서 세례를 받고 중학교 2학년 때까지 교회를 다녔지만 주기도문[11]을 외우지 못하였다. 실제 로스쿨에서의 시험 중 가장 성적이 안좋았던 과목도 판례문구에 빈칸을 뚫어놓고 토씨 하나 안틀리고 쓰게 요구하는 시험이었다[12]. 그렇다보니 '내가 이 문과 암기 괴물들 사이에서 살아남을 수 있을까?' 하는 두려움이 있었다. 내 실력을 모르니 어느 정도, 어떻게 공부를 해야할지 막막했다.

로스쿨 공부량과 관련해서 어디서 주워들은 말이 있었다(아마 입학 초기 교수님들께 들은 말이었던 것 같다). 로스쿨 공부를 따라잡으려면 '남들만큼'만 하면 된다고 했다. 그런데 이 '남들'이 너무 무시무시했다. 대학을 갓 졸업한 이 팔팔한 동기들은 새벽부터 학교에 나와서 공부를 하다 오후에 잠깐 기숙사에서 샤워를 하고 (간혹 생략하는 녀석들도 있었다) 다시 열람실에 와서 공부를 했다. 열람실에 서식하는 녀석들이다. 이게 사람인지 곰팡인지 구별이 가지 않았다. "너 여기서 사니?"하고 물어보고 싶은 아이들이 한 트럭이었다. 엉덩이

---

11 "하늘에 계신 우리 아버지여 이름이 거룩히 여김을 받으시오며 나라가 임하시오며 뜻이 하늘에서 이루어진 것 같이 땅에서도 이루어지이다. 오늘 우리에게 일용할 양식을 주시옵고 우리가 우리에게 죄 지은 자를 사하여준 것 같이 우리 죄를 사하여주시옵고 우리를 시험에 들게 하지 마시옵고 다만 악에서 구하시옵소서. 나라와 권세와 영광이 아버지께 영원히 있사옵나이다, 아멘"(마태복음 6:9~13)
기독교인들은 이걸 다 외우고 다닌다. 존경스러울 따름이다.

12 겁먹지 말자. 이 과목이 굉장히 특수한 케이스였다. 법학을 다루는 것이 아닌 1학점짜리 과목이었고 교수님께서는 Pass or Fail로 성적을 내고 싶어 하셨으나 학교 측 설득에 실패하여 아이들을 줄세우기 위해 어쩔 수 없이 고안한 방법이었다. 이후 변호사시험 공부 파트에서 서술하겠지만 변호사시험은 이런 단순암기보다 문제해결능력을 훨씬 중시하는 시험이다. 이런 식의 판례 단순암기는 변호사시험 합격에 크게 도움이 되지 않는다.

가 무거운 정도가 아니라 의자와 몸이 일체인 경지에 이른 친구들이다. 1학년 1학기. 3월의 모습이었다. 난 도저히 '남들'의 기준을 이 친구들과 맞출 수는 없었다. 대략 오전 9시 출근, 오후 10시 퇴근을 했다. 물론 이 생활을 3년 내내 한 것은 전혀 아니다. 1학년 1학기 성적이 나온 후, '이 정도 공부하면 충분하겠다'는 감이 잡혔다. 그 후로는 "평시 주 40시간. 시험기간에는 주 52시간" 스케줄을 유지했다. 3학년 6월 모의고사 전까지.

이 부분을 읽고 직장인 여러분들 갑자기 겁에 질리셨을 것이다. 하지만 9 to 10이 직장에서와 다르게 전혀 답답하진 않았다. 당연히 그 시간 내내 공부만 한 것도 아니다. 학교에서 보내는 물리적 시간이 많더라도 자유로운 분위기에서 새로운 사람들과 함께 있는 것은 즐겁다. 그것도 캠퍼스에서! 거기다 중앙대학교 로스쿨은 열람실들이 모여있는 층의 복도 한 가운데에 탁자와 의자들이 놓여있어 학생들은 오며가며 옹기종기 모여서 담소를 나눴다. 끊임없이. 수다를 떠는 한 무리가 형성되면 화장실 가던 김부각 학생과 최고집 학생이 빨려들어왔고, 전치삼 학생이 수업을 들어가면 담배를 태우고 들어오던 박아지 학생이 끼어든다. 가는만큼 다시 들어오고 계속 살아 움직이며 24시간 복도를 지킨다. 그야말로 아메바형 조직[13]이다. 재미있다! 중앙대학교 로스쿨 학생들은 이 장소가 흡사 블랙홀과 같이 사람을 빨아들인다 하여 '인터스텔라'라고 불렀다. 열린 공간의 중요성이다.

또한 이 시기는 공부 방법에 대해 다들 난상토론을 벌이는 시기이기도 하다. 이 답없는 토론은 변호사시험이 끝날 때까지 이어진다. 학교 수업만 열심히 들어도 되냐 학원강의도 병행해야 되냐, 강사는 누가 좋냐, 교수저가 좋

---

13 사회조직의 한 형태로, 아메바와 같이 정형화되지 않고 시시각각 주변 상황에 따라 변하는 조직. 네이버 시사상식사전 참고.

냐 강사저가 좋냐 등등. 엄마가 좋냐 아빠가 좋냐, 진화냐 창조냐, 본성이냐 양육이냐.[14] 인류를 끊임없이 골치아프게 만들어온 'vs 놀이'는 로스쿨에서도 이어진다. 선배들에게 물어보면 답도 제각각이다.

하나 확실한건 '책 쓴 사람은 죄가 없다'는 것이다(이 책도 마찬가지다). 최소한 1학년 1학기는 뭘로 어떻게 공부하든 빨리 적응하는 사람이 승자다. 찰스 다윈도 이 말에 동의했다.[15] 최악의 행태는 계속되는 불안감에 책 바꾸고 강의바꾸고 계속 바꾸기만 하는 짓이다. 시간이 지나면 이도저도 안 되고 남는 것도 없어 땅을 치며 후회한다. 뭐라도 하나 잡고 진득하니 보자. 가장 큰 문제는 책이 아니라 여러분이 공부를 안 하는 것이다.

나는 학교 강의를 기본으로 공부를 하고, 수업이 끝나면 교수저 교과서를 통독했다. 나는 내신에 별 신경을 안 썼기에[16] 학기 중에도 그 학기 시험범위와 무관하게 계속 교수저를 읽었다(지금와서 고백하지만 나는 두꺼운 책을 좋아하는 변태적 기질이 있다. 인터넷에서 책을 샀는데 하드커버가 아니면 기분이 나쁠 정도의 중증환자다). 두꺼운 교과서에는 이야기가 담겨있다. 그리고 이야기는 단순 암기한 내용보다 훨씬 오래 기억에 남는다. 호모 사피엔스는 내러티브를 사랑한다. 강사저에서는 이 이야기가 삭제되고 암기를 해야 할 파트 위주로 남아있기에

---

14 마음 가는 대로 써놓고 보니 이 책의 주요 독자일 입시 준비생들의 논술과 면접에 직결되는 주제들이다. 입시에서는 주로 근거를 들어 논리적으로 설명하는 능력을 보고 싶어 하기 때문에 시험출제용으로 답이 명쾌하게 나오지 않는 딜레마를 선호하기 때문이다. 위 주제들과 관련하여 훌륭한 논거들을 찾고 싶다면 다음의 책들을 꼭 읽어보길 추천한다.
스티븐 핑커. 김한영 역. "빈 서판". 사이언스 북스. 2017
칼 짐머. 이창희 역. "진화: 모든 것을 설명하는 생명의 언어". 웅진지식하우스. 2018

15 "살아남는 종은 강하거나 똑똑한 종이 아니라 변화에 가장 잘 적응하는 종이다"
찰스 로버트 다윈. 장대익 역. "종의 기원". 사이언스북스. 2019

16 나는 아직도 학교 성적은 어느 정도의 경향성만을 나타내지 그 사람에 대한 결정적인 단서가 되지 못한다고 믿는다. 학교 진도에 상관없는 꾸준한 통독 외에도 나는 3~4명만 수강하여 학생들의 성적 배분이 골치아팠던 과목에서 교수님과 상의하여 다른 학생에게 A 학점을 양보한 일도 있었다. 사람을 얻는 것이 훨씬 더 중요하다.

단순암기에 잼병인 나에게는 교과서가 좋은 친구가 되어 주었다. 다른 원우들에 비해 인터넷강의에도 거의 의존하지 않았다. 3학년이 되기 전까지는.

학교 수업을 통해 기본적인 이해를 했고, 교수저를 읽음에 있어 강약을 조절할 수 있었다. 그리고 교수저 통독을 통해 논리의 빈틈을 메꾸고 머리속에서 큰 그림을 그려나갔다. 이 공부방법이 정답은 아니다. 하지만 나는 이 방법이 내가 3학년이 됐을 때에도 여유 있게 변호사시험을 준비하는 데 큰 도움이 됐다고 생각한다.

처음 접하는 법학 특유의 사례문제는 누구에게나 골치거리이다. 변호사시험은 객관식, 사례형, 기록형 문제로 나누어진다. 그중 사례형 문제는 모든 법학문제 해결의 기본이 되고 시험에서의 비중도 가장 크다. 사례형 문제는 긴 지문으로 이런저런 법적 분쟁 상황이 주어지면 이를 해석한 후, 자신이 배운 조문, 판례 등을 활용하여 논리적으로 문제 상황에 맞는 결론을 찾아가는 시험이다. 난생처음 접하는 문제 유형이다. 모두가 난처했으므로 동기들과의 스터디를 통해 실력을 쌓아갔다. 이 시기에는 머리에 들은 것도 없고 문제해결 방법은커녕 서술 방법조차 모르니 그저 사례집의 모범답안을 외우고 직접 써보는 수밖에 없다. 시간이 필요하다. 어느 정도 기초 체력이 쌓이고 사례 문제 풀이의 감이 생기면 답을 보지 않고 문제를 직접 풀어보는 연습을 해야한다. 그 시기는 사람마다 다르다. 당연히 빠를수록 좋다. 하지만 늦더라도 조바심낼 필요는 없다. 뒤쳐지는 느낌이 들지도 모르겠지만 사람은 각자의 시간 속에서 삶을 살아간다. 당신의 시간도 곧 올 것이다.[17] 물론 변호사시험 전까지는 와야지.

---

[17] 우리가 관념적으로 생각하는 보편적이고 연속적으로 흐르는 시간은 지각 오류의 산물이며 근사에 불과하다.
카를로 로벨리. 이중원 역. "시간은 흐르지 않는다". 쌤앤파커스. 2019

첫 시험. 중간고사

그런 불확실성 속에서도 아직 입학의 설렘이 가시지 않았다. 여전히 나는 해맑았다. 아직 직장생활을 계속하고 있는, (지금은 과장님들이 된) 회사 동기들에게 "나 중.간.고.사. 본다! 하하!"하고 자랑을 했다. 그 녀석들은 "오오 중간고사, 오오 … "이러며 잔뜩 부러워했다.

시험기간이 되니 학생들의 분위기가 달라졌다. 일단 눈이 바뀐다. 얼마 전까지만 해도 생기가 넘치던 학생들의 눈이 살짝 풀려있다. 위에서 언급한 열람실 곰팡이들 외에도 대부분의 아이들이 하루 3~4시간만 자고 공부를 해대니 그럴 수밖에. 일부는 과음 때문일지도 모르겠다. 학생들의 눈은 시간이 지남에 따라 생기가 먼저 없어지고 총기가 사라지며 음침한 물고기 눈으로 바뀌어간다. 눈에서 심연이 보인다. 이때부터 학생들은 정체불명의 온갖 약들을 들고다닌다. 뭘 그리들 먹어대는지는 신만이 알 것이다.

그리고 평소에 학교를 떠나 기숙사나 집에서 공부를 하던 학생들도 스멀스멀 열람실로 기어들어오기 시작했다. 계속 "나는 집에서 하는 게 공부가 더 잘 돼!"를 외치던 학생들도 절박해지면 스스로를 속이는 짓을 그만둔다. 집은 유혹거리도 많고 나 자신에게 한없이 너그러워지는 장소다. 놀 때 놀더라도 일단 학교에 와서 놀아야 실제 공부시간 확보가 용이하다. 3월 초 이후 처음으로 거의 전원이 학교에 다시 모였다. 밤에는 매일매일 야식의 향연이 펼쳐졌다.

나도 시험기간(시험 시작일 전 2~3주)에는 퇴근 시간을 밤 11시로 늦췄다.

버스를 타고 통학을 하던 터라 11시가 한계였다. 다음날 오전에 암기가 중점이 된 시험이 있는 경우에는 열람실에서 쪽잠을 잤다. 암기력이 약한 나는 최대한 시험 직전에 많이 욱여넣는 수밖에 없었는데, 나는 한번 누우면 최소 6시간은 두들겨 패지 않는 한 일어나지 않기 때문에 집에서 잠을 자면 시험 시간 직전까지 잠만 잘 것이 뻔했기 때문. 그래서 누워서 잘 수 없도록 불편하게 열람실에서 잤지. 그래도 못 일어날까봐 무서웠기에 동기들 단체 카톡방에 "나 6시에 깨워주면 법무부 장관" 같은 카톡들을 남겼다. 다행히 법무부 장관이 되고 싶은 아이들이 꽤 많았다. 물론 오전 시험이라도 암기보다는 문제 해결능력이 중점적인 시험의 경우 충분히 8시간 이상 잤다.

오랜 시간 동안 앉아있으면 손 발에 혈액순환이 안된다. 거기다가 꾸준히 환기도 하기 때문에 "황혼에서 새벽까지"[18] 공부를 하거나 쪽잠을 잘 때에는 버티기 힘든 추위가 찾아왔다. 그래서 발 히터(에어렉스 제품이다)를 샀지! 나처럼 추위를 많이 타고 손발이 찬 사람들께 매우 추천한다. 한 겨울에도 걱정없이 지낼 수 있다.

평소에는 이해 위주의 공부를 했어도 시험기간만큼은 어쩔 수 없이 암기를 많이 해야 했다. 자잘한 것들은 건너뛰고 굵직한 것들만 짚고 넘어가는 '엔지니어링 센스'가 체화돼있던 내겐 정말 혹독한 과정이었다. 물론 꼼꼼한 엔지니어 분들도 많이 계신다. 그냥 내 핑계다.

정말 오랜만에 보는 학교시험이다보니 당황스러운 일도 있었다.

열람실에서 밤을 새고 생각없이 몸만 덜렁덜렁 시험장에 들어갔다. 피곤해서 아무 생각이 없었다. 뭘 챙겨가야 된다는 생각을 하지 않았다. 어차피

---

18 로버트 로드리게즈 감독의 1996년 작품. 조지 클루니와 쿠엔틴 타란티노가 열연한 걸작 중의 걸작이다. 최근 드라마로도 만들어졌고 넷플릭스에서 감상할 수 있다.

학교 교직원분들도, 시험 감독 조교분들도, 시험장에 함께 있는 동기들도 서로 다 얼굴을 알고 방금 전까지만 해도 다 같이 열람실에 있던 사람들이니까. 핸드폰은 어차피 부정행위 할 거 아니면 필요도 없고.

　시험지를 받아들자 그때서야 내가 입학한지 얼마 안돼서 아직 학번을 못 외웠다는 사실을 깨달았다. 나 암기력 안좋다니까. 학교 사이트에서도 별도의 아이디를 만들어 사용하니 학생증을 처음 받았을 때 말고는 내가 내 학번을 본 적이 없었다. 학생증도 없고 모바일 학생증이 있는 핸드폰도 두고 왔다. 맙소사. 조용히 손을 들었다.

　　　　"저 … 학번을 모르겠는데요"

　웃음바다. 부끄러웠다. 다행히 시험감독분과 조용히 해결했다. 소문은 빠르게 퍼져 형법 교수님까지 "니 학번 쉽구만 그걸 왜 못 외우냐"하고 놀려대셨다[19]. 학번은 잘 외우고 다니도록 하자.

　시험은 힘들지만 그래도 보람찼다. 그 전까지는 스터디도 사례집의 모범답안을 외워서 써보는 방식으로 이루어졌기에 시험장에서 문제풀이를 어떻게 해나가야 하는지, 내가 뭘 모르고 있는지를 몰랐다. 이제야 감이 오기 시작했다. 문제를 풀 때 내 머릿속에서 문제에서 논리 흐름이 뒤엉키고, 뭔가 중간에 두어개씩 빠져있고, 문장 간의 '아다리'가 안 맞는, 그래서 '이 부분이 공부가 안됐구나'하는 과정을 거쳐봐야 효율적인 공부를 할 수 있다. 문제에서 시작해 차근차근 결론을 도출해내는 일련의 사고 과정을 경험해보는 것이 중요하다. 스스로 사고를 해 봐야 뉴런 간의 연결을 만들어낼 수 있다.

---

19 "전 박사학위가 없어서 그런가 봅니다." 내가 응수했다.

1학년 1학기이다보니 학생들이 사례형 시험에 익숙치 않은 상태라는 것을 교수님들께서 고려하여 논술형이나 객관식으로 시험을 보는 과목도 몇 있었다. 완전히 암기력으로 결판이 나는 형태다. 그리고 로스쿨에는 전국 암기 귀신들이 다 몰려있다. 한번 슥 보고 슥 외우고 문구를 그대로 현출해버리는 인간 스캐너들이다. 어벤져스가 따로 없다. 동기 중 한 명은 수 백 페이지짜리 교수님 강의안의 오타까지 그대로 옮겨적었다는 전설이 전해져 내려온다. '전설의 고향'[20]보다 더 무섭다. 내가 쟤네들이랑 어떻게 싸워. 객관식 시험은 암기 결정력이 더 심하다보니 한 문제만 틀려도 성적이 B에서 시작하는 과목들도 있다고 한다. 끔찍하다. 내게 자유를 달라. 한두 개쯤은 틀릴 자유를. 이런 암기류의 시험에서 나는 별로 바라는 것이 없다. 내 위치를 겸허히 받아들이는 수밖에.

---

20 KBS2에서 1977년부터 1989년까지 방영된 인기초절정 호러 드라마이다. 이후 1996년~ 1999년, 2008년, 2009년 특집으로 리메이크 방영을 했다. 대한민국 사람이라면 당연히 다 알 것이라 생각하고 각주를 생략할까 했으나 '람보'도 모르는 동기들을 위해 굳이 각주를 달았다.

중간고사가 끝났다

　5월이다. 첫 시험의 긴장도 풀렸고 봄기운이 완연하다. 에너지 드링크에 절어 쾡해진 눈은 다시금 제 모습을 찾아간다. 총기는 돌아오지 않았지만 생기는 돌아왔다. 청춘을 불태울 시기다. 학생들은 학교 연못가에서 치킨 파티를 벌였고, 학교 차원에서는 원우들 간 친목도모를 위해 주말에 체육대회가 열렸다. 1, 2학년이 대항전을 펼친다. 예쁘게 기수별로 티셔츠도 맞췄다. 우리 기수는 빨간색이다. 중앙대학교 로스쿨은 구성원들 간의 친목도모는 차별 없는 정보공유와 협력하는 분위기로 이어지고 이것은 결국 긍정적인 학업분위기 형성과 좋은 변호사시험 성적으로 이어짐을 믿는다. 원우들끼리 다 같이 잘 지내기를 바라기에 학교 차원에서 이런 즐거운 자리를 마련해준다. 확실히 시간과 돈과 노력을 투입할 만한 가치가 있는 일이다.

　나도 참가를 했어야 했지만 하필 그 전날 손가락을 다쳐서, 그것도 로스쿨생에게 가장 중요한 신체부위인 오른손 손가락이 다쳐서 참석만 했다. 응원은 열심히 했다. 아쉽다. 사실 내가 몸관리를 딱히 안 한 것도 아니고 병에 걸린 것도 아니라 습관적으로 손가락 관절을 꺾다보니 그랬다. 나도 어처구니가 없다. 손가락 관절이 퉁퉁 붓고 아파서 팔깁스 신세를 지게됐다. 뭐 이런 경우가 다 있는지 원. 몇 주간 사례 쓰기가 힘들었다. 다음 해에는 꼭 관리를 잘해서 열심히 뛰어보리라 다짐했다(하지만 다음 해에는 코로나가 내 희망을 앗아갔다). 뒷풀이 자리에서 녹차 삼겹살로 아쉬움을 달랬다. 사회복지를 전공한 동기는 놀라울 정도로 아름다운 모양으로 삼겹살을 잘라주며 진정한 복지가 무엇인지를 보여주었고 고깃집 알바를 했다며 경력을 자랑하던 동기는 자신이 형편없는 알바였음을 스스로 증명했다.

특이한 것은 5월 즈음에 학회 별 '종강총회'를 한다는 것. 기말고사 기간 즈음에는 모일 시간이 안 나고 기말고사 이후에는 바로 방학이기 때문에 종강총회를 이 시기에 한다. 물론 종강총회는 먹자파티다. 5월은 어린이들만 즐거운 달이 아니다.

과목과 교수님의 성향에 따라 다르지만 몇몇 과목들은 중간고사 성적을 알려주셨다. 비록 일부 과목에 불과했지만 효과는 확실하다. 적어도 공부에서는 항상 1등만 해오던 학생들이다. 두 자리의 등수를 보는 것은 너무나도 생경한 경험이며, 인원수가 적기에 퍼센티지로 보면 더 끔찍했다. 난생처음 쓰라린 실패를 겪게된다. 대부분의 학생들이 충격에 빠진다. 공부방법에 대한 난상토론이 다시 벌어진다.

모두가 충격을 받았다고 모두가 치열한 3월로 돌아간 것은 아니다. 전반적인 공부 분위기가 바뀌었다. 슬슬 주말에는 열람실이 텅텅 비기 시작했다. 중간고사 끝나고 한두 주는 그럴거라 예상했지만 이 추세는 꽤나 길게 이어졌다. 3월에는 동기들과 비교한 상대적인 자신의 위치가 불확실했기 때문인지 다들 열람실에서 '살던' 분위기였다. 하지만 중간고사가 끝나고 어느 정도 자신의 위치를 파악했다. 사람마다 느낀 점과 열람실을 안 나오게 된 이유는 다를 것이다. 3월에 최선을 다했음에도 불구하고 성적이 그 모양이라 좌절한 사람도 있을 것이고, 그냥 지쳤을지도 모른다. 어떤 이들은 '아, 뭐 로스쿨이래서 다들 공부귀신일 줄 알았는데 까보니까 별거 아니네'하고 안도했을 것이다. 나는 그 녀석들한테 '별거 아닌 1인'으로 평가되는 것인가!

아니면 각자에게 맞는 다른 공부장소를 찾은 걸까.

난 중얼중얼 거리며 공부하는걸 좋아하기 때문에 보통 열람실보다는 카페에서 공부하는 것을 선호했다. 하지만 열람실에 모든 짐들을 때려박아놨고 법학책들은 죄다 두껍고 무겁기 때문에 다른 곳에 이동해서 공부를 하기는 무리가 있다. 그럼에도 불구하고 다들 중앙도서관, 법학도서관, 스터디 카페, 일반 카페, 기숙사 등 각자에 맞는 공부 스팟을 잘 찾아다니더라. 열정이 부럽다.

나도 이제 슬슬 열람실이 지겨워졌기에 다른 곳을 찾아봐야겠다고 마음 먹었다. 나란 인간은 항상 새로운 자극을 찾아다니고 뭐든지 쉽게 질려한다. 근데 뭐, 찾고자시고 할 게 없다.

중앙대학교의 큰 열람실은 중앙도서관 뿐이다. 중앙도서관, 중광으로 불리는 중앙광장(요즘은 중지라고 부르더라), 하나스퀘어, 과학도서관 기타 등등이 있어서 심심할 때마다 옮겨다니면서 공부할 수 있었던 고려대학교와는 다르다. 결국 중앙도서관이다. 중앙대라 그런지 도서관도 중앙화 돼있다.

법학관에 법학도서관이 있긴 한데 열람실 사이즈가 굉장히 작고 어차피 로스쿨 열람실이 있는 법학관에 위치하기 때문에 전혀 신선하지 않다. 지겹다. 공부 장소를 변경하는 의미가 없다. 그리고 주로 고시 준비를 하는 학부생들이 이용해서 분위기가 무섭다. 열람실 옆면이 유리라 내부가 다 보이는데, 지나가기만 해도 무섭게 생긴 학부생들이 무섭게 노려본다. 고시생들은 나보다 나이도 많아보인다. 그럴리 없지만 그래보인다. 무서워라.

그래서 결국 중앙도서관으로 서식장소를 옮겼다. 시설이 굉장히 잘 돼있다. 열람실 천장고가 높아 쾌적하며 열람실 내부가 전부 흰색이고 조도도 밝아 칙칙한 로스쿨 열람실과 분위기가 달랐다. 맨날 보던 얼굴들이 아닌 새로운 얼굴들을 보는 것도 즐거웠다. 또한 칸막이 책상이 아닌 열린 책상도 많아 나같이 감시받으며 공부하는 것을 좋아하는 사람들에게 딱이었다. 중간중간 로스쿨 열람실이나 빈 강의실에서 공부하며 돌아다니긴 했지만(특히 왔다갔다 하는 시간도 아까운 시험기간에는 주로 법학관에 있었다) 이때 이후로 나는 졸업할 때까지 대부분의 시간을 중앙도서관에서 보내게 된다.

그런 소소한 일 외에 별 사건은 없었다. 아, 하나 있다면 내가 입학 후 처음 발표된 8회 변호사시험 합격률에서 중앙대학교의 순위가 곤두박질쳤다는 것. OT 때의 희망적이었던 분위기가 와르르 무너졌다. 모두에게 두려움이 엄습했다. 더 이상 학교를 믿지 못하는 분위기가 팽배해져 반수를 준비하고자 하는 여론이 퍼져갔다. 침울한 분위기가 한동안 이어졌다.

돌이켜 생각해보면 나는 개인적으로 이 사건이 우리에게 긍정적인 영향을 미쳤다고 생각한다. 그 전까지는 지난 6, 7기의 합격률이 좋았기에 학교도, 학생들도 '적당히 3년 학교 생활 마치면 합격하는거지~'하는 분위기가 있었다. 좋게 말하면 긍정적이고 나쁘게 말하면 안일했던 분위기. 이런 분위기에서 학교 구성원 모두가 각성하게 되는 좋은 계기가 되었다. 교수님들은 더 학생들의 변호사시험 합격을 위해 노력하셨고, 학생들도 긴장을 놓치지 않게 됐다. 적당한 긴장은 역량발휘에 도움이 된다. 더 열심히 해서 전국의 공부벌레들 사이에서 살아남아야지. 다같이.

어느새 한 학기가 끝

금세 기말고사 기간이 다가왔고 중간고사 때와 마찬가지의 일들이 벌어졌다. 쌓여가는 에너지드링크, 없어진 화장, 초췌해진 눈 그리고 야식 파티. 중간고사보다 시험 범위가 두 배 이상이 됐기 때문에 부담은 더 크다. 그래도 2~3주의 기간만 견디면 시험기간이 끝나기에 깔끔하다.

공과대학을 다니던 시절에는 중간고사/기말고사를 보는 과목 외에 1차 / 2차 / 3차 시험을 보는 과목들도 많았고 매주 퀴즈를 보는 과목들이 대부분이었기에 한 학기 16주 거의 내내가 시험기간이었다. 몬스터 에너지 드링크를 하루에 세 캔 먹고 가슴을 부여잡고 열람실에서 쓰러진 적도 있었다. 그 정도가 되면 멘탈붕괴를 넘어 육체붕괴가 온다.

그때의 악몽을 생각하면 정해진 시험기간에 짧게 집중해서 시험을 보면 되는 로스쿨에서는 신체적인 무리까지 오는 일은 없었다. 물론 잠을 거의 자지 않고 밥도 제대로 챙겨먹지 않으면서 스스로를 수렁에 빠뜨리는 학생들도 있다. 동기 중 한 명도 이 시기에 쓰러져 남학생들이 업어 병원에 데려간 적이 있다. 안타까운 일이다. 그러지 말자. 여러분의 몸은 시험 성적보다 훨씬 중요하다. 이런 말을 해도 여러분들은 욕심쟁이라 말 안 들을걸 나는 안다. 시험과 관련해서 다시 말해드리겠다. 변호사시험은 3년의 마라톤이다. 길게 봐야 한다. 페이스 조절은 필수다.

중간고사를 보고 나니 공부 요령도 생겨 기말고사 준비는 훨씬 수월했다.

중간고사 성적이 나쁜 과목을 중점적으로 공부했다. B를 A 만들기가 A를 A$^+$ 만들기보다 훨씬 쉽다. 그리고 교수별 채점 스타일을 파악했다. 어떤 교수님은 목차(소위 '와꾸')를 너무 중시한 나머지 점수가 되는 해당 내용을 적었더라도 별도 목차를 구성하여 서술하지 않으면 점수를 주지 않으셨다(발견을 못하고 넘기신 것일지도 모르겠다). 반면 어떤 교수님은 목차라는 게 없더라도 내용을 썼으면 모두 찾아내서 점수를 주셨다. 어떤 교수님은 풍성한 서술을 좋아하셨다. 어떤 교수님은 학설들을 너무 좋아하셨다. 어떤 교수님은 변호사시험 범위와는 전혀 무관한 내용(다른 국가 또는 과거의 법)을 시험으로 내셨다.

내신 성적을 잘 받기 위해서는 이러한 각 교수님별 스타일에 맞춰서 공부를 해야한다. 따라서 변호사시험 합격을 위한 공부와는 어느 정도 거리두기를 할 수밖에 없다. 이 점은 1, 2학년 내신 성적은 잘 받으며 승승장구 하던 학생이 3학년이 되어 모의고사와 변호사시험에서는 고난의 길을 걷는 원인이 되곤한다. 일반적으로 내신 공부를 충실히 한 학생이 3학년때에도 잘나가지만, 위와 같은 점을 고려하지 않고 오직 학점만을 위한 공부를 하고 학점을 잘 주는 수업만 수강한 경우 왕왕 문제가 생긴다.

이러한 수업과 변호사시험과의 괴리는 수험생 입장에서는 안타까운 점이다. 하지만 학교별 변호사시험 합격률이 발표된 이후 교수님들도 서서히 변호사시험 합격에 도움이 되는 방향으로 수업과 시험을 구성하려고 노력 중이시다(당연히 예외는 있다. 우리가 배우는 수많은 법리들도 전부 예외와 예외의 예외로 점철되지 않는가). 그리고 돌이켜 보면 대부분의 경우 결국 수험과 괴리되어보이는 수업도 넓은 지식과 깊은 이해의 토대가 되어 변호사시험 준비에 도움이 됐다. 특히 3학년이 되어 치르는 모의고사나 변호사시험에서, 수험가에서는 중요하지 않다며 가르치지 않는 내용이 불의의 타격으로 나올 경우 이런 깊은 학교 수업이 진가를 발휘한다. 학교에서 '에이, 뭐 이런 것까지 알아야

해?'하면서 투덜대며 배웠던 것이 전국 시험에 출제될 때가 왕왕 있다. 이럴 때면 무신론자도 할렐루야를 외치며 종교에 귀의하게 된다. 흥분을 가라앉히고 차분히 생각해보자. 영적인 사건이 아니라 당연한 귀결이다. 잊지말자. 변호사시험 출제는 교수님들이 하신다.

수업

이쯤 돼서 수강 과목들 얘기를 해보자. 나의 1학년 1학기 수강과목은 다음과 같다.

이수구분	과목명	학점
전공선택	기업법기초	3
전공필수	기초법문서작성	2 (P / F)
전공필수	민법–민법총칙	3
전공선택	민법–채권총칙	3
전공필수	법정보조사	1
전공선택	헌법–통치구조론	3
전공선택	협상론	3
전공필수	형법–형법각론	2
	총 9과목	20학점

각 학교의 커리큘럼은 크게는 다들 비슷하지만, 세부 과목 구분과 전공선택 / 필수 과목 여부는 학교마다 상이하니 참고 하자.

나는 새로운 것을 배우는 것을 좋아해 대학생 시절에도 최대이수가능학점을 꽉꽉 채워 졸업요구학점인 130학점을 훨씬 상회하는 157학점을 이수했다. 로스쿨에서도 마찬가지였다. 덕분에 시험기간과 성적의 부담이 남들보다 더 하긴 했지만 그런 것은 중요치 않다고 생각한다. 훨씬 더 중요한 것은 지금, 학교를 다닐 때에만 한 학기라는 시간을 들여, 교수급 인재로부터 새로운 것을 배울 수 있다는 것이다. 학교 밖에서는 상상도 할 수 없거나 엄청난 비용을 따로 지불해야 하는 기회이다. 졸업할 때까지 이 생각은 변치 않았고 졸업할 때까지 117학점을 이수했다. 졸업요건은 96학점이었다.

로스쿨의 수강신청은 대학생 때와 다르게 인원이 몇 안 되기 때문에 기술적으로 안정적인 환경에서 이루어진다. 즉, 많은 인원이 동시에 몰려 서버가 다운되는 일은 거의 없다. 때문에 훨씬 편하게 진행할 수 있다. 그렇다고 치열한 경쟁까지 없는 것은 아니다. 대부분의 주요과목이 두 개 이상의 분반으로 나누어지기 때문에 보다 '변호사시험에 적합적인' 혹은 '성적을 더 잘 주시는' 교수님의 분반을 선택하기 위한 경쟁이 벌어진다. 하지만 두 교수님들의 선호도 차이가 아주 큰 경우는 그리 많지 않으며, 결국 50% 확률로 몇 명 안 되는 재학생들끼리의 경쟁이기 때문에 수천명이 한 자리를 두고 경쟁하는 학부 수강신청에 비해 훨씬 수월하다. 나는 로스쿨 수강신청에 거의 실패한 적이 없다(딱 한 번 있었다. 교수님 성함만 보고 다른 학년의 과목을 클릭했던 것. 덕분에 행정법1을 수강하지 못했다). 안타까운 건 계속 같은 아이들끼리 경쟁을 하다보니 잘하는 학생들은 계속 성공하고, 운동신경이 떨어지는 일부 학생들은 계속 실패하는 일이 발생한다는 것. 운전면허 시험을 세 번 떨어졌다던 동기는 계속해서 '소수반'을 지켰다. 항상 수강신청에 실패해 소수반에 몰려다니며 '독수리 오형제'라 불리는 학생집단이 있었다. 동체시력 훈련을 해두자.

먼저 로스쿨에서 배우는 과목들에 대한 간단한 설명이 필요할 듯하다. 변호사시험 과목은 크게 민사법, 형사법, 공법 그리고 선택법으로 나뉜다. 개략적으로 설명하면 민사법은 사인(私人) 간의 관계를, 형사법은 범죄혐의자와 국가 사이의 관계를, 공법은 사인과 국가기관 간, 그리고 국가기관 간의 관계를 다룬다. 여러분이 옆집 아저씨한테 돈을 빌려줬다면 민사법의 문제고, 그 옆집 아저씨가 여러분 돈을 떼먹고 여러분 얼굴에 주먹을 날렸다면 이제 형사법의 문제가 되며, 여러분이 더 이상 옆집 아저씨의 얼굴을 보기 싫은 나머지 해외로 떠나기 위해 공공기관에 비자 발급 신청을 하면 공법관계가 형성된 것이다. 민사법에는 민법, 민사소송법, 상법 등이, 형사법에는 형법과 형사소송법 등이, 공법에는 헌법과 행정소송법 등이 포함된다(이들을 '기본 7법'이라 부른다). 그리고 변호사시험에서는 각 과목에 대해 객관식 문제인 선택형, 문제해결능력을 테스트하는 사례형, 그리고 소장과 같은 법률 서류를 직접 써보는 실무형 시험인 기록형 시험을 치르게 된다.

선택법은 기본 7법 외의 다양한 전문적인 법분야들(국제법, 국제거래법, 환경법, 노동법, 경제법, 조세법, 지적재산권법이 있다) 중 한 가지를 선택하여 사례형 시험만 치른다.

기업법 기초는 상법 총칙과 상행위 파트다. 중앙대학교의 경우 선택과목이다. 그래서 안 듣는 학생들이 많다. 그래도 변호사시험 시험범위에 들어가는 것은 당연하고 상법의 기초가 되며, 상행위 파트에서 은근히 알아두어야 할 것들이 많아 3학년이 되어서 부랴부랴 공부한다면 상당히 부담스러운 파트다. 별일 없으면 1, 2학년 여유있을 때 미리 한번 봐두도록 하자.

기초법문서작성은 주로 실무가 출신 교수님들이 들어오셔서 '법문서작성'이라는 테마만을 두고 비교적 자유롭게 강의를 하신다. Pass or Fail 과목이다보니 모두가 부담없이 자유로이 읽고 쓰고 듣고 말한다. 답이 안나오는 문제를 던져주고 토론을 시킨 교수님도 계셨는데 무척 재미있었다. 1학년 1학기다. 우리들의 뇌는 순진무구한 상태인걸 교수님들도 아시다보니 본격적인 법문서보다는 법학답안지 작성법을 가르쳐주시는 교수님도 계셨고 이 역시 큰 도움이 되었다.

민법은 민법총칙 파트와 채권총칙 파트가 1학기의 범위였다. 특이하게도 채권총칙은 선택과목으로 구분된다. 서로 다른 교수님이 수업하셨는데 강의 스타일이 매우 상이했다. 민법총칙 파트의 교수님의 경우 강의안에 판례번호 밖에 없었다. 수업은 각 챕터별로 기초적인 설명을 간단히 진행한 뒤, 굵직한 법리를 설시한 판례들에 대한 상세한 설명과 판례에서 나타나는 논리의 흐름을 가르쳐주셨다. 굉장히 인상적이었고 굵직한 판례를 중점적으로 다루다보니 주요 법리들의 이해를 통한 기초 체력 다지기에 큰 도움이 되었다. 이때 깊게 흐름을 익혔던 판례들은 3학년 때까지 기억에 잘 남는다. 주요 판례들 위주로 다루기에 못보고 지나가는 판례들도 많고, 내용이 깊었기에 끝까지 진도를 나가기 힘들다는 단점이 있었다.

채권총칙 교수님의 경우 정석대로 진도 범위의 내용들이 깔끔하게 정리된 강의안으로 수업하셨다. 이론과 판례 모두 두루 배울 수 있었고 진도도 잘 맞춰나가셨다. 또한 관련 내용과 연관되는 '채권총칙 범위가 아니지만 변호사시험 범위에 포함되는 다른 내용'(예를 들어 민사집행법 파트)도 같이 설명해주셔서 복잡한 법리 이해에도 무척 도움이 되었다. 다만 채권총칙에 한정하지 않는 수업범위에 어려움을 호소하는 학생들이 몇 있었다. 하지만 결국 모두 변호사시험 시험범위라는 걸 고려하면 이렇게 다른 범위의 논의들을 연결시켜 배우는 것이 폭넓은 이해에 도움이 된다.

법정보조사는 원래는 말 그대로 법률 정보들의 리서치를 배우는 과목이다. 이것이 한 학기 내내 배울 내용은 아니었기에 교수님께서는 그 외에도 다양한 주제로(예를 들어 인생, 최신 기술과 연계된 법문제 등) 강의하셔서 무척 재미있었다. 그런데 P / F 과목이 아니었기 때문에 어쩔 수 없이 학생들의 성적배분을 위해 '쌩'암기시험을 보기로 결정했다. 그렇다. 내가 아까 말아먹었다고 언급한 그 시험이다. 슬프다.

헌법은 헌법 총론과 통치구조론부터 배웠다. 굉장히 딱딱한 부분인데 심도있는 이론 설명과 헌법재판소 결정례의 흐름과 그에 대한 비판을 섞어가며 재미있게 가르쳐주셨다. 다만 비판하셨던 부분들이 너무 인상 깊어 가장 최신 헌재 결정의 OX를 판단해야 하는 객관식 시험에서 계속 헷갈리게 되는 부작용이 있었다. '지금 내 머릿속에 있는 이 내용이 2차 결정인가? 아니면 3차? 가장 최근의 결정인가? 비판론인가? 판례결론인가?' 대혼란이다. 하지만 결론만 주구장창 외웠다면 그게 무슨 법학 수업이겠는가. 자칫 딱딱한 암기과목일 수 있는 헌법과목을 즐겁게 배울 수 있었던 좋은 기회였다.

협상론은 선택과목이다. 내가 몸담고 있던 국제건설업계는 소송을 하지 않고 대부분 법조인이 아닌 실무자들의 협상으로 문제를 해결하고, 협상으로 해결이 안 되는 극히 드문 사건들만 중재나 조정을 한다. 그렇기에 앞으로 내 커리어에서 협상이 중요한 위치를 차지할 확률이 높았기에 선택한 과목이다. 입학 전 스콧 터로의 "하버드 로스쿨" 책을 읽고 소크라테스식 문답 수업이 인상 깊었고 나도 로스쿨에서 그렇게 배우려나? 하는 기대가 있었다. 하지만 아직까지 우리 교육 체계는 권위주의적 분위기가 남아있고 스승과 감히 토론을 하긴 힘들다. 비록 교수님들께서는 괜찮다고 하시더라도 학생들 입장에서는 부담스럽다. 다 큰 어른들도 혼나는 건 무섭지. 결국 대부분 수업이 일방적 강의로 이루어진다. 교수님께서 질문을 던지시더라도 토론을 유도하는 딜레마에 대한 질문보다는 "느그 이거 아나?"류의 질문이다. 알면 답하고, 모르면 부끄럽고마는. 이런 분위기 속에서 그나마 수업 구성원 간의 상호작용이 이루어지는 과목이 협상론 수업이었다. 주제 특성상 학생들이 말을 하지 않는다면 진행이 안되기도 했고 말이다. 다양한 사례와 게임 등으로 협상의 기술과 인간의 심리와 행동을 느껴볼 수 있는 재미있고 뜻깊은 수업이었다.

중앙대학교 로스쿨은 특이하게 형법 각론부터 수업을 한다. 뭐 이러나 싶었는데 나름 히스토리가 있었다. 형법은 총론과 각론으로 나누어지고, 1학기 수업을 전공필수, 2학기의 수업을 전공선택으로 지정해온 전통이 있다. 원래는 일반적인 순서대로 1학기에 총론, 2학기에 각론을 배웠다고 한다. 그런데 2학기 각론을 전공선택으로 해두다보니 많은 학생들이 수업을 듣지 않았고, 변호사시험 형법 문제에서 훨씬 큰 비중을 차지하는 형법 각론에 커다란 구멍이 뻥뻥 뚫리는 대참사가 벌어진 것. 그래서 1학기에 필수로 각론을 듣는 특이한 커리큘럼이 자리잡았다. 오늘의 교훈은 '변호사시험 과목이면 전공선택 과목이라도 다 수강하자'이다. 형법 교수님이 굉장히 유쾌하신 분이셔서 매 수업시간마다 힐링하는 느낌으로 즐겼다.

여름방학

제3장

Viva! Lawschool
비바! 로스쿨

이공계 직장인의 로스쿨 생활기
퇴사부터 입시, 변호사시험까지

방학 일반

방학기간에는 각자의 방식으로 공부를 한다. 학생들끼리 열심히 공부 방법 토론을 했지만 토론을 했다고 하나의 통일된 결론이 나오는 일은 절대 없다. 오히려 서로의 편견만 강화할 뿐. 강의를 듣겠다고 학원으로 가는 학생들도 있고 열람실에 남아있는 학생들도 있고 그저 사라진 아이들도 있다.

나는 일단 복습과 학교 수업 진도에서 커버하지 못한 부분을 채워넣는 작업부터 했다. 소위 말하는 빵꾸를 메꾼 것. 예를 들어 민법총칙 과목의 소멸시효 파트는 매우 중요한 부분임에도 진도를 마치지 못하였다. 방학 기간을 이용하여 반드시 학교 수업을 들을 때만큼 집중해서 메워 놔야 한다. 학점에만 집중하다보니 이 작업을 간과하는 학생들이 상당히 많다. 이러한 학생들은 기말고사가 끝나면 바로 다음 학기 범위로 넘어가 그 범위'만' 공부하는 전략을 펼친다. 장기적으로 좋은 전략이 아니라고 확신한다. 이전 학기에서 다루지 못한 부분은 다음 학기에서도 다루지 않기 때문에, 학점만을 위한 공부를 하다보면 영원히 빈 구멍으로 남게된다. 이것은 3학년이 되어서야 부메랑처럼 돌아와 내 뒤통수를 친다.

그 작업이 끝난 뒤에는 다음 학기부터 배울 민사소송법과 형사소송법을 예습했다. 이 소송법 과목들도 두 학기로 나누어서 배우지만 다음 학기에 배울 부분만 예습하지 않고 전체를 다 공부했다. 모든 학문이 그렇지만 특히 절차법은 앞, 뒷부분 모두를 포괄적으로 알아야 연결이 되고 이해가 되기 때문. 같은 이유에서 틈틈이 민법 교과서를 통독했다. 3학년이 되기 직전의 겨울방학까지 방학마다 민법 교과서 통독을 했다.

학교 공부 외에 다른 자격증 시험 공부도 틈틈이 했지만 결국 떨어졌다. 아쉽지만 좋은 경험이었다.

모의분쟁 조정 경연 대회

그리고 7월 말부터는 ICT 모의분쟁 조정 경연 대회 준비를 시작했다.

로스쿨생들에게 기회가 주어지는 각종 대회들이 굉장히 많다. 대법원 법원 행정처에서 주관하는 가인 법정변론 경연대회를 비롯해서 온갖 대회들이 다 있다. 거의 모든 법분야마다 대회가 하나씩 있다. 각 대회들의 공고는 각 학교 게시판을 참고하자. 관심있는 분야의 경연대회 하나쯤은 경험삼아 해보는 것을 추천한다. 어차피 여러분들 방학 내내 공부만 할 것도 아니잖아? 굉장히 재미있다.

나도 내가 관심있던 조정 분야의 대회에 나갔고 대상을 받았다!! 자랑 맞다.

물론 처음엔 공부시간을 많이 뺏길까봐 걱정스러워 참가 여부에 대해 고민을 했다. 그래도 1) 어쩌다보니 내가 조정학회 회장이 됐는데 회장이란 놈이 대회에 안나가면 모양새가 많이 빠지기도 했고, 2) 작년 선배들이 준비한 서면 자료들을 보니 (효율적으로 조직을 관리하여 업무배분을 하면) 시간 투입 거의 없이 해볼만해보였다. 3) 그리고 내가 회장이라 그렇게 관리할 권한이 있었고 자신도 있었다. 그렇게 참여를 결정, 팀원을 모집했다. 선배들은 방학기간 동안 거의 매일같이 하루에 5시간씩 준비했다고 했지만 우리는 일주일에 2~3번, 한 번에 2~3시간 정도의 시간만을 투입했고 기간 내에 서면 작업을 다 마쳤다. 철저한 분업을 지시하고 업무 진행에 꼭 필요한 작업과 토론만 하도록 지휘한 덕분에, 압도적인 효율성으로 빠르게 서면작업을 마칠 수 있었다. 심지어 시간이 많이 남아 발표자료 작업과 영상 작업도 미리 진행했다.

나는 시간을 확보하기 위해 최대한 과업을 촘촘히 세분화하여 파악하고 업무 흐름도를 그렸다. 이 과정에서 리스크 관리 팀에서 스케줄 엔지니어 일을 했던 것이 많이 도움이 됐다. 모든 작업이 한 달 전 짜둔 스케줄대로 착착 진행되었다. 게다가 조정 학회는 조정의 중요성을 아는 직장인들이 주로 관심을 갖기 때문에 우리 팀은 직장인 출신이 3/5이었다. 대충 굵직한 테마만 던져주면 이들에게 수십페이지 보고서 쓰는 것은 일도 아니다!

예상 외의 복병은 서면작업 이후의 '경연' 부분이었다. 이때 처음으로 내가 연기에 재능이 전혀 없다는 사실을 알게됐다. 고등학생 시절 방송반에서 아나운서 활동도 했었는데! 예쁘게 읽는 것과 실감나게 말하는 것은 전혀 다른 차원의 문제였다. 대회를 며칠 앞두고 리허설을 하는데 "저기 앉아있는 쟤를 지금 시켜도 형보다 잘하겠네" 소리까지 들었다. 너무하네. 많이 부끄러웠다. 그래도 열심히 연습해서 대회장에서 실수를 하진 않았고 연기에 소질이 넘치는 다른 친구들의 열연 덕분에 무사히 대상을 거머쥘 수 있었다.

연습 당시 우리는 '노잼'이라는 선배들의 코멘트를 반영하여 양 당사자가 '다투는' 장면을 많이 추가했고, 실제로 대회 참가한 팀들 중 가장 격정적인 모습을 보였던 팀이었다. 그런데 심사위원장님의 심사총평(시상 직전에 하는)에서 "조정은 신사적인 분쟁해결방법이라 양 당사자들이 싸우는 모습보다는 조정위원들이 절차를 주도하면서 한쪽 한쪽 별석조정을 통해 차분히 진행해 나가는 모습을 보여줬으면 좋겠다"라는 코멘트를 하셨다. 이 말을 듣고 우리 팀은 다 같이 '아 이런 … 글렀구나. 후배들한테 잘 전달해줘야지'라고 생각했다. 서로 눈빛으로 아쉬움과 허탈감을 공유했다.

그런데 짜잔. 대상!

진짜 '극'을 아시는 심사위원장님이셨다. 처음엔 얼떨떨했고, 잠시 뒤 눈물이 핑 돌았다. 그래 이게 인생이지.

리프레시와 다짐

　　공부와 대회준비만 한 것도 아니다. 여름 방학을 이용하여 내가 사랑하는 보라카이에도 다녀왔다. 필리핀은 직장인 시절 출장 때문에 처음 갔던 나라인데 너무 마음에 들어서 기회가 될 때마다 간다. 물가도 싸고 아름답고 아무 데서나 담배를 태울 수 있는 행복의 나라다. 2019년에 보라카이의 화이트비치가 금연구역으로 지정된 것은 참으로 안타까운 일이 아닐 수 없다. 다른 많은 학생들도 여행을 다녀왔다. 리프레쉬가 필요할 때다. 인생에 방학이 있다는 것은 축복이다.

　　방학기간, 지난 학기의 성적이 발표되었다. 꼴찌를 할 줄 알았는데 예상보다 괜찮은 성적을 받았다. 이제 대충 어느 정도 공부하면 어느 정도 성적을 받겠구나 하는 감이 생겼다. 불확실성이 사라졌다. 이때부터 9 to 6, 주 40시간(시험기간은 주 52시간) 공부 스케줄을 확립하여 3학년 6월 모의고사 때까지 이어갔다.

1학년 2학기

제**4**장

Viva! Lawschool
비바! 로스쿨

이공계 직장인의 로스쿨 생활기
퇴사부터 입시, 변호사시험까지

생활 일반

학교가 다시 복작복작해졌다. 좋다. 좋은 분위기. 중앙대의 최고 장점 아니겠는가.

1학년 2학기는 첫 학기에 비해 확실히 일정도 빡빡하고, 과목들도 만만찮다. 어느 하나 쉬어갈 수 있는 구간이 없었다. 게다가 9월 말까지는 ICT 모의 분쟁 조정 대회를 준비하느라 중간고사를 벼락치기 해버렸다. 그리고 또 다른 자격증 시험을 짬짬이 공부했지만 하필 중간고사 기간과 겹쳤다. 역시 짬짬이는 어렵다. 또 떨어졌다. 이런. 그래서 1학년 2학기 중간고사는 전혀 대비를 못했다.

첫 학기를 겪어보고 적어도 내신 대비는 '벼락치기'로도 할만하다고 느꼈는데 착각이었다. 그 때 생각하던 벼락치기는 진짜 벼락치기가 아니었다. '시험용 암기공부'를 2주 전부터 몰아쳤으니 벼락치기라고 생각했던 것인데, 평소에 수업을 따라가면서 기본적으로 복습을 했기 때문에 가능한 것이었다. 이번 학기에 정말 쌩으로 벼락치기를 해보니 뇌에 과부하가 걸렸다. 모든 공부가 그렇지만 법학공부는 특히 일정량의 시간투자가 필수적이다.

그나마 공부를 제일 많이 한 과목이었던 물권법이 가장 점수가 안나오는 대참사가 벌어졌다. 심지어 같은 교수님의 채권법 성적은 큰 쟁점 하나를 누락했음에도 괜찮았는데, 필요한 쟁점을 다 쓴(것으로 나는 생각한다) 물권법이 날 배신했다. 아니 내가 날 배신한건가? 그럼 내가 이긴건가? 아무튼 느낀 점이 있었다. 오히려 공부한 게 많다보니 하고 싶은 말이 많아 큰 목차만 잡고 (소위 '통목차') 그 안에 쓰고 싶은 내용을 주절주절 다 쓰다보니 정작 배점이 크게 들어가는 메인 쟁점들은 두껍게 부각시키지 못한 것이 패인으로 생각됐다. 이때 충격을 받아 쟁점별로 눈에 잘 띄는 답안 서술 방법을 연구하여 3학년 때 큰 도움이 되었다.

열심히 손으로 쓰면서 공부를 하니 이 즈음 신체에 변화가 생겼다. 오른손 엄지손가락에 볼펜 모양에 맞게 굳은살 '뽈'이 생겨났다. 소름 돋는다. 많은 로스쿨 생들이 볼펜을 편하게 쥐기 위해 '엔젤그립' 같은 펜에 끼워쓰는 고무 용품을 사용한다. 나는 그런 게 필요가 없었다. 이 굳은 살이 나의 엔젤그립이 되어줬다. 8,90년대를 거쳐온 기타 키드들이라면 다 알고있을 전설, '잉베이 맘스틴[1]은 어려서부터 기타를 하도 잡고 살아서 갈비뼈가 기타모양대로 자랐다'는 일화가 떠올랐다. 뿌듯했다. 나도 내 분야에 있어서 잉베이 맘스틴이 되어가는 중이구나! 대신 단점도 있는데 출입국 시 지문 인식이 잘 안된다. 다행인지 불행인지 이후 코로나 때문에 졸업할 때까지 해외여행을 갈 일이 없어졌다.

기말고사 준비기간이 시작될 즈음, 비 오던 날. 보강을 듣고 집에 가던 중, 중앙대 후문 언덕에서 주우욱 미끄러져서 무릎을 다쳤다. 첫날은 쓸린 곳만 따끔거렸는데 그 다음날부터 붓고 아프기 시작하더라. 학기 중 수업이 전부 오후 6시에 끝나 병원을 갈 시간이 없었다. 파스와 맨소래담으로 몇 달을 버티다가 기말고사가 끝난 후에야 병원을 찾게 됐다. 이때 다친 무릎관절이 아직도 근질근질하다. 몸 관리를 잘하자는 얘기다. 대학원에 다닐 나이면 더

---

1 80년대를 빛낸 전설적인 기타리스트. 아직도 현역으로 활동 중이다. 'Far Beyond The Sun', 'Rising Force', 'Prisoner of Your Love' 등 수많은 명곡을 남겼다. 최근 앨범 "Parabellum"(2021)에서도 여전히 전성기 못지않은 천재성을 빛냈다.

이상 몸의 회복력이 예전 같지 않다.

그 외에는 별다른 사건이 없었던 학기였다. 이후 코로나 사태를 미리 알았더라면 더 재미있게 즐겼을텐데. 아쉬움이 남는다.

수업

이수구분	과목명	학점
전공필수	민법 - 물권법	2
전공선택	민법 - 채권각론	3
전공필수	민사소송법 1	3
전공필수	헌법 - 기본권론	3
전공선택	형법 - 총론	3
전공필수	형사소송법 1	3
전공필수	회사법 1	3
	총 7과목	총 20학점

이번 학기도 역시 20학점.

1학년 2학기는 전과목이 변호사시험 과목으로 2학년 1학기와 더불어 가장 컴팩트한 학기 중 하나로 꼽힌다. 이번 학기에는 보다시피 변호사시험 과목만 수강해도 수강가능학점(최대 21학점)이 꽉 차 따로 공부하고 싶은 선택과목을 수강하지 못해서 많이 아쉬웠다. 하나하나 만만한 과목이 없고, A 학점의 비율이 적게 고정된(소위 말하는 '엄정화') 과목들이 대부분이라 성적이 떨어진 학생들이 많았다. 나는 대회준비와 다른 시험 준비와 부상에도 불구하고 다행히 거의 떨어지지 않은 성적으로 버텨냈다.

민법 수업들은 지난 학기와 같은 교수님께 배웠기에 대동소이했다. 역시 중요 법리들 위주로 기초체력을 탄탄히 다져주셨으며 깊은 이해가 주가 되는 수업이었다. 위에서 언급했듯, 물권법 시험에서 쟁점의 결론에 해당하는 법리들을 모두 적었음에도 쟁점을 부각시켜 서술하지 않아 좋은 성적을 받지 못하였고, 덕분에 이후 '점수에 직결되는 서술들의 부각'을 신경써서 답안지를 작성할 수 있는 계기가 되었다.

민사소송법은 '민사소송법의 바이블' 이시윤 교수님의 교과서를 쭈욱 읽으며 수업을 나갔다. 어차피 한번쯤 읽어야 할 책, 수업시간을 활용해서 읽을 수 있어 좋았다. 판례의 견해와 다른 서술들이 종종 있기에 주의를 해가며 읽어야 했는데 학교 수업에서 이를 다뤄주니 고마울 따름이다.

헌법은 드디어 기본권론을 배웠다. 결국 문제를 풀 때에는 수많은 판례 암기가 필수적인 파트지만 적어도 수업을 들을 때에는 가슴이 뜨거워지는 분야다. 교수님께서도 과목 특성에 맞게, 때로는 학생들의 토론을 유도하며(잘 되지 않았다) 재미있는 수업 분위기를 형성해주셨다.

형법 총론은 앞서 언급했듯 선택과목이라 수강하는 학생들이 몇 안 됐다. 아예 수강을 하지 않는 학생들도 꽤 되고, 나머지 학생들은 형사재판실무 및 검찰실무과목이 열리는 2학년 2학기에 형법총론을 수강, 완전히 형사법으로 범벅이 된 학기를 즐긴다. 각자의 선택에 맡긴다. 개인적으로는 학교 커리큘럼에 맞춰 제때 수강하는 것을 추천한다.

이번 학기도 1학기때 수강했던 유쾌하신 교수님의 수업을 선택, 역시 바쁜 학기 중 오아시스 같은 시간이 되었다. 날이 좋다고 학생들을 다같이 교내 야외 카페에 데려가셨던 것이 기억에 남는다.

이와 관련하여 갑자기 생각난, 내가 로스쿨에 와서 놀란 것이 하나 더 있다. 학생들과 교수님들의 교류가 굉장히 활발하다는 것. 교수님들께서 학생들을 불러내어 밥도 많이 사주시고 술도 많이 사주신다. 학생들의 얘기를 들어보니 문과 학생들은 대학생때부터 많이들 이런 문화를 경험했다고 한다. 부럽다! 나는 120명 중 117명이 남자인 기계공학과를 졸업했다. 상상만 해도 끔찍하다. 처음 대학교에 입학하여 OT를 갔던 때의 기억과 논산 훈련소의 기억이 너무 흡사하여 구별이 안된다. 악몽이다. 교수님과 학생들은 서로 전혀 관심이 없었다. 심지어 학생들끼리는 관심이 없는 정도가 아니라 서로를 싫어했다. 만인이 만인에 대한 투쟁을 하는 루소의 세계였다. 우리를 뭉치게 했던 것은 오로지 술, 담배, 당구 그리고 미팅뿐이었다. 막걸리 냄새가 진동하는 학생회관에 있는 과방은 숙취를 해소하는 장소였고 실질적인 과방은 근처 당구장이었다. 분위기가 그러하다보니 일반 수업을 듣던 교수님들은 물론이고, 담당 교수님조차 1학년 때 한번 뵌 것 말고는 아무 일도 없었고 서로 얼굴도 모르고 지냈다. 졸업할 때가 되어 면담을 할 때 내 쓸만한 성적을 보시고는 "자네, 대학원에 올 생각 없냐"고 물어볼 때 빼고는 내게 관심을 비친 적도 없었다.[2] 이런 삭막한 분위기에 살다가, 학생들에게 살갑게 대해주는 친절하고 밥도 잘 사주시는 교수님들을 마주하니 감회가 새로웠다. 아무튼 그래서 학생들을 카페에도 데려가는 이런 아름다운 모습에 감탄했다는 얘기다.

형사소송법 1은 검사 출신 교수님의 그야말로 수험 적합한 훌륭한 강의였다. 다만 (내가 위에 썼던 것과 같은 이유로) 손 필기를 강조하시는 분이셔서 강의안을 별도로 제공해주시지 않았는데, 말이 워낙 빠르신 분이어서 따라가며 적느라 힘들었던 기억이 있다. 더군다나 내가 보던 교과서 목차 순서대로

---

2 교수님의 숨막히는 초대에 나는 "빨리 돈을 벌어야 돼서 취업해야 할 것 같습니다. 하하."하고 어물쩍 넘겼다. 실제 속마음은 '대학원은 가고 싶지만 기계공학과는 아닙니다'였지만. 결국 로스쿨 덕분에 나는 꿈을 이뤘다.

강의가 진행되지도 않아서, 복습을 하며 형사소송법 전 범위를(강의한 내용이 어느 부분인지 찾아야 되니) 강제적으로 수도 없이 훑어갈 수밖에 없었다. 그래서 결국 도움이 많이 됐다. 좋은 게 좋은거지.

회사법은 드디어 복잡한 상법의 세계로 첫 걸음을 내딛는 과정이다. 수업은 깔끔하기로 정평이난 실무가 출신 교수님께서 강의해주셨다. 수업때도 조문집 하나만 달랑 들고 오셔서 조문 하나를 읽은 뒤 관련 법리들을 주르륵 읊으며 설명해주신다. 그 와중에 내용도 군더더기 없이 깔끔. 감탄이 절로 나왔다. 천재의 후광이 느껴졌다. 다만 그러한 연유로 하드카피 강의안이 존재하지 않아 복습이 매우 힘들었다. 안타깝지만 범인이 천재를 따라가려면 어쩔 수 없다.

Ⓣ IP 로스쿨생들의 인간관계와 스트레스

많은 학생들이 로스쿨 생활에 대한 막연한 불안감을 가지고 있다. '로시오패스'[3]로 대표되는 각박한 인간관계 및 무한경쟁 등에서 오는 스트레스 탓이다. 이는 수험생 집단에서는 어느 정도 불가피한 일이다. 하버드 로스쿨에는 상주하는 정신과 의사가 있을 정도라고 한다. 이에 대해 이야기 해보고자 한다.

인간

솔직히 로스쿨의 모든 구성원들이 배려넘치고 착하다고는 말 못 하겠다. 로스쿨에 입학한 학생들의 상당수가 대부분의 인생을 혼자 틀어박혀 공부만 해왔고 그것에서 매우 성공적이었던 학생들이다. 때문에 사회적 감수성이 아직 덜 발달된 경우가 많다. 극도로 예민하고 개인주의적인 학생들이 종종 발견되며, '수인한도'[4]라는 것이 존재하

---

3 '로스쿨생'과 반사회성 인격장애인 '소시오패스'의 합성어. 공감능력과 양심이 부족한 반사회적 인격장애의 특성에 부합하는 성격을 가진 학생들이 많다는 의미로 쓰인다.
　참고로 소시오패스는 일정 정도의 사회적 교류가 가능하다는 점에서 역시 반사회적 인격장애인 사이코패스와 구별된다.
　이러한 특성들은 정상보다 작은 앞이마엽 피질에서 유래하는 것으로 알려져 있다. 또한 정상인들과 비교하여 대상피질 앞부분과 섬엽의 크기도 다르고, 일정 뇌 구조물들 간 연결이 부족하다고 알려져있다. 아래 책과 기사를 참조하자.
디크 스왑. 전대호 역. "세계를 창조하는 뇌, 뇌를 창조하는 세계". 열린책들. 2021
KISTI의 과학향기 제3245호 "소시오패스와 사이코패스 뭐가 다를까?"
https://scent.kisti.re.kr/site / main / archive / article / %EC%86%8C%EC%8B%9C%EC% 98%A4%ED%8C%A8%EC%8A%A4%EC%99%80 − %EC%82%AC%EC%9D%B4%EC%B D%94%ED%8C%A8%EC%8A%A4 − %EB%AD%90%EA%B0%80 − %EB%8B%A4%EB%A 5%BC%EA%B9%8C

4 위법성 판단의 중요 기준으로 말그대로 일정 피해의 정도에서 서로 참을 수 있는 한도를 의미한다. 최근 판례는 '참을 한도'라는 표현을 사용한다. 수인한도의 기준은 "일반적으로 침해되는 권리나 이익의 성질과 침해의 정도뿐만 아니라 침해행위가 갖는 공공성의 내용과 정도, 구체적 상황의 특수성, 공법적 규제에 의하여 확보하려는 목표, 침해

지 않는 것으로 보이는 학생들도 있다. 하지만 이는 비단 로스쿨만의 문제도 아니다. 로스쿨이 설립되기 이전에도 '고시오패스'는 존재했고 이들은 수험기간이 늘어날수록 증세가 심화됐다. 각종 인터넷 커뮤니티에 전설로 내려오는 '독서실 빌런' 같은 이들은 어디에나 존재해왔고 지금도 마찬가지이다. 우리 교육 시스템상 공부와 경쟁만 신경쓰고 다른 사람과의 따뜻한 인간적 교류가 없는 상태로 오랜 시간을 보낸 이들이 많이 양산될 수밖에 없으니 어쩔 수 없는 측면이 있다. 일종의 사회문제다. 하지만 우리는 좋든 싫든 모두를 끌어안고 함께 살아가야 한다.

직장이나 학교처럼 많은 시간을 함께 모여 지내는 공간에 이런 사람들이 있는 경우 본인은 물론 주변의 학생들까지 굉장히 불편할 수밖에 없다. 함께 살아간다는 것 자체가 양보와 협동이 필요한 일이다. 천성적으로 그런 학생도 있겠지만, 다양한 사람들과 함께 생활하는 경험이 부족한 경우가 대부분이다. 처음엔 '뭐 저런 녀석이 다 있나' 싶겠지만 결국 로스쿨에 입학할 정도의 학생이면 사회성의 결여를 지능으로 충당할 수 있다. 즉 어느 정도 대화로 해결이 된다는 이야기이다(천성이 너무 강한 예외도 있다). 많은 사람들이 '이건 좀 아니다' 싶은 사건을 벌이는 학생이 있는 경우 의견을 모아 그의 어떠한 점이 단체생활에 누를 끼치며 어떠한 식으로 행동을 고쳤으면 좋겠다는 식으로 진솔한 대화를 통해 해결해보자[5].

물론 어렵다. 나도 잘하는 편이 아니다. 하지만 이러한 사회화 과정 자체가 다양한 사람들이 한 곳에 모여 교육을 받는 학교라는 기관의 최대 존재 의의라 믿는다.

뒷담화

각종 로스쿨 생활을 다룬 이야기들에서 특정 인원의 문제가 아니라 대다수의 문제로 여겨지는 뒷담화 문화가 많이 거론된다. 하지만 이는 인간 집단이라면 자연스러운 현상이다. 어떤 사회에서든 뒷담화 문화는 존재한다. 인간의 큰 뇌는 사회적 상호 작용을 가능케했고 우리는 그 어떤 동물들보다도 강력한 '타인의 의도를 읽고, 그것에 따라 행동하는 능력'을 갖췄다. 다른 사람에 대한 관심은 우리 종의 스포츠다.[6] 인간은

를 방지 또는 경감시키거나 손해를 회피할 방안의 유무 및 그 난이도 등 여러 사정을 종합적으로 고려하여 구체적 사건에 따라 개별적으로 결정"한다. 대법원 2010. 7. 15. 선고 2006다84126 판결 참조.
지원림. "민법원론". 홍문사. 2019

5 문제 해결을 위한 대화의 방식과 대화의 심리학에 관하여 다음의 책을 참조하자. 로런스 앨리슨·에밀리 앨리슨. 김두완 역. "타인을 읽는 말". 흐름출판. 2021

대화를 통해 사회적 관계를 맺고, 이야기를 사랑하며, 그 이야기의 주제는 주로 우리가 지대한 관심을 갖는 '타인'이다. 우리는 그렇게 생겨먹었다. "우리가 인간이라는 것을 기억합시다"[7]. 당신이 앞으로 어떤 조직, 집단에 속하든 그것이 없길 바라는 것은 헛된 희망이다. 당사자가 알게 되면 기분이 나쁜 것은 당연하지만 내가 단지 기분이 나쁘다고 다른 사람의 행동을 금지할 권리는 누구에게도 없다. 그것이 집단따돌림이나 폭력 같은 다른 차원의 문제로 번지지 않는 한(실제로 이런 큰 문제로까지 번지는 학교들이 종종 있다는 것은 공공연한 비밀이다) 어쩔 수 없는 문제이다. 받아들이자. 앞으로 수많은 타인의 대화를 마주하게 될 여러분의 정신건강을 위해 다음과 같이 생각하는 것을 추천한다. "사람이 그럴 수 있지."

하지만 수인한도를 넘은 경우, 위와 같이 뒷담화가 다른 더 큰 문제로 번지거나, 거짓 정보에 기반한 잘못된 소문이 퍼지는 경우에는 본인의 명예를 위해서라도 자신의 의중을 명확히 밝혀 문제를 해결하자. 당사자들간의 조율이 이루어지지 않는 경우 학생회의 개입을 고려해보자. 내가 학생회일을 할 때에도 이러한 뒷담화에서 이어진 다툼을 많이 조율했다.

인간 간의 문제는 결국 해결할 수 있는 문제이다. 짜증이 날 수는 있지만 이렇게 직접 문제를 해결해나아가는 것이 성숙한 어른이 되어가는 과정 아닐까. 변호사라면 더욱 요구되는 자질임은 물론이다.

스트레스

스트레스는 위와 같은 인간관계에서 기인할 수도 있지만, 극도의 경쟁과 낮은 성적이 주된 원인이 된다. 로스쿨은 전국에서 제일 공부 잘한다는 학생들을 모아 공부로 경쟁시키는 집단이니 이로 인한 승자와 패자의 발생과 패자들의 스트레스는 불가피한 현상이다. 자신이 가장 자신있던 분야에서의 실패는 극도의 좌절감으로 이어진다. 하지만 관점을 바꿔 생각하자. 여러분들은 지금 전문자격 취득을 위해 고군분투 중이다. 전문 자격 제도의 의의는 결국 공급의 조절에 있고, 그 공급의 조절을 위해 학생들을 줄세울 수밖에 없다. 경쟁은 우리가 원하는 것(라이센스)을 얻기 위한 자연스런 과정의 일부다. 이러나 저러나 70% 이상이 한번에 변호사시험에 합격을 한다는 사실을 염두

---

6 인간의 진화와 진사회성에 대하여 다음 책을 참조하자.
에드워드 O. 윌슨. 이한음 역. "지구의 정복자". 사이언스북스. 2013

7 키케로의 말이다. "Homines nos esse meminerimus."
한동일. "로마법 수업". 문학동네. 2019

에 두고[8] 조금 더 자신감을 가질 필요가 있다.

스트레스 해소 방안은 각자 다양할 것이다. 알코올과 니코틴을 비롯한 각종 약물에 의존할 수도 있지만 보다 바람직하게는 각 학교별로 운영되는 학생상담센터를 이용해 보자. 나는 니코틴을 선호한다. 특히 인간관계로 인한 스트레스라면 다양한 친목활동을 통해 해소하는 것이 좋다. 반려식물이나 반려동물을 기르는 것도 스트레스 해소에 도움이 된다. 실제로 반려동물을 기르면 사랑의 호르몬이라 불리는 옥시토신 분비가 활발해져 스트레스가 줄어든다.[9] 나도 3학년때부터 애완토끼 '샤샤'와 함께하는 중이다. 예뻐죽겠다. 보고만 있어도 스트레스가 풀린다.

하지만 보다 근본적인 해결책은 스트레스의 원인을 공략하는 것이다. 인간관계 문제라면 대화를 통해 문제를 해결하자. 성적이 문제라면 보다 열심히 공부해서 자신감을 회복하자.

사랑

수년간 로스쿨 블로그를 운영하면서 의외로 가장 많이 받은 질문 주제 중 하나가 '연애'다. 게다가 나는 거의 유일한 기혼자로서 학교에서도 많은 선후배와 동기들에게 연애 및 결혼 상담을 해주었다. 많은 학생들이 관심을 갖는 것이 당연하다. 영양섭취와 번식은 모든 생명체의 최종 목표이다.

물론 여러분들은 번식(?)보다는 수험생으로서 연애를 이어 나갈 수 있는지가 주된 관심사일 것이다. 결론부터 말하자면 나는 다양한 이성친구 만나는 것이나 연애를 하는 것을 적극 추천한다. 사랑은 기본적 욕구이자 가장 기초적인 인간 사회의 형성 과정이다. 우리는 사랑을 통해 사회생활의 기본인 양보와 협력의 정신을 배운다. 안그래도 떨어지는 우리들의 사회성을 길러 줄 훌륭한 교사인 셈이다. 또한 각박한 경쟁 속에서 오는 스트레스 해소는 물론이며, 학교 내에서 짝을 찾았다면 사랑하는 사람과 함께 공부함으로써 시너지를 얻을 수도 있다.

---

8 최근 제10회 변호사시험 초시합격률(한번에 시험에 합격한 경우)은 74.4%였다. 법률저널의 다음 기사 참조.
http://www.lec.co.kr/news/articleView.html?idxno=727414

9 반려동물과 옥시토신, 그리고 스트레스 완화에 대해 많은 문헌이 있지만 알기 쉽게 정리된 다음의 기사를 참조하자. 인천투데이. '심혜진의 사소한 과학이야기 183. 고양이와 옥시토신'
http://www.incheontoday.com/news/articleView.html?idxno=113470

공부시간이 부족하지 않을까 걱정하는 학생들이 많다. 하지만 많은 인생 선배들이 조언하듯 전쟁통에도 아이의 울음소리는 들려왔다. 더군다나 장담컨대 로스쿨 생활 기간은 여러분이 국민연금을 받기 전까지 남은 인생 중 가장 여유시간이 많은 기간이 될 것이다. 여러분의 일과 중 상당히 많은 비중을 차지하는 '공부 안 하는 시간'의 ⅓만 투자해도 연애할 시간은 충분하다. 하루 종일 수다를 떨거나 열람실에 앉아서 인터넷 쇼핑을 하거나 낮잠을 자거나 인터넷 커뮤니티나 카카오톡에 빠져있는 당신, 반성하자. 지금 바빠서 연애를 못한다는 것은 핑계일 뿐이다.

다만 본인이 너무 격정적인 성정을 지녀 연인과 하루종일 붙어서 꽁냥대야 하는 사람이라면 피하도록 하자. 실제로 이런 경우가 왕왕 있는데 양 당사자 모두에게 비극적인 결말이 나곤 한다. 이러한 하루종일 붙어있고자 하는 마음은 본인의 특질일 수도 있지만 대개는 연애초반의 특징이기도 하다. 같은 이유로 연애 초반의 격정기를 지나 어느 정도 서로의 삶에 거리를 두는 것을 배우고 난 뒤에 입학한 학생 커플들이 수험생활 내내 사랑을 잘 이어가는 경향을 보인다. 그렇지 않은 이들이라면 살포시 본성을 누르며 연애와 일상을 분리시킬 수 있는 능력을 기르자. 하지 말란 말이 아니다.

모두들 캠퍼스에서만 누릴 수 있는 낭만을 만끽하며 즐거운 학교생활을 하길 바란다. 엘비스 프레슬리가 노래했듯, 사랑에 빠지는 것은 피할 수 없다.[10] 현명하게 즐기자.

---

10 Elvis Presley. "Can't help falling in love"

겨울방학

Viva! Lawschool
비바! 로스쿨

이공계 직장인의 로스쿨 생활기
퇴사부터 입시, 변호사시험까지

길어진 겨울방학

먼저 지난 학기에 배운 것 중 상법, 민사소송법, 형사소송법 세 과목, 즉 암기가 절대적으로 중요시 되는 과목들을 복습했다. 내가 암기를 워낙 못하기 때문에 남들보다 한 번이라도 더 봐야했다.

그리고 방학이 시작되자마자 거의 바로 예탁결제원에 실무수습을 나갔다. 이미 지난 여름방학 때 실무수습을 다녀온 학생들이 많았는데(방학이 지나면 학생들 카카오톡 프로필 사진이 법원, 검찰청 앞에서 찍은 사진들로 도배가 된다) 난 정말 오랜만에 맞는 첫 방학을 즐기느라 정신이 없었다. 6년만의 방학인데 안 신날수가 있나. 아무 생각이 없었다. 여름방학이 끝나고, 평소에는 공부하느라 바빠 죽겠다며 공부 외의 일에 1초라도 투자하는 것을 아까워하던 아이들이 왜 이렇게 많이들 실무수습을 다녀왔는지 궁금해졌다. 궁금한 건 못참지. 물어보고 큰 충격을 받았다.

"형 졸업 안 할거에요?"

실무수습이 법학전문대학원 졸업요건이더라. 하긴 실무가를 양성하는 교육기관이니까 당연하다. 난 그걸 2학기가 되어서 처음 알았다. 이런. 그걸 알고나서 가장 먼저 공고가 올라왔던 예탁결제원에 바로 실무수습신청을 하였고 그렇게 실무수습을 나가게 되었다. 실무수습은 우리가 흔히 생각하는 로

펌들 외에도 사기업, 각급 법원들 및 공공기관에서 많은 자리를 마련해주고 있으니 시간 날 때 얼른얼른 다녀오도록 하자.

2주간 실무수습을 다녀와서는 민법과 형법 교과서 통독에 들어갔다. 개강 전까지 다 읽는 것이 목표였다. 하지만 워낙 양이 많기도 했고 방학이라 쉬엄쉬엄하기도 했기에 예상진도보다 늦게, 개강 이후 3월이 되어서야 이 작업이 끝날 것으로 보였다. 지지부진했다. 목표는 멀어져갔다. 그런데! 초대형 사건이 터졌다. 코로나가 터진 것.

방학이 길어졌다. 사상 초유의 개강 연기가 이루어졌다. 2주 연기 후 비대면강의 진행이 결정됐다. 그럴 수 있다.

열람실들이 문을 닫았다. 치명적이다.

로스쿨 열람실은 물론 중앙도서관도 닫아, 갈 곳이 없어진 로스쿨 학생들은 패닉에 빠졌다. 최소 2주간 자택공부를 해야 했고 당시에는 아예 집 밖으로 못나가는 최악의 셧다운 사태가 발생할지도 모른다는 두려움이 퍼졌다. 재빨리 편의점으로 달려가서 커피와 담배를 사재기했다. 지금에야 익숙해졌지만 당시에는 모두가 처음 겪는 일에 당황했고 모든 것이 불확실했다.

그래도 늘어난 방학기간을 이용해 교과서 통독을 마무리할 수 있었고 넷플릭스에 가입했다. 집에 있으면 필연적으로 공부를 안 하고 뒹굴거리게 된다. 그렇다면 이왕 뒹굴거릴꺼 제대로 즐기는 게 정신건강에 좋지 않겠는가! 항상 긍정적인 마음가짐을 유지하는 것이 중요하다.

1월에 변호사시험이 끝난 뒤, 9기 선배들이 버린 책들을 열심히 주우러 다녔다. 나는 어렸을 때부터 먹을 것에서 돈을 아껴서 음반과 책을 사는 녀석이었다. 지금도 교보문고 플래티넘 회원이다. 그런데 이상하게 교과서를 사는 것은 돈이 전혀 아깝지 않은 반면, 수험서들은 살 생각만 해도 지갑이 부들부들 떨린다. 중앙대학교는 변호사시험이 끝나면 스터디룸 두 개를 비워 선배들이 책을 버릴 수 있게, 후배들이 주워갈 수 있도록 '헌 책 공간'을 마련해준다. 수험서 살 돈을 아낄 좋은 기회다. 하루에 서너번씩 기웃거리며 '신간'을 찾아 발굴하는 재미가 있었다. 이럴때면 내가 마치 인디아나 존스가 된 기분이다. 매 겨울방학마다 쓸만한 책들을 꽤 많이 건졌다. 주워온 책들을 보며 흥미로운 점을 발견했다. 대부분의 문제집들은 ⅓ 이상 푼 것이 없었다. 나도 그렇게 될까?

2학년 1학기

Viva! Lawschool
비바! 로스쿨

이공계 직장인의 로스쿨 생활기
퇴사부터 입시, 변호사시험까지

첫 코로나 학기

2020년 학기 초만해도 비대면 수업이 2년이나 지속될 줄이야 누가 알았겠는가. 당시만해도 모두가 '지금은 혼란스럽지만 곧 정상화될 것'이라는 믿음이 있었기에 2주씩, 한 달씩 야금야금 비대면 강의를 연장 진행했다. 하지만 연장은 계속되었다. 이 야금야금이 2년이 될 것이라 예상한 사람은 없었다. '다음 주에는 대면 수업하려나?', '다음 달에는 대면수업하려나?', '다음 학기는?', '설마 내년에도?'. 혼란의 연속이었다.

학교에 가고 싶어 미칠 지경이었다. 열람실에서 동기들과 박터지게 공부가 하고 싶었다. 물론 상황이 어떻든 우리는 공부를 해야 하니까 하는 말이다. 내가 그 정도로 변태는 아니다. 아무리 생각해도 집은 공부하는 장소가 아니었다. 집에서 공부를 하려니 집 청소도 재미있고 걸레질도 재미있고 분리수거도 하고 와야될 것 같다. 침대는 또 왜 이리 아름다운지. 하루종일 집에만 있다보니 피부는 좋아졌지만, 살이 찌기 시작했다. 공부도 안한 것은 당연하고. 큰일이었다. 난 평생 뱃살이란 걸 모르고 살아온 사람인데 옆구리살이 잡히기 시작했다(아직까지 안빠지고 있다. 정말 큰일이다). 그런 외형적 변화만 있는 것도 아니었다. 혼자 공부를 하다보니 자존감도 낮아지고 사회성은 물론 지능까지 떨어지는 것이 느껴졌다. 왜 고시폐인들이 양산되는지 알 것 같았다. 혼자 틀어박혀 공부하는 것이 이렇게 위험하다.

그래서 많은 수의 학생들이 학교 근처의 스터디 카페에 모여 공부를 했다. 그 밖에 일반 카페나 기숙사 등 '이럴거면 뭐하러 도서관을 막나' 싶을 정도로 학생들은 다양한 곳에 퍼져나갔다. 결국 참다못한 나도 동네 스터디 카페에 가서 수능특강을 공부하는 중고등학생들 사이에서 두툼한 민법 교과서를 자랑했다.

12기 후배님들의 OT는 커녕 입학식도 취소됐다. OT에 가서 즐겁게 후배님들과 수다를 떨고팠던 내 꿈과 희망이 무너졌다. 우리 후배님들은 학교에서만 누릴 수 있는 즐거운 학생생활을 못누리게 되었다. 학교 차원에서는 '학교에서의 감염'이라는 책임을 회피해야 했기에 아무것도 할 수 없었다.

그래서 우리가 나섰다. 후배님들의 즐거운 학교생활을 위해. 단체 집합이 어려웠으므로 각 학회 회장들을 모아 학회별로 조를 나누어 작은 선후배 모임을 조직했다. 소수인원 모임이지만 학회가 다양하므로 신입생들은 상황이 허락하는 한도 내에서 많은 학회에 소속됨으로써 최대한 많은 인원들을 만날 수 있었다. 즐거운 조직생활의 전제가 되는 원만한 인간관계와 조화로운 사회조직은 구성원들간의 접촉이 필요하다.[1] 나도 많은 학회에 소속되어 있었고 조정학회 회장 및 기타 학회들의 부회장 직함을 맡고 있었기에 여러 모임을 주최했다. 최대한 많은 정보와 조언을 나눈 1차가 끝난 이후, 선배들은 물러나도록 했다. 신입생들끼리만 2차를 가도록 하여 불편하지 않은 분위기에서 서로 친목을 도모할 수 있게 하였다. 선배라 해봤자 고작 1년 차이지만 아무래도 있으면 불편한 것이 현실이다. 결과적으로 많은 신입생분들이 서로 친해졌고, 코로나 이전만큼은 아니지만 화기애애한 분위기를 형성하는 데에 성공했다. 뭘 보고 성공했다고 생각하냐구? 내가 담당한 조에서 커플이 생겼다. 아름답지 아니한가.

---

[1] 인간의 친밀함과 진화, 그리고 인간 사회에 대해 '자기가축화 가설'로 설명하는 다음의 책을 참조하자.
브라이언 헤어·버네사 우즈. 이민아 역. "다정한 것이 살아남는다". 디플롯. 2021

118

비대면수업

학교에서는 비대면 수업을 진행했다. 교수님별로 스타일도 각양각색이었다. 강의안과 강의의 녹음파일을 업로드해주신 교수님, 강의안과 강의를 합쳐 '녹취록'을 만들어서 업로드해주신 교수님, 강의안을 촬영한 화면에 음성을 입혀 동영상으로 촬영한 교수님, 동영상 녹화강의, ZOOM 프로그램을 이용한 실시간 온라인 화상 강의 등등. 대부분의 경우는 동영상 녹화강의나 실시간 화상 강의로 진행되었다.

개인적으로는 동영상 녹화강의가 가장 마음에 들었다. 일단 화면에 화자가 말하는 장면이 나와야 안정감이 든다. 또 강의안이나 녹취록만 보면 이해를 위한 강약조절과 뉘앙스 파악이 힘들다. 그리고 결정적으로 녹화강의의 경우 빠르게 들을 수 있다는 것이 최대의 장점이었다. 나는 1.4배속을 선호한다. 1.8~2배속으로 듣는다는 친구들도 좀 있었는데 역시 젊어서 머리가 팽팽 돌아가나보다. 아니면 그냥 이해라는 걸 포기했거나. 진실은 저 너머에. 어쨋든 배속 수강 덕분에 교수님들의 활기찬 모습을 처음 봤다. 생동감이 넘쳤다. Vivace.[2] 또한 일시정지도 가능해서 여유롭게 필기하기도 용이하고 의미전달도 명확했다.

---

2 음악의 빠르기표. '아주 빠르게' 또는 '생기있게' 연주하라는 의미의 이탈리아어.

실시간 강의는 교수님들의 선호에 비해 문제가 많았다. 교수님들의 입장에서 듣는 학생들의 얼굴을 볼 수 있고, 출석을 부르거나 말을 시킬 수 있어서 그나마 '수업하는 맛'이 나는 방법이니 충분히 이해 한다. 하지만 양방향 통신은 기본적으로 '양쪽 모두의' 기술적 사항들이 모두 문제없이 돌아갈 때에만 가능하다. 통신이 원활하지 않아 자주 끊김현상이 발생, 문장의 중간중간이 비어 의미파악이 힘들었다. 노트북이 없는 상황에서는 핸드폰으로 수업을 들어야 했는데 작은 화면으로는 교수님의 판서를 알아볼 수 없는 것도 문제였다. 가장 큰 문제는 수업을 듣기위해 학생들도 장비들을 셋팅해야 했기 때문에 무거운 전자기기들을 들고 정해진 시간에 콘센트가 있는 장소에 있어야 했고, 집 밖에서 공부하는 학생들은 콘센트가 있는 좌석을 확보하지 못한 경우 상당히 난처해졌다. 집에서 공부하는 학생들의 경우 추레한 자신의 모습 때문에 명예가 훼손되는 부작용도 있었다. 내 얘기는 아니다.

5월경, 학교 도서관이 부분적으로 열렸지만 도서관 열람실에 콘센트가 있는 좌석이 제한적이었기 때문에 같은 문제가 계속 됐다. 그래도 결국 적응했고 열심히 콘센트를 찾아 돌아다니며 수업을 들었다. 어쩌겠어.

도서관이 재개장을 해서 너무 기뻤지만 그 시기가 좋지 않았다. 참다참다 '집에서 공부는 더 이상 못 해 먹겠다!'를 외치며 거금 15만 원을 주고 동네 스터디카페 4주 이용권을 결제한 바로 다음 주에 재개장 발표가 난 것. 눈물이 났다.

학생들이 슬금슬금 학교에 다시 나왔다. 비대면수업으로 인해 한층 여유로워진 시간과 공간, 그리고 몇 달간 쌓여온 사람에 대한 그리움 때문에 우리는 죽이맞는 친구들을 모아 흑석동 맛집탐방 그룹을 조직해서 신나게 먹고 다녔다. 우리 모임이 너무 유명해져서 너도나도 가입하는 바람에 몇 달 못가 와해되긴 했지만. 이런 소모임은 4~5명 규모일 때 가장 운영이 잘된다. 이때 알게된 가게들을 아직도 종종 찾아간다. 3년의 학교 생활 중 가장 좋았던 추억들 중 하나이다.

비대면 강의도 듣다보니 금방 익숙해졌다. 수업은 수업대로 편하게 듣고 싶은 때에 1.4배속으로 즐기며 시간을 효율적으로 활용할 수 있었고, 수업은 안하지만 학교에 동기들과 함께 있었으니 재미도 그대로였다. 이쯤되면 '이럴바엔 모여서 수업하는 것과 뭐가 다른가' 싶긴 했지만 이미 내 몸은 편할 대로 편한 비대면수업에 익숙해져 버렸다.

마냥 좋기만 한 것은 아니었다. 코로나의 여파로 중앙도서관은 4 좌석 중 1 좌석만 배정가능케하여 자리부족이 극심했다. 딱히 갈 곳도 없고 책들이 워낙 무겁다보니 도서관에 갔지만 자리를 잡지 못한다면 그날 공부는 포기해야하는 불상사가 벌어진다. 매일 아침마다 CPA 준비생들과 치열한 자리다툼을 벌였다. 질 수 없지. 로스쿨생의 자존심이 있다. 아침 일찍 일어나 도서관 개장시간에 맞춰 달려가야했다. 지지 않기 위해. 어쩔 수 없이 다시 아침형 인간이 됐다.

공부 외 - 이사와 멘토링

이 시기 즈음 전세기간이 만료되어 새 집을 구해야했다. 이왕 옮기는거 곧 변호사시험이 코앞인 3학년이 될 것이기에 학교 근처로 옮겼다. 이전보다 집은 더 좁은데 전세금은 3천만 원이나 더 마련해야 했다. 세상에. 전세는 금보다 귀해졌고, 서울에 내 집 마련은 꿈도 못꿀 일이 되어버렸다. 그래도 바로 몇 년 전 내가 회사를 다니던 시기만 하더라도 대리 직위를 달 때쯤이면 척척 대출을 받아 강북에라도 아파트를 마련할 수 있었다. 당연해보였던 것이 몇 년 사이 이룰 수 없는 꿈이 되어버렸다. 남은 것은 절망뿐. 근로소득으로 집을 살 수 있는 아름다운 곳으로 도망가야지. 행복의 나라로 갈테야.[3]

아무튼 학교 근처로 이사를 오니 편해서 좋긴 하더라. 사실 이사를 오고 나서 버스 끊길 시간까지 공부를 해본 적이 없어 집 가까운 것이 큰 의미가 있는 것은 아니었지만, 일단 몸이 편하니 마음도 편하긴 했다. 좋은 게 좋은 거지. 아, 집에 갈 때 슬슬 걸어가며 중앙대 맛집에서 야식 포장해가는 재미가 있었다.

---

3 대한민국 포크록의 대부, 한대수의 명곡 "행복의 나라"의 가사 중 일부다.

학회별로 조직한 조별 모임을 통해 12기 후배님들께 멘토링도 많이 진행했다. 이때 멘토링에서 내가 신입생들에게 해주었던 얘기들, 어쩌면 꼰대질일 수도 있는 내 생각들을 여기서 좀 풀어볼까 한다.

1학년의 공부방법이야 앞에서도 많이 써놓았지만, 사실 다들 알아서 잘할 것이다. 공부로 밥 벌어먹겠다고 로스쿨까지 오신 분들인데. 1학년 분들에게 지금 해줄 수 있는 말은 딱 하나다.

'지금은 원래 그래'.

어느 정도 절대적인 시간투자가 필요한 공부이다. 여러분의 지금 공부방법은 틀리지 않았다. 아직 덜 된 것일 뿐. 1학년 1학기다. 꾸준히 해나가면 된다. 공부방법이 잘못됐다고 새로운 걸 찾다 자꾸 책바꾸고 강사바꾸고 하지말고 차분히 한번 더 읽어보시라. 늦어도 다음 학기면 달라진 자신을 볼 수 있을 것이다. 조급해하지 말자.

그리고 로스쿨에 입학하신 분들이라면 능력으로는 대한민국 최상위권의, '뭘해도 될' 인재들이다. 여러분들끼리의 경쟁에 불과한 학교 시험에 너무 목매지 않았으면 좋겠다.

로스쿨 입시까지 성공한 여러분들은 눈 앞에 보이는 경쟁의 사다리에 올라가 꼭대기에 오르는 데에는 도가 튼 사람들이다. 그리고 여기까지 왔으면 옆을 좀 둘러볼 여유를 가져도 된다고 생각한다. 이 높이에서의 전망은 충분히 객관적으로도 아름답다.

아인슈타인이 말했듯, 모든 것은 상대적이다. 그 중에서도 성공과 행복은 극도로 상대적인 것이다. 이 사다리의 높은 곳까지 와서 여기에서조차도 올라가기만을 바라는 관성을 버리지 못하고, 극소수의 인원만이 타고 올라갈 수 있는 동앗줄만 바라보기에는 그 밖의 너무 많은 기회가 있다.

그 좁은 동앗줄을 못잡는다 한들, 여러분들은 결코 나무에서 떨어진 원숭이가 아니다. 다른 가지를 잡을 기회를 얻은 사람이다. 행복의 문을 스스로

좁히지 않으셨으면 좋겠다.

물론 좋은 첫 직장을 위해서 학점을 올리는 것은 중요한 개인적 가치이다.

그런데 거기에 앞서, 대부분의 경우는 3년 내로 다른 직장을 찾는다는 사실을 반드시 마음에 담아두고있면 좋겠다. 자신이 막연히 '안정적인' 직장을 찾는다면 스스로를 실망시킬 가능성이 매우 크다. 첫 직장이 평생가는 경우는 극히 드물다. 아마 직장인 출신 로스쿨생들도 3년차가 제일 많을 것이다. 가장 이직하고 싶은 시기이다.

아마 사회생활을 하고 3년쯤이 지나야 자신만의 '직업관'이 생기기 때문이리라. 지극히 상대적인 자신만의 직업관과 행복관. 여태까지 여러분이 그토록 충족시키고 싶어했던 '남들이 바라보는 나'를 통해 느끼는 행복이 아니라 자신의 진짜 행복을 위한 직업관.

그리고 이때부터 열리는 취업의 세계는 훨씬 더 폭이 넓으며, 학점보다는 여러분이 뭘 겪어왔고, 어떤 사람인가가 훨씬 중요한 세계다.

그럼 뭘 하라는 거냐고?

여러분들이 로스쿨이라는 제도하에서만 누릴 수 있는 것들이 있다. 적어도 로스쿨 인가가 난 학교들의 로스쿨 교수라면 그 분야에 있어서 대한민국 최정상을 찍은 분들이다. 물론 쌓아온 것과 강의력은 별개이긴 하지만, 적어도 그런 분들에게 '수업'을, '한 학기' 동안 들을 수 있는 기회는 오직 로스쿨에서만 얻어갈 수 있는 것이다. 필수과목만 듣지말고 자신이 미래에 필요할 것 같은 분야, 흥미있는 분야의 수업을 꼭 한 학기에 하나씩은 들어두면 좋겠다. 학교 밖에서 교수 급의 인재의 강의를, 제대로 시간내서 들 기회는 0으로 수렴한다. 최대한 많은 것을 얻어가시라.

그리고 동기와 선배들과도 두루두루 친하게 지냈으면 좋겠다. 좁은 업계고, 인간의 지식과 통찰이 최고의 자산인 업계다. 선배라고 어색해하지 말자. 밖에서 1~2년 차는 정말 아무것도 아니다.

124

결론적으로 최대한 많은 사람들을 만나보고 그 중 최대한 많은 이들과 잘 지내면서 최대한 많은 것을 접하고 배우는 유익한 시간이 되었으면 좋겠다. 그리고 행복하자. 행복추구권은 법전에만 있는 것이 아니다.

수업

이수구분	과목명	학점
전공선택	교통형법	3
전공선택	독점규제법	3
전공선택	민사소송법 2	3
전공필수	법조윤리	1 (P / F)
전공선택	현대담보법	3
전공선택	형사소송법 2	3
전공선택	회사법 2	3
	총 7과목	총 19학점

코로나 첫 학기의 수업이었다. 비대면 수업이 시작되면서 '엄정화(A, B, C 학점 비율이 깐깐하게 고정된 학점배분 시스템. 학생들이 몹시 두려워하는 대상이다)' 가 아닌 완화된 상대평가가 적용되어 학점 인플레이션이 발생했다. 너도나도 A＋을 받아 모두가 기분이 좋았다. 하지만 이렇게 되면 선택과목 하나를 잘 못 선택해서 B가 하나라도 생기면 등수가 수렁으로 빠지는 상황이 발생, 등 수로 자신의 위치를 파악하는 것이 중요한 1학년의 경우 마냥 좋아할 수는 없을 것이다. 불확실성이 계속된다.

수업방식이 비대면으로 변하면서 학생들끼리 학기 중에 학점 산정 기준에 대한 난장토론이 벌어졌다. 성적을 평소처럼 엄격하게 줄 것인가 완화해서 푸짐하게 줄 것인가 아니면 아예 Pass or Fail로 줄 것인가. 나는 전 과목이 P/F로 바뀔 것이라고 예상하는 쪽이었다. 그리고 진심으로 그렇게 될 것이라 믿었기에 수업듣는 것 외에는 거의 전 학기 내내 변호사시험 준비만 했고, 학교시험 2주 전부터의 벼락치기도 하지 않았다. 심지어 나는 너무 확신에 가득차 기말고사 전 날까지 기말고사를 보지 않을 것이란 헛된 희망을 갖고 있었다. 젠장.

내 P/F 설의 근거는 다음과 같았다. 억울해서 여기에라도 써본다.

– 이미 중간고사를 보지 않은 상태였고,

– 기말고사 한 달 전쯤, 학교 차원에서 비대면 시험원칙을 발표했기 때문.

학교 차원에서 결정한 일을 로스쿨에서 반대할 힘이 있을리가 없다고 생각했다. 임원진의 결정을 실무하는 박과장이 뒤집는다? 말이 안된다고 생각했다. 그렇기에 로스쿨도 비대면으로 시험을 볼 것이며, 비대면시험을 실시할 경우 공정성을 담보할 방법이 없기에(듀얼 모니터를 쓴다면? 부모님이 형사소송법 교수라면?) 학점에 목숨을 거는 로스쿨생들의 성화에 못이겨 P/F을 할 수 밖에 없을 것이라 예상한 것이다. 완벽한 논리 전개다. A+.

그러나 보기 좋게 틀렸다. 학교에서 로스쿨이 차지하는 위치가 내 생각보다 높거나, 내가 사장부터 사원까지 '받들겠습니다'를 모토로 삼는 상명하복에 목숨건 조직에 너무 오래 몸담아 온 것 같다. 학교의 비대면 방침에도 불구하고 로스쿨은 당당하게 대면으로 기말고사를 보았고 완화된 상대평가를 시행하는데 그쳤다. 난 내기에도 졌고 성적도 망했다.

그럼 나는 한 학기 동안 내신 공부는 안 하고 무엇을 했나?

1) 행정법 1 과목의 인기강의에 수강신청을 실패했기에 수업을 듣지 않고(행정법 1은 선택과목이었다) 실패자들끼리 모여 행정법 스터디를 했다. 수업

은 안 들어도 일주일에 8시간 정도는 행정법 공부에 투자했다.

2) 민법과 민사소송법을 이번 학기 범위에 국한하지 않고 전 범위를 한 바퀴 돌렸고,

3) 형법 단권화 작업을 했다.4

또한 4) 새해를 맞아 새로나온 교과서들의 추록들을 정리했다. 추록 정리 작업이 시간이 상당히 많이 걸렸다. 특히 이 시기에 형사소송법이 대대적으로 개정되어 엄청난 시간이 걸렸다. 이 때의 일을 교훈삼아 3학년이 되어서는 새 책을 구입해 공부했다.

내신용 시험기간 벼락치기 공부는 안 했지만 결국 이것저것 많이 했다. 써놓고 보니 보람차다.

유일하게 수업내용을 열심히 공부한 과목이 교통형법이었다(강의명은 교통형법이지만 도교법5과 특가법6뿐만 아니라, 폭처법7, 성폭법8, 아청법9, 정통망법10, 특경법11과 변호사법12 등 모든 범위의 특별형법들을 다 배웠다.

---

4 단권화는 교과서, 수험서, 객관식문제집, 사례집 등 한 과목에도 봐야할 책들이 여러권인 변호사시험 같은 류의 시험을 준비하는 수험생들이 하나의 책에 모든 중요사항을 정리하는 작업을 말한다. 시험 직전에 과목당 한 권만으로 하루만에 전범위를 호로록 읽을 수 있도록 하는 것이 목적이다.

5 '도로교통법'의 줄임말(이 법과 아래에 언급한 법들의 경우 정식 '약칭'과는 다르므로 줄임말이란 표현을 사용했다)

6 '특정범죄 가중처벌 등에 관한 법률'

7 '폭력행위 등 처벌에 관한 법률'

8 '성폭력범죄의 처벌 등에 관한 특례법'

9 '아동·청소년의 성보호에 관한 법률'

10 '정보통신망 이용촉진 및 정보보호 등에 관한 법률'

11 '특정경제범죄 가중처벌 등에 관한 법률'

12 '변호사법'은 줄여도 변호사법이다.

전부 변호사시험 시험범위이고 빈출되는 법들이다). 중앙대학교 로스쿨은 커리큘럼상 2학년 1학기는 형법과목이 없었기에 3학년 과목이지만 욱여넣어 들었다. 민법과 형법은 한 학기라도 빈틈을 만들면 안 된다는 생각이었다. 수강생 중 우리 기수는 나밖에 없었다. 3학년 과목이었기에 이미 형사재판실무와 검찰실무과목을 거치며 형사법을 마스터한 3학년들과 경쟁을 해야했으므로 공부를 열심히 할 수 밖에 없었다. 거기다가 특별형법 과목이지만 당연히 형법 전반의 지식이 기본이 되기 때문에 시험을 치르기 위해서는 형법 전범위를 함께 공부해야 했다. 공부는 열심히 했다. 안타깝게도 성적을 놓고보면, 결국 3학년과의 짬밥차이는 무시할 수 없었다. 선배들과의 경쟁에서 처참하게 깨졌다. 그래도 살아남기위해서 한 학기만에 형법 단권화 정리를 마쳤고, 이 시기에 쌓은 지식들이 변호사시험때까지 크게 도움이 되었다. 안타깝게도 이 시기에 형법공부를 너무 열심히 해서 질려버려 그 이후로 형사법 공부를 많이 하지 않았다. 이 다음학기에 형사재판실무 과목이 있었음에도 불구하고! 내 잘못이다. 역시 뭐든지 몰아서 질리도록 하는 것은 좋지 않다.

독점규제법은 변호사시험의 선택과목인 경제법에 속하는 과목이다. 하지만 난 경제법 시험을 보기 위해서가 아니라 내가 배우고 싶은 분야라서 수강을 했다. 그도 그럴것이 나는 독점규제법의 주요 타깃이 되는 대기업 집단에 근무하며 독점규제법이 얼마나 중요하게 작동하는지를 눈으로 보고 왔기 때문이다. 2021년 말 비교적 깔끔하게 전부개정[13]되긴 했지만, 독점규제법은

---

13 '독점규제 및 공정거래에 관한 법률'. 2020. 12. 29. 전부개정되어 2021. 12. 30.부터 시행 중이다.
전부개정 이유는 다음과 같다.
"제정 당시에 비하여 최근의 경제환경 및 시장상황은 크게 변화하였고 공정경제에 대한 사회적 요구도 높아짐에 따라 과징금 부과상한을 상향하고, 불공정거래행위에 대해서는 사인의 금지청구제도를 도입하는 등 민사, 행정, 형사적 규율수단을 종합적으로 개선하며, 경제력 집중 억제시책을 합리적으로 보완·정비하여 대기업집단의 일감몰아

규율 형식이 굉장히 복잡한 법률이기에 한번 배워둔 것이 큰 의미가 있었다.

민사소송법 2는 이전 학기와 동일하게 이시윤교수님의 교과서를 주욱 읽어나가는 방식의 수업을 들었다.

법조윤리는 모든 로스쿨생들이 필수로 이수해야 하는 과목이고, 전국시험도 봐야하는 과목이다. 일반적으로 1학년 1학기에 수업을 듣고 1학년 여름방학에 전국시험을 치르는데, 중앙대학교 로스쿨은 2학년 1학기에 수업을 듣고 2학년 여름방학에 전국시험을 치른다. 나름의 장단점이 있는 듯 하다. Pass or Fail 과목이기 때문에 수업부담은 전혀없다. 법조윤리에 대한 자세한 사항은 다음 챕터에서 다루겠다.

현대담보법은 민사법 중 가장 어려운 파트 중 하나로 꼽히는 담보물권 파트를 떼어내서 따로 가르치는 수업이다. 따라서 이런 과목이 따로 없는 학교들도 많을 것이다. 1학년 민법을 가르치신 교수님께서 그대로 강의하셨고 역시 핵심법리 이해 위주로 기초를 탄탄하게 채울 수 있는 수업이었다.

형사소송법 2는 이전 학기와 다른 교수님의 수업을 들었다. 딱히 불만이 있어서가 아니라 그 교수님께서 수업을 맡지 않으셔서 바꿀 수밖에 없었다. 형사소송법에서 가장 중요한 증거법 파트가 포함된다. 특히 모두를 골치아프게 만드는 전문증거와 전문법칙[14]을 배웠는데, 이 교수님께서는 매 수업마다

주기와 같은 잘못된 행태를 시정하고 기업집단의 지배구조가 선진화될 수 있도록 하는 한편, 벤처기업에 대한 투자 활성화를 위해 일반지주회사가 기업형벤처캐피탈(CVC: Corporate Venture Capital)을 소유할 수 있도록 허용하되, 안전장치를 마련함으로써 기업형벤처캐피탈이 경제력 집중 및 편법승계의 수단으로 악용되는 것을 방지하려는 것" 국가법령정보센터 참조.

14 전문법칙이란 '전문증거는 증거능력이 없다'는 원칙으로 형사소송법 제310조의2에 규정되어 있다. 전문증거란 말그대로 전해들은 내용을 증거로 하는 것을 말한다. 즉 경험자 자신이 법원에 말로 보고하지 않고, 제3자가 한 말을 전달하거나 제3자가 작성한 서류를 제출한 경우 증거능력이 부정된다. 물론 그러한 진술이나 서류라도 모두 증거로

실시간 강의를 진행하며 퀴즈를 풀게하셔서 자다가도 벌떡 일어나서 전문증거 여부를 판단할 수 있을 정도로 훈련시켜주셨다. 너무 질리도록 봐서 이후 전문법칙을 따로 더 공부한 적이 없었다. 감사합니다.

　지난 학기에 이어 같은 교수님의 회사법 2를 이어 수강했다. 역시 깔끔했다. 수업 구성이 깔끔한 것뿐 아니라 이해도 잘되고 수험적합적이기도 해서 큰 도움을 받았다. 덕분에 3년 내내 변호사시험까지 상법 때문에 걱정한 적은 한번도 없었다. 객관식을 제외하고는.

　사용할 수 없는 것이 아니고, 제311조부터 제316조에 그 예외가 복잡하게 규정되어있다.
　이주원. "형사소송법". 박영사. 2019

여름방학

제**7**장

Viva! Lawschool
비바! 로스쿨

이공계 직장인의 로스쿨 생활기
퇴사부터 입시, 변호사시험까지

실무수습

    2학년 여름방학은 정말 바쁘게 보냈다. 법조윤리 시험도 준비해야 했고 실무수습을 세 군데나 다녀왔다. 지난 방학 때 실무수습을 다녀오긴 했으나 너무 급하게 신청해서 다녀오느라 내게 도움이 될만한 곳을 신중하게 선택해서 결정할 시간이 없었다. 이번 방학에는 정말 관심있는 분야로 실무수습을 다녀올 수 있었다. 법원에서 하는 실무수습 두 번, 사기업 법무팀 한 번. 좋았지만 결과적으로 공부할 시간이 굉장히 부족했던 방학이다.

    원래 계획은 내 경력과 관련 있는 업계의 사기업 법무팀 한 군데만 다녀올 생각이었는데 어쩌다보니 그렇게 됐다. 실무수습이라는 게 신청한다고 다 되는 게 아니라 성적과 기타 요소로 걸러진다. 따라서 지원을 했다고 반드시 나가게 되는 것이 아니다. 일정 시간 이상의 실무수습이 법학전문대학원 졸업요건인 것을 감안하면 꽤나 무서운 일이다. 그래서 만일의 사태를 대비해서 어느 정도 관심이 있던 법원에도 찔러보았는데 전부 합격해버린 것.

    법원 실무수습은 둘 다 서울중앙지방법원에서 했는데 주최 기관이 하나는 사법연수원, 하나는 중앙지법 자체로 달랐다. 내가 판사가 될 일은 없을 것 같고, 그래도 변호사 생활하기 전에 법원이 어떻게 돌아가나, 법관 외의 법원 사람들은 어떤 생각을 가지고 사나 하는 것들을 알아두면 도움이 되겠다 싶어 지원했다. 각종 실무와 연계되는 수업과 검토보고서 작성으로 이루어졌는데 매우 유익했던 시간이었다. 특히 중앙지법 자체에서 주관한 1주일

짜리 실무수습은 소송법과 집행법을 실무자들의 관점에서 강의해주어 큰 도움이 되었다. 이 코스는 주로 1학년들이 많이들 지원하는 프로그램이었는데, 오히려 소송법을 배우고 난 2학년에 가보니 훨씬 유익했다. 만약 내가 1학년 때 이 실무수습에 참여했었다면 별 느낌없이 돌아왔을 것 같다는 생각이 든다. 그도 그럴 것이 법원 실무수습에서는 판사님들이 기록과 소송과 집행에 관련한 굉장히 실무적인 수업을 해주시는데, 이제 갓 민법을 배우기 시작한 1학년 분들보다는 이론을 어느 정도 쌓은 채로 가야 느끼는 것들이 더 많기 때문. '아, 소송법 시간에 배운 것들이 이런 느낌으로 진행되는 거였구나!'. 글로만 딱딱하게 배우던 것들이 마음에 확 와닿는 순간이 많았다. 가슴으로 이해가 되면 기억에도 잘 남는다.

사기업 법무팀에서 한 일은 대외비일 것이 뻔하니 생략하겠다. 어쨌든 이 또한 내가 수행하던 업무를 법이란 관점에서 새롭게 볼 수 있었던 좋은 경험이었다.

법조윤리

　　법조윤리 시험은 변호사시험 응시 자격[1]이다. 법조윤리시험 응시를 위해서는 학교에서 법조윤리 과목[2]을 이수해야 한다. 보통 1학년 여름방학에 치르게 된다. 중앙대학교처럼 2학년에 응시하게 되는 경우, 한번에 합격하지 못하면 변호사시험 준비에 정신없는 3학년 여름방학 기간에 고통을 받아야 한다. 그래도 객관식, 절대평가로 이루어져 일부 특수한 해를 제외하곤 90% 이상의 합격률을 유지하고 있는 시험이니 너무 걱정할 필요는 없다. 물론 만에 하나 자신이 전국 하위 5%에 포함될 경우 느끼게 될 절망과 부끄러움을 피하기 위해서라도 어느 정도 공부는 해야 한다.

　　시험 이름의 뉘앙스와 달리 단순 도덕과목이 아니라 '변호사법'을 비롯한 법조직역에서 문제될 수 있는 이해관계의 충돌 등을 예방하기 위한 직역윤리에 관한 법규범과 그 적용에 대한 시험[3]이다. 즉, '착하게 살자'를 답으로 찍을 수 있는 류의 시험은 아니다. 높은 합격률은 시험 난이도가 쉬워서가 아니라 일반 로스쿨 공부량에 비해 비교적 적은 시험범위와 기출 지문의 반복으로 인한 것이다. '하루 벼락치기 하고 봤는데도 붙던데?'라는 선배들의 무

1　'변호사시험법' 제5조 제1항, 제8조 제1항 참조.

2　'법학전문대학원 설치 · 운영에 관한 법률 시행령' 제13조 제1호 참조

3　법무부 홈페이지. 법조윤리시험 도입취지 참조.

용담에 너무 귀 기울이지 말자. 원래 수험생들은 자신의 공부시간을 줄여 말하고 다니는 남다른 악취미를 갖고 있다. 어떤 이들의 기만전술은 존 르 카레[4]의 작품들 뺨친다. 언제 시험난이도가 대폭 상승할지는 아무도 모른다. 1년이 걸린 문제를 운에 맡길 순 없다. 그래도 직전 학기에 학교에서 법조윤리 수업을 수강한 것을 전제로 1주일 안으로 해결되는 분량이긴 하다. 나는 2주간의 법무팀 실무수습 사이에 낀 중간 주말에 시험이 있었기에 퇴근 후 2~3시간씩 5일을 투자했다. 여유 넘치게 합격했다.

---

4 영국의 소설 작가. 영국 정보부 MI6 출신으로 첩보 스릴러의 대가이다. 대표작으로는 "추운 나라에서 돌아온 스파이", "팅커, 테일러, 솔저, 스파이", "모스트 원티드 맨" 등이 있다.

방학공부

5주를 실무수습에 투자하고 법조윤리 시험까지 보고나니 공부할 시간이 별로 없었다. 원래는 민사소송법, 민법, 형법, 형사소송법을 한바퀴씩 돌리고, 지난 학기 범위 행정법을 복습하려고 했다. 어림없지. 방학기간 동안 민사소송법과 행정법만을 겨우겨우 끝낼 수 있었다. 나머지는 개강 후까지 계속 이어나가 9월이 되어서야 겨우 마칠 수 있었다.

형사소송법은 범위는 많지만 무영장 압수와 증거법이라는 굵직한 두 덩어리가 있어 강약조절, 선택과 집중이 편하다. 반면 민사소송법은 딱히 확 중요한 파트가 있다기보다는 여기저기서 자잘하게 고루 출제되기 때문에 익숙해지는데 더 많은 시간투입이 필요했다. 그래서 방학기간에는 민사소송법 전 범위 통독에 집중했다. 법원 실무수습을 다녀온 뒤 소송법책을 읽으니 내가 실제로 본 장면들과 서류와 절차들을 떠올리며 이미지화시켜가며 글을 읽을 수 있어 더 기억에 잘 남았던 것 같다.

이쯤돼서 코로나 시대에 맞춘 공부전략도 세워 나갔다. 뭐 별다른 건 없다. 도서관이 급폐쇄됐던 적도 있고, 학기 중에 확진 의심자가 발생해서 급작스레 짐을 쌌던 일도 있었다. 그럴 수 있다. 그런데 문제는 책 하나하나가 다 주옥같이 무거워서 공부 장소를 옮기는 게 보통 일이 아니라는 것. 도서관이 막히면 사물함에 넣어두었던 책들에 대한 접근까지 함께 막혀버린다. 그래서 언제 어디서든 공부를 할 수 있는 시스템을 갖췄다. 집과 로스쿨 열람실과 중앙도서관 사물함 세 곳의 장소에 과목별로 적어도 한 권씩은 책을 두기 시작했다. 볼드모트[5]가 된 기분이다. 예를 들어 교과서는 학교에, 사례집은 집에, 암기장은 중앙도서관에 두는 식이다. 다 좋은데 이 방법의 문제점은 아무래도 집에 둔 책은 읽지 않게 되는 것. 다행스럽게도 이후 중앙도서관이 아예 폐쇄되는 사태는 다시 발생하지 않았다. 불행히도 집에 둔 책은 계속 집에만 있었다.

집에서 공부하는 용도로 집에 작은 1인용 접이식 책상도 하나 장만했다. 집에 원래 책상이 없냐고? 그럴리가. 큼직한 컴퓨터용 책상이 있다. 하지만 역시 코로나 사태로 인해 와이프님께서도 재택근무를 시작했고, 그 책상은 업무에 사용되어야 했다. 난 쫓겨났다. 아무래도 집에서 글이나 읽는 백수놈보다는 돈 벌어 오는 사람이 중요하다. 슬프지만 인정할 수밖에. 현실과 타협했다. 지금도 이때 마련한 작은 책상에서 이 책을 쓰고 있다.

---

5 해리포터 시리즈에 나오는 나쁜 마법사. 자신의 영혼을 7개로 쪼개 여기저기 보관했다. 책을 읽어보면 알겠지만 되게 대충 보관했다. 지 영혼인데. 실망스럽다.
J. K. 롤링. 강동혁 역. "해리포터" 시리즈. 문학수첩.

2학년 2학기

Viva! Lawschool
비바! 로스쿨

이공계 직장인의 로스쿨 생활기
퇴사부터 입시, 변호사시험까지

수술

로스쿨 3년 생활기간 동안에는 큰 일이 있어서는 안되는데 큰 일이 생겨버렸다. 더군다나 2학년 2학기는 중요한 시기인데! 3년 중 안중요한 시기가 있겠냐만서도.

내가 중학생이던 굉장히 어린 시절, 코가 너무 막혀 고생을 많이 했다. 동네 이비인후과에서 '비중격만곡증[1] 수술'을 받았다. 그런데 수술 후 코가 주저앉았다. 알고보니 후유증 환자모임 카페도 있는 유명한 수술이었다. 나도 가입했다. 하지만 코가 그리 심하게 주저앉진 않았고, 주저앉은 정도가 못 봐줄만큼 심하진 않아서 그냥 참고 살고 있었다. 16년 동안.

그러다가 코로나가 지속되고 마스크 생활을 반년째 하고 있던 9월에 문제가 생겼다. 16년간의 트라우마와 컴플렉스를 가지고 있었기에 마스크 착용시 본능적으로 코를 보호하기 위해 코 주변 얼굴 근육에 힘을 주게되는데, 그 상태가 몇 달을 계속되다보니 안 그래도 지탱할 힘도 없고 박살난 연골에 무리가 가서 피로파단[2]이 생겼나보다.

---

1 비중격 만곡증은 코의 중앙에 수직으로 위치하여 콧구멍을 둘로 나누는 벽인 비중격이 휘어져 코와 관련된 증상을 일으키거나 코막힘, 부비동염 등의 기능적 장애를 유발하는 경우를 말한다.
서울대학교병원 의학정보 참조.

2 피로파단(fatigue failure): 재료에 반복 하중이 걸려 결정 입자에 슬립(slip)이 일어나며

어느날 코 뿌리 부분이 겉으로 봐도 심할 정도로 주저 앉아 얼굴 외형이 심하게 변형되고, 숨쉬기가 굉장히 힘들어졌다. 얼굴이 못생겨진(?!) 것은 둘째치고, 계속 공부를 해야 되는 입장인데 뇌에 산소공급이 40%밖에 안되니까 미칠 것 같았다. 아니, 사실 얼굴이 못생겨진 게 제일 싫었다. 이제 그냥 참고살 수 없는 문제가 생겨버렸다.

지금은 수술을 잘 마치고 예쁜 코를 회복했다. 수술을 해도 약한 상태기 때문에 굉장히 조심하면서 살고 있긴 하지만. 건강관리를 잘하자.

길게 썼는데 어쨌든 요약하자면 큰 수술을 했고 덕분에 병원 다니고 누워서 회복하느라 9월, 10월의 기간 동안 공부라는 것을 거의 하지 못했다.

이어서 갈라짐이 진행되고, 그치지 않는 경우에는 결국 완전히 파손되는 것을 말한다. 네이버 자동차 용어사전 참조.

자격증

또 10월에는 3주 정도를 투자해 또 다른 세 개의 자격증 시험을 공부하느라 학교 공부 및 변호사시험 공부에 충실하지 못했다. 이번엔 셋 중 두 개의 시험에 합격, 자격증을 취득했다. 무슨 시험인지는 밝히지 않도록 하겠다. 비록 학기 중 3주의 시간만 투자했을 뿐이지만 하나라도 떨어진 것이 부끄럽기도 하고, 내 인생계획에 있어 특수하게 준비하고 있는 분야들이라 다른 분야에 진출하실 분들에게는 의미가 없는 자격증이기도 하다.

그리고 내가 운영하던 로스쿨 생활 블로그가 로스쿨생들과 준비생들에게 나름 인기가 있었는데 그 덕분에 정보의 공유가 긍정적인 효과도 있지만, 부정적인 효과를 낳는 경우도 있다는 것을 알게 됐기 때문. 예를 들어 내가 준비할 때에는 사람들이 그 존재 자체도 잘 몰라 본선 진출팀 수만큼만 지원을 해 무탈히 수상을 할 수 있었던 ICT 모의분쟁 조정 대회가 내가 블로그에 후기를 올린 다음해부터 수십 팀이 몰리는 초절정인기 대회가 돼버렸고, 노무사 1차와 독학사 시험이 로스쿨 입시에서 인기있는 정성요소가 돼버려 진짜 간절하게 그 시험들을 준비하시는 분들에게 민폐가 돼버렸던 일이 있었다. 모든 시험이나 자격증은 결국에는 각 업계 사정에 맞춰 어느 정도 합격인원을 조율하기 때문에 진심으로 그 분야에서 일하고 싶은 이들을 위해 남겨두는 것이 배려라 생각한다. 여러분들처럼 대한민국에서 공부를 제일 잘하는 학생들은 특히나. 골목상권 침해가 되지 않도록 유의하자. 공정위 아저씨들이 "이놈~"하고 잡아간다.

아무튼 위 점에 유의하며, 다른 로스쿨생분들도 변호사 자격에만 집중하지 말고 각자 자신이 관심있는 분야가 있다면 해당 분야에 대한 공부도 병행하여 자격증을 취득해보는 것을 추천한다. 로스쿨 제도의 취지에 맞는 인재가 되려면 법 외의 다른 관심분야 하나쯤 있으면 좋지 않겠는가? 변호사시험을 위해 공부하는 시간은 아무리 쏟아부어도 모자라다고 하지만 반대로 조금은 덜어내도 그리 많은 영향을 받지 않는다(그리고 내가 알기로 여러분은 이미 이런 저런 일들에 공부시간을 덜어내고 있다. 차고 넘치게). 3년은 꽤 긴 기간이다. 효율적인 공부로 시간을 잘 활용하면 많은 것을 할 수 있다. 그리고 그냥 공부만 하는 것보다는 이왕이면 자격증까지 취득하는 것이 목표도 생기고 기록도 남는다. 기록이 남아야 해당 업계에 취업을 할 때 실질적으로 도움이 된다. 뿌듯함은 덤이다.

이런저런 일들로 학교내신 공부는 물론, 수험공부도 거의 못했던 아쉬움이 많이 남는 학기였다. 그리고 코로나가 시작된 지난 학기부터 스터디는 하지 않았다. 열정 넘치는 학생들은 ZOOM으로 실시간 화상스터디를 하더라. 나는 위에서 언급했듯 실시간 화상 프로그램의 사용이 별로 마음에 들지 않았기에 참여하지 않았다. 또 2학년 2학기는 다들 검찰 및 로클럭 임용에 중대한 영향을 미치는 검찰실무, 형사재판실무에 올인하는 학기이고 스터디도 그 과목들 중심으로 이루어졌는데 내가 해당 과목들 공부에 별 관심이 없었기에 그렇기도 했다. 그 이유는 다음 장에서 알아보자.

이수구분	과목명	학점
전공선택	국제사법과 국제소송	3
전공선택	도산법	3
전공필수	민사법종합 1	3
전공필수	법문서작성	2
전공선택	집단적 근로관계법	3
전공필수	행정법 2	3
전공선택	형사재판실무	3
	총 7과목	총 20학점

위 표는 내가 이수한 과목이지만 보다 더 중요한 것은 이수하지 않은 과목이다(그래프나 도표를 볼 때 항상 드러난 것보다 더 중요한 것은 언급되지 않은 데이터이다3). 2학년 2학기 커리큘럼의 꽃 중 하나인, '검찰실무'4 과목

---

3 이런 누락된 데이터를 통칭 '다크데이터'라 부른다. 이로 인해 우리는 오해하고 틀린 결론을 내리고 나쁜 결정을 할 수 있다.
데이비드 핸드. 노태복 역. "다크 데이터". 더퀘스트. 2021

4 검찰 임용은 검찰실무1, 2 과목 성적(각각 2학년 2학기, 3학년 1학기 과목이다), 본시험, 면접으로 이루어진다. 방학 중 이루어지는 검찰심화실무수습이 있긴 하지만 실무수습

이다. 거의 대부분의 학생들이 수강한다. 다들 마음 속에 검찰청 자리 하나쯤은 품고 있잖아? 꼭 커리어적 측면이 아니더라도 실무를 하시는 검사님이 강의를 하시고, 형사법 전반을 훑어볼 수 있는 좋은 기회이므로 수강하는 것이 좋다. 나는 교과서까지 구입해놓고 수업은 듣지 않았다.

이유는 다양하다.

1) 일단 난 입학 때부터 2학년 2학기까지는 최대한 로스쿨에서만 경험할 수 있는 수업들인 선택과목을 많이 들어놓고, 3학년 때에는 변호사시험관련 수업들에 집중하겠다는 계획이 있었기에, 3학년이 되기 전, 마지막 학기에 선택과목을 하나라도 더 듣고싶었다. 그리하여 한 과목을 더 뺌으로써 이번 학기에는 선택과목을 3과목이나 들었다. 도산법, 노동법, 그리고 국제거래법.

사실 국제거래법은 변호사시험과목이다보니 3학년으로 미루고 다른 과목을 듣고 싶다. 염두에 두고 있었던 것은 지식재산권법과 세법이었는데 둘 다 다른 과목들과 수업시간이 겹쳤고, 지식재산권법은 강의가 개설되지도 않았다. 인원이 적은 로스쿨이다보니 선택과목들은 과목이 개설될지조차 불확실한 것이 다소 아쉽다(강의가 개설되려면 일정 인원 이상이 수강신청을 해야 한다. 도산법과 노동법도 개설이 불분명했으나 내가 열심히 돌아다니면서 동기들에게 '나중에 변호사 됐을 때 꼭 필요한 과목들이니까 제발 좀 같이 듣지 않을래?'하고 꼬시고 다녔다. 결국 설득에 성공, 겨우겨우 강의를 열 수 있었다. "설득의 심리학" 책을 열심히 읽은 보람이 있었다. 배우고 싶은 것을 배우기 위해 이런 수고로움이 요구된다는 점은 규모가 작은 로스쿨의 단점 중 하나이다). 하지만 결국 세 과목 모두 알차게 들었고, 모두 굉장히 만족스러운 경험이었다. 세법과 지식재산권법은 변호사가 되고 난 뒤 꼭 공부해야 할 리스트에 올려놔야겠다.

과정을 거치지 않아도 검찰 임용에는 지장이 없다고 한다. 각 반영요소들의 정확한 점수배분은 알 수 없지만 본시험이 가장 중요하다고 알려져있다.

2) 나는 개인적으로 ⓐ 대쪽같은 정의관념과 ⓑ 어떠한 상황에서도 회유되지 않는 사명감과 ⓒ 아무리 상사라도 아니다 싶으면 들이받을 수 있는 정신의 소유자'만이' 대한민국 검사가 되어야 한다는 신념을 가지고 있다.

그럼 나는 어떤가? 생각을 해보았다. ⓒ는 어느정도 갖춘 것 같다. 원래는 소심한 성격이었지만 그래도 직장생활을 하면서 할 말은 하는 놈으로 변신하는 데 성공했다. 근데 ⓐ와 ⓑ는? 잘 모르겠다. 과연 내 정의관념과 직업적인 사명감이 확고한가? 아니다 싶었다.

'아니 그럼 수업이라도 듣지, 형사소송법 전 범위를 훑어주니까 변시에 도움은 될텐데' 라는 생각으로 날 공격하고 싶으신 여러분들 마음 잘 안다. 나도 그 점을 생각을 해봤다. 일단 형사법은 형사재판실무 수업으로도 커버가 된다. 오히려 범위가 더 넓다. 내가 수강여부가 긴가민가한 상황에서 책을 구입한건 바로 이걸 확인하고 싶었기 때문이다. 검찰실무 책을 후르륵 훑어보고 난 뒤, 형사재판실무 책이 다루는 범위가 더 넓음을 확인했기에 내린 결정이다.

그리고 내가 위와 같이 써놨지만 만약, 만에 하나, 내 검찰실무 점수가 너무너무 잘나온다면?! 당연히 욕심이 날테고, 지원까지 할게 뻔했다. 난 갈대같은 남자니까. ⓑ에서 걸린다니까? 난 회유가 무척 잘되는 단순한 녀석이다. 아무튼 그러면 내 신념에도 반할뿐더러 진심으로 검사가 되고 싶어하는 아이들에게 피해를 끼치게 된다. 용납할 수 없는 결과다. 남한테 피해주지 말자는 내 또 다른 신념이다.

3) 거기다가 나는 5년간 '해봤어?(=까라면 까 이 X끼야)'를 모토로 하는 조직 생활을 경험했다. 더 이상 긴 말은 필요없을것 같다.

이번 학기의 또 다른 꽃, **형사재판실무** 과목은 수강을 했고 변호사시험을 대비한다는 생각으로 열심히 공부도 했다. 사법연수원의 판사 교수님들이 각 학교로 출강을 오시기에 수업의 질이 보장되고(코로나 시기에는 각 교수님들이 동영상 강의를 촬영하여 각 학교에 배포하였다), 내용적으로 형사법 전반을 아우를 뿐만 아니라 각 사안별로 법원의 입장에서 어떠한 판단을 내려야 할지를 실무적 관점에서 배우는 과목이다. 로클럭에 관심이 없는 학생들도 수강을 하는 것이 좋다. 변호사가 될 사람이 재판실무를 모르면 안되지. 그런데 '시험' 공부도 열심히 할 걸 그랬다.

공부 자료들은 있을건 다 있었다(재판실무 과목들은 학교 별로 전설로 남은 선배들의 비밀자료들이 존재한다. 인터넷에도 많이 떠도는 것을 보니 딱히 비밀은 아닌 것 같지만). 기재례[5]도 열심히 외웠고, 형사법은 전 범위를 빠짐없이 열심히 봤으며, 다른 동기들과 다르게 지난 학기에 특별형법 과목을 수강함으로써 미리 형사법 전범위를 익혀놨기에 수업을 따라가기도 수월했다. 그런데 시험 자체에 대한 정보와 준비가 너무 부족했다.

후배님들이 나와같은 실수를 범하지 않도록 내 실패 원인을 정리해본다.

1) 형사재판실무는 변호사시험의 형사 기록형 문제[6]와 비슷한 '검토보고

---

[5] 재판실무 과목은 실무과목이고, 굉장히 형식적인 글을 써야 하는 '재판'을 위한 실무과목이다. 시험도 '예비 판결문'이라고 할 수 있는 검토보고서를 작성하도록 한다. 매우 형식적인 문서이기 때문에 "어떨 때 어떤 문장들을 어떻게 써야하는지(이것을 기재례 라고 한다)"에 대한 사항들이 정해져있고, 시험을 보기 위해서는 이걸 다 외워야 한다. 실제로 재판실무과목의 시험은 기재례에도 점수 배점이 있는 것으로 알고있다. 문장이 포함한 내용이 맞아도 문장 형식을 틀리면 완전한 배점을 받아가지 못한다. 변호사시험 의 기록형 시험의 경우에는 문장을 어떻게 쓰든 내용만 얼추 들어가있으면 점수가 나오는 것과 대조적이다.
개인적으로 재판실무과목을 배우며 '이야, 보고서 양식은 물론, 보고서의 문장형식까지 외우라고 요구하는 업계는 처음보네' 싶었다. 이러니 내가 판사가 못된다.

[6] 변호사시험의 '기록형' 문제는 실제 사건처럼 꾸며진 각종 서류들(민사법과 공법의 경우 변호사와의 상담서, 각 당사자들이 주고받은 내용증명, 재판 경과 등이, 형사법의 경우 공소장과 재판기록, 수사기록 등이 있다)이 주어지면 그것을 파악하고 법적 쟁점을 추출한 뒤 실제 변호사가 업무를 하듯 소장(또는 검토보고서 등)을 작성하는 실무적인 시험이다.

서'7를 작성하는 시험을 본다. 나는 형사 기록형 문제 푸는 방법도 모른 채로, 검토보고서를 '답 안보고 시간내로 써보는 연습'을 하나도 안해 보고 시험장에 들어갔다. 수술과 코로나로 학교에 갈 수가 없어 스터디를 안 했기 때문이기도 하고, 결정적으로 지난 방학 법원 실무수습 과정에서 2주 내내 한 것이 검토보고서 작성이기 때문이다. 그때 '써보니 시간도 얼마 안걸리고 어렵지도 않네?'하는 자신감이 붙었기에 따로 시간을 재고 쓰는 연습을 할 필요가 굳이 없다고 심각한 오판을 했다.

'보고서야 직장생활하면서 수도 없이 써보고, 결재 올려보고, 빠꾸 먹어보고 해봤잖아? 결국 법원에서 쓰는 보고서고 양식만 좀 다를 뿐이잖아?' (나쁜 생각이다)

시험시간으로 4시간이 주어진다는 건 알고있었다. 그런데 나는 이미 법원실습에서 검토보고서 작성 경험이 있던 터라 시험 시간이 4시간이라는 얘기를 듣고 가장 먼저 떠오른 생각은 '아 그럼 중간에 나가서 담배 한 대 태우고 와야되겠는데?!'였다. 지금와서 생각하면 어처구니가 없다. 시험 자체에 대한 정보는 반드시 얻고 들어가야 한다. 이 4시간은 정말 놀랍도록 짧은 4시간이다. 사람이 화장실 한 번 안 가고도 4시간을 버틸수가 있구나. 처음 알았다. 뭘 먹기는 커녕 물 마실 시간도 아깝다. 준비해 간 초코바는 고스란히

---

7 졸업 후 바로 법관에 임용되는 루트가 없어지면서 법원에서는 '로클럭'이라 불리는 재판연구원을 선발한다(법원조직법 제53조의2). 재판연구원이 법원에서 하는 주업무는 먼저 사건을 검토하여 검토보고서를 작성하는, 법관을 보좌하는 일이다. 그리고 법학전문대학원에서 이루어지는 '재판실무' 과목 성적은 재판연구원 임용에 포함되므로 시험에서도 로클럭의 업무인 검토보고서 작성을 요구한다. 참고로 로클럭 임용의 경우 학점, 재판실무 과목 성적, 본시험과 실무 면접의 절차를 거친다. 매년 총 100여명의 규모로 각 고등법원 권역별로 인원을 나누어 선발한다. 재판연구원에 대한 자세한 정보를 얻고 싶은 분들은 하기 법원 사이트를 참조하자.
https://lawclerk.scourt.go.kr/appresearch / main.jsp

내 사물함에 쳐박혀 졸업할 때까지 썩어갔다.

비유를 하자면 '다음날 쓸 연차도 없는데 실장님이 끌고가는 바람에 회식 3차까지 달리고 새벽에야 비틀비틀 집에 들어와 씻지도 못하고 잠깐 누웠는데, 잠시 눈 좀 붙인줄 알았더니 어느새 다음날 출근시간이 돼있는', 그런 4시간의 짧음이다.

2) 거기다가 내가 유일하게 시험에 대해서 조언 들은 것 중 하나가 '메모가 중요하다'였다.

나는 내 짧은 기억력을 잘 알기에 메모를 엄청 열심히 했다. 1번부터 서른 개가 넘는 모든 증거들의 요지를 꼼꼼하게 메모했다. 그 짓을 끝내고 나니까 남은 시간이 1시간 반밖에 없었다. 미친 짓이었다. 증거 메모뿐만이 아니었다. 본문을 쓰는 데에 있어서도 시간을 재보고 문제를 직접 풀어보는 연습을 하지 않음으로써 어느 정도 쓰고 어느 정도 버려야 할 것인지를 몰라 그저 열심히 외워뒀던 판례들과 기재례들을 열심히 쓰면서 얼마 없던 남은 시간을 다 보냈다. 결국 메모상 결론까지 잘 잡아놓고도 뒷 문제 몇 개를 통으로 날릴 수 밖에 없었다. 하. 꼴지는 안한 게 신기할 지경이다.

형사재판실무 시험을 마친 후에 있었던 형사 기록형 수업에서 교수님께 여쭤보고나서야 증거는 확정판결, 전문증거와 위법수집증거 말고는 메모할 생각도 하지말아야 한다는 것을 알게 됐다. 문제를 풀어봤어야 알지! 이런 걸 진작 알았어야 했는데! 이 트라우마가 이후까지 계속 남아서 형사 기록형은 물론, 모든 시험에서 번개같이 점수가 될 부분만 짧게 메모하고 답안을 작성하며 효율적으로 풀었고 항상 시간을 많이 남겼다. 변호사시험에서도 형사 기록형은 15분 이상의 시간을 남겼다. 이를 위해 모든 내용을 최대한 압축적으로 짧은 문장에 담아 써버릇했기에 "잘 했는데 답안지를 좀 풍성하게 좀 써라 임마"하는 교수님들의 핀잔을 많이 들었지만, 시간이 모자라 뒷 문제들을 아예 못푸는 것이 너무나도 두려워 결국 졸업할 때까지 풍성한 답안지를 써본 적이 없다. 트라우마가 이렇게나 무섭다.

결론적으로 기본법리 및 판례공부 외에도 어느 부분을 어느 정도 써야 하는지에 대한 감각을 키우는 훈련이 필요한 시험이다. 특히 각 학교 커리큘럼에 따라 형사재판실무 시험보다 앞선 시기에 형사 기록형 공부를 하지 않는 경우라면 따로 변호사시험의 형사 기록형 시험을 반드시 풀어 보도록 하자. 두 시험은 기본적으로 답안지에 들어가야 할 핵심은 대동소이하고 다만 형사재판실무 시험의 경우 기재례 등의 형식적인 측면이 더 강조된다. 그러므로 형사 기록형 문제에서 요구되는 답안 내용을 먼저 익혀두고, 그 내용을 답안지에 모두 서술하는 것을 최우선으로 삼자. 기재례는 일단 그 내용을 다 쓴 이후의 일이다. 독자 여러분들은 나같은 멍청한 시행착오를 겪지 않고 시험준비까지 잘 해서 좋은 성적을 얻길 바란다.

그래도 형재실 수업 덕분에 형사법 자체에 대한 공부는 어느 정도 마무리를 할 수 있었다. 시험 준비를 안했지 내용에 대한 공부는 열심히 했거든. 꼭 로클럭을 희망하는 학생이 아니더라도 형사법 전반을 정리해보고, 실무의 기재례에도 익숙해질 수 있는 유익한 강의다.

그렇게 시험이 끝난 줄 알았는데, 이후 특정 타 학교의 형사재판실무 시험 직전의, 시험문제 출제 이후에 이루어진 마지막 강의에서 문제의 소지가 있는 내용이 있었다는 소문이 돌았다(소문에 의하면 해당 학교의 강의에서 특히 강조한 쟁점과 사안이 그대로 출제되었고, 또한 방대한 공부 자료 중에서 시험에 출제되지 않는 범위를 알려주었다고 한다. 이러한 언급 역시 전문증거이고 증거능력이 없다. 독자 여러분은 이 소문을 여러분의 판단에 있어 증거로 삼지 않으셔도 된다). 나처럼 해당 과목에 별 신경을 안 썼던 학생은 극히 드물고 로클럭 임용을 위해 시험에 목숨 걸었던 학생들이 훨씬 많은 과목인지라 시험의 형평성에 관련한 논란이 거세게 불었다. 로스쿨생들은 다른 로스쿨생 친구들이 많기에 우리 동기들 사이에서도 다른 로스쿨 친구들에게 들은 갖가지 소문들이 끊이질 않았고 내가 즐겨 하던 로스쿨 커뮤니티 사이트에서도 여러 목격자들이 등장했다(동영상으로 제공되는 강의였기 때문에 타교 학생들도 링크를 구했다면 해당 영상에 접근이 가능했던 것으로 보인다). 결국 심지어 대형 언론사의 기사까지 나왔지만[8] 내가 알기로 이 사건과 관련하여 공식적으로 이루어진 사법연수원의 후속 조치는 없었다. 그리고 이 다음 학기의 민사재판실무 수업에서는 시험 직전 마지막 강의시간만, 전국 모든 로스쿨에 동일한 동영상 강의가 제공됐다.

모든 조직은 위기상황에서의 대처능력으로 평가된다. 일이 잘 돌아갈땐 아무도 신경쓰지 않는다. 딱히 내가 리스크 관리팀 출신이라 자꾸 리스크를 강조하는건 아니다. 어쨋든 그런 면에서 사법연수원은 최선의 선택을 한 것으로 보인다. 내부적으로는.

이 사태에 대해 재미있는 점은, 이 사건에 대해 성토하는 여론이 커지자 모 커뮤니티 사이트 로스쿨 게시판에서는 '그게 뭐가 문제냐?' '그걸 왜 우리한테 그러냐?'고 외치는 학생들이 있었다는 것. 많은 생각을 하게됐다. 일단 논란이 사실이라는 전제에서의 얘기이다.

먼저 로스쿨생들이 영악한 것 같아도 '모르겠습니다', '기억이 나지 않습니다'라고 응수하지 않는 것을 보니 마음속은 순수하구나, 혹은 청문회를 덜 봤구나 싶었다. 뭔가 말하고 싶은 게 있어도 상황봐서 꾹 참아야지. 녀석들.

그리고 그 무엇보다 시험에서의 절차적 정의와 공정성을 강조하던 학생들이, 문제가 자신들의 이익과 관련되면 저런 방어를 한다는 점에서 정의란 무엇인가에 대해서 심각하게 고민해보는 계기가 됐다. 나는 같은 상황에서 다를까? 내가 아니라 다른 모든 이들은? 그렇다면 모든 이들이 지킬 수 없는

---

8 다음 중앙일보 기사 참조. 2021. 2. 3. '[단독]로스쿨 '예비 판사'시험도 공정성 논란' https://www.joongang.co.kr/article / 23984732#home

정의를 정의로서 추구할 이유가 있는가? 비슷한 판례도 있지 않나. 어쩌다 답안지를 입수한 학생이 그 답을 암기해서 시험을 본 경우, 학생의 기대가능성을 부인한 판례.[9] 그렇다면 애초에 이 사회가 절차적 정의를 추구해야되는 그 본질적인 이유는 무엇인가? 모두가 함께 생각해 볼 만한 문제이다.

형사재판실무 이야기가 너무 길었다. 이제 다른 과목들을 보자.

도산법은 위기를 극복할 줄 아는 슬기로운 변호사가 되기 위해 수업을 들었다. 자본주의 경제체제에서 위기는 쌓이고 터지고를 반복하기 마련이다. 항상 준비가 돼있어야 한다. 솔직히 말하자면 사실 와이프께서 은행 업무를 하고 계신데 코로나가 터질 시기 즈음부터 개인회생과 파산이 엄청나게 늘었다고 도산법을 꼭 배워두라는 조언을 해주셔서 듣게 되었다. 감사합니다.

도산법은 내가 아는 한 대부분의 로스쿨에서는 개설이 되지 않는 과목으로 알고있다. 각 학교별로 이런 '우리 학교에서만 열려요!'하는 희소성 있는 강의가 한두개씩 있을텐데 이런 과목들은 꼭 들어두자. 먹고 살 길을 찾자. 도산법은 실제로 많이 문제가 된다고 하니 공부를 열심히 할 수 밖에 없었다. 굉장히 실무적이면서도 재미있는 과목이었다. 여기서 잠깐. '남들 파산하는 얘기를 보면서 재미있어하다니, 너 사이코패스냐?'하시는 분도 계시겠지만 내가 말한 재미는 배움 자체에 대한 재미를 의미한 것이다. 저는 착한 사람입니다. 어쨌든 도산법 교과서에는 가슴아픈 이야기들이 많이 실려있다. 비극을 원한다면 셰익스피어보다 도산법 교과서를 읽도록 하자.

민사법종합은 민사법 사례형 시험 연습 강의였다. 강의와 직접 답안을 작성하는 과제, 그리고 첨삭으로 이루어졌다. 학교에서 이렇게 답안에 대한 교

---

9 대법원 1966. 3. 22. 선고 65도1164 판결. 쉽게 말하자면 결국 '답안지를 얻었는데 안 볼 수가 없잖아?'라는 의미이다.

수님의 첨삭을 제공하는 강의는 반드시 수강하고, 제대로 문제를 풀어보기를 추천한다. 변호사시험은 출제도 교수님들이 하시지만 채점도 교수님들이 하신다. 교수님들이 답안지를 보는 관점을 슬쩍 들여다볼 수 있는 좋은 기회이다. 이 소중한 기회를 단지 '교수님께 못썼다고 혼나기가 무서워서' 수강을 피하거나, '못하는 학생이라는 이미지를 주기 싫어서' 답안을 보고 베껴 제출하여 날려버리는 일은 없도록 하자. 이유가 있는데 혼나는 것은 나쁜 일이 아니다. 오히려 여러분을 혼내주시는 분은 여러분을 사랑하는 분이니 감사하자(학교 밖의 상사들은 때때로 이유 없이 여러분들을 혼낼 것이다). 혼나는 것을 무서워 할 것이 아니라 실력 향상의 기회로 삼아야 한다. 인간은 어느 정도 피드백 루프를 통해 사고와 행동을 개선한다. 그리고 이 되먹임 작용이 이루어지기 위해서는 안좋은 행동에 대한 부정적인 입력이 필요하다. 혼날 당시 잠시 기분은 좋지 않겠지만 그 좋지 않은 기분 자체가 훈련과정이 된다[10].

　　법문서작성은 민사／형사 기록형 '입문'격의 수업이다. 그 전까지는 계속 사례형 시험 대비만 하다가, 처음으로 기록형 시험 문제를 구경하게 된 수업이다. 입문용이다보니 한 과목을 중간고사를 기점으로 반으로 나누어 민사／형사 교수님께서 수업을 진행하셨다. 내가 속한 분반은 민사 기록을 먼저 배

---

10 물론 '혼내기'를 통한 교육은 좋은 교육방식은 아니고 그것을 내가 옹호하는 것도 아니다. 일단 혼을 내는 교육자를 만났을 때 그것을 긍정적으로 활용하자는 이야기이다. 처벌을 통한 교육의 문제점은 단순히 도덕적 관점에서 부정적일 뿐만 아니라 실질적으로도 효율적이지 않다. 교육에 종사하시는 분들은 하기 논문을 참조하자.
"처벌과 보상을 동원하는 것은 기껏해야 교육 과정의 '일부'일 뿐이다. 대략적으로 말하자면 처벌과 보상 이외에 교사가 학생과 소통할 수단이 전혀 없다면 학생에게 전달될 수 있는 정보의 양은 보상과 처벌의 총 횟수를 넘지 못한다."
앨런 튜링. "계산 기계와 지능 Computing Machinery and Intelligence". 마인드Mind 59권 236호.
해당 논문은 국내에서는 앨런 튜링의 논문들을 엮은 다음 책에서 접할 수 있다.
앨런 튜링. 노승영 역. "지능에 관하여". 에이치비 프레스. 2019

웠는데, 이 때문에 형사 기록형을 제대로 본 적도 없이 형사재판실무 시험장에 들어간 것이 돌이켜보니 너무 안타깝네. 다시 생각해도 눈물이 난다. 어쨌든 이 과목에서 처음으로 두툼한 기록형 문제의 맛을 느껴봤다. 씁쓸한 맛이었다.

노동법은 근로자 개인과 사용자 사이의 관계, 그리고 노동조합과 사용자(또는 사용자단체) 사이의 관계로 그 규율 대상이 구별되며 각각 '근로기준법'과 '노동조합 및 노동관계조정법'이 대표적이다. 내가 수강한 집단적근로관계법은 후자를 다루었다. 내가 회사를 처음 입사했을 때에는 노사협의회만이 존재했고, 이후 재직 중 처음 노동조합이 생겨 굉장히 큰 논란이 되었다. 그 때문에 전 직원이 노동조합법에 비상한 관심을 보였다. 공부 좀 했다는 친구들은 저마다 노동법을 독학해와서 사내 메신저로 열띤 토론을 했다. 수업을 들으면서 '아 그때 걔들이 말했던 게 이런 것이었구나' 하는 부분이 많아 무척 재미있었다. 물론 가장 주의깊게 공부했던 부분들은 '인사팀 그 자식들이 도대체 나한테 왜 그랬나' 하는 것들이었다. 실제적인 관심이 많았던 만큼 배운 것도 많았던 수업이다.

행정법 2. 드디어 인기강의에 수강신청을 성공했다. 지난 학기에 수강신청에 실패한 서러움이 어찌나 컸는지! 당시 원장님이셨던 교수님은 특이하게도 비대면강의를 구어체로 작성된 '녹취록'을 만들어 배포하는 방식으로 진행하셨다. 종이만 들여다보면 되니 딱히 특정 시간을 정해서 공부할 필요가 없어서 공부시간 관리에 있어서는 가장 좋았던 방식이었던 것 같다. 다만 분량이 어마무시하게 많고, 글만 보다보니 강약조절이 힘들었다는 단점이 있었다. 풍부한 분량만큼 내용이 굉장히 깊어 수험서는 물론이고 일부 교수저 교과서로도 커버가 안될 정도였는데(내가 보던 교과서에 없던 내용을 강의안에서 찾아보기도 했을 정도였다), 그때는 힘겨웠지만 결국 3학년이 되어서 공법에 자신감을 갖게되는 계기가 되었다.

말도 많고 탈도 많았던 2학년 2학기가 이렇게 끝났다.

이제 난 3학년이 된다. 변호사시험의 바람이 불어오고 있었다. 아주 매서운 바람이.

T IP 로스쿨과 사회경제적 약자 보호

우리는 교육기회의 평등을 믿는다.

경제적 약자의 가장 큰 비참함 중 하나는 불확실성을 감내할 수 없다는 것이다. 무엇인가 이루어 내기 위해 시간과 비용을 투입하는 것은 어떤 이들에게는 투자에 불과하지만 어떤 이들에게는 생존의 문제가 된다. 가족 구성원 중 하나가 기약없는 세월동안 노동 소득을 얻을 기회를 포기한다는 것 자체만으로도 가족 전체의 생존의 위협이 되는 이들이 있다. 아니, 아주 많다. 이런 이들에게 자격시험 준비는 감당하기 힘든 리스크이다.

"무계획이 가장 좋은 계획이다."

봉준호 감독의 "기생충"에서 나온 주인공의 대사다.

한심해보이는가? 그러니까 그렇게 사는 거라 생각하는가?

아니다. 그것은 삶의 지혜다. 현상황을 조금이라도 벗어나려는 계획을 세웠다가 만에 하나 실패할 경우 가족의 생존자체가 위협받는 삶 속에서 쌓이고 다져진 지혜.

로스쿨 제도의 가장 훌륭한 점은 바로 고시류 시험에는 없는 '신분에 대한 어느 정도의 확실성'을 보장하여 불확실성을 줄여주고, 탁월한 '장학금 제도'로 생존과 학업을 지원해주며, 가사 변호사시험에 불합격을 하더라도 적어도 '석사학위'라는 안전망을 제공해준다는 점이다.

로스쿨은 입시에서부터 매년 입학자의 7% 이상을 취약계층을 위한 특별전형으로 선발한다. 그리고 등록금 수입의 30% 이상을 장학금으로 편성해야 하며, 그중 70% 이상을 경제적 환경(소득수준)을 고려한 장학금으로 지급해야 한다. 2020년도 재학생 12,000명 기준으로 절반이 넘는 6,024명이 장학금 혜택을 받고 있다.

매년 전체 재학생의 20%가량(약 2,300명)이 등록금의 100% 이상의 전액장학금을 받고 있다[11].

---

11 2021. 4. 법학전문대학원협의회 발간. "로스쿨팩트체크" 참조.

우리는 어쩌다 한 명씩 나오던 개천용의 전설보다는, 수많은 인원이 쏟아져 나와 더 이상 전설로 불릴 필요가 없게 된 이 시대의 개천용들의 일상을 응원해야 한다.

소득기준 장학금 외에도 다양한 장학금이 존재한다. 상세사항은 각 학교에서 매학기 장학금위원회에서 결정하므로 다를 수 있지만 대표적으로 성적장학금, 학생회 · 수업지원 조교 · 교지편집부 등의 활동을 통한 근로장학금 등의 장학금이 있다.

물론 현재의 상황이 완벽한 것은 아니다. 일부 국가지원장학금도 있지만 기본적으로 로스쿨별 등록금 수입을 기준으로 장학금이 산정되므로, 경제적으로 어려운 학생들을 많이 받아들인 로스쿨들의 경우 적절한 지원이 이루어지기 힘들다. 가장 도움이 필요한 곳이 가장 부족한 실정이다. 또한 소득분위를 숨겨 부정수급을 하는 사람들에 대한 제재도 필요할 것이다.

21세기 대한민국에서 부모의 자산과 소득으로 인해 아이들의 신분상승의 기회가 박탈당하는 일은 없어야 한다.
특히 옳고 그름, 그리고 정의의 학문을 가르치는 곳에서는 더더욱.
우리는 아직도 갈 길이 남아있다.

법학전문대학원협의회 홈페이지>자료실 에서 다운로드 할 수 있다.
http://info.leet.or.kr/board / board.htm?bbsid=publication&ctg_cd=pds

겨울방학

제**9**장

Viva! Lawschool
비바! 로스쿨

이공계 직장인의 로스쿨 생활기
퇴사부터 입시, 변호사시험까지

이제 내가 로3[1]

.

2학년 초, 어느 정도 친해진 윗 기수 선배분들을 복도에서 마주칠 때마다 순수하게 궁금해서 인사 겸 하고 다녔던 말이 있다.

"3학년 되니 어때요?"

답은 한결 같았다.

"아무것도 모르겠어요."

'역시 겸손한 한국인들이라 모루겟소요(일본어: モルゲッソヨ)[2]로 일관하는 모습이 아름답구나!'라고 생각했다. 아니면 로스쿨생들 특유의 '나는 니보단 시험을 잘 볼 자신은 있지만 그건 당연한거고, 완벽한 답안을 써내기엔 1%가 부족한데 그거 때문에 난 망했다고 말할거다'라는 의미이거나.

진짜 모르겠더라. 아무것도.

---

1 로스쿨생 3학년을 로3이라고 부른다.
2 2018 평창 올림픽에서 올림픽 프레스센터 앞에 있는 골무를 뒤집어 쓰고 있는 듯한 남성들의 동상들(김지현 작가의 설치미술 작품)을 보고 궁금해진 일본인들이 그 정체를 한국인들에게 물어보자 다들 '모루겟소요'라고 대답하여 그것이 해당 작품의 별명이 된 일화가 있었다. 하기 기사 참조.
매일신문. [야고부] 모루겟소요
http://news.imaeil.com/page / view / 2018022000012335962

큰일났다. 이 상태로 시험을 볼 수 있을까 하는 두려움이 엄습했다. 내가 여태껏 학교생활을 너무 즐겁게 한 건 아닌가 돌이켜보고 반성의 시간을 가졌다. 하지만 어쨌든, 내 인생에 있어서 지난 2년은 빛나도록 행복했던 시간이었던 것은 확실하다. 후회는 없다. 3분 정도의 반성을 마치고 열람실로 들어갔다. 가장 중요한 것은 실행이다. 이제 내가 로3이다.

겨울방학 기간, 중앙대학교 학생들은 거의 전부가 코로나 검사를 받게되는 일이 있었다. 중앙대학교는 그리 심각한 정도는 아니지만, 그래도 막상 걸으려면 상당히 짜증나는 정도의 언덕에 위치한다. 게다가 언덕 위에 학생들이 거의 이용하지 않는 일부 시설들 위주로 배치한 다른 학교들과는 달리, 법학관을 포함하여 많은 학생들이 주로 이용하는 건물들이 언덕 꼭대기에 위치한다. 음식점들이 즐비한 번화가가 있는 정문은 언덕 밑에, 법학관이 있는 후문은 언덕 위에 있기에 재수없는 날은 몇 번이고 언덕을 오르락 내리락 해야한다. 그러다보니 이 부근을 지나는 사람들은 정문에서 후문까지 마을버스를 길가에 널브러진 전동킥보드 마냥 일상적으로 타고 다닌다. 그러던 와중에 마을버스에서 확진자가 발생한 것이다.

결국 거의 모든 중앙대생들이 전수조사를 받게 되었고 나도 예외가 아니었다. 같이 중앙도서관에서 공부하던 동기와 손잡고 진료소로 갔다. 그동안은 운좋게 위험지역에서 벗어나 있었지만 이번엔 피해갈 수 없었다. 사정이 그러하다보니 중앙대학교 앞 진료소는 미어터졌고, 영하 12도의 강추위 속에서 3시간을 벌벌 떨며 검사를 받았다. 안그래도 추위에 약한 나는 너무 괴로워 집에 오자마자 앓아 누웠다. 코로나 때문이 아니라 코로나 검사 때문에. 하루 종일 공부를 할 수가 없었다. 2020년 마지막 날이었다.

이 일의 교훈은 '언제 무슨 일이 생길지 모르니 평소에 후회 없이 공부를 열심히 해두자'이다. 건강 잘 챙기고.

방학공부

　내가 그 전까지 어느 정도 공부에 대한 자신감이 붙었음에도 위와 같이 두려움에 떨게된 이유가 있다. 이 시기에 처음 본격적으로 객관식 시험 공부를 시작했다. 변호사시험은 객관식, 사례형, 기록형 시험으로 나뉜다. 표준점수로 변환(평균점수에 대부분의 학생이 모여있는 결과가 된다)되어 반영되는 사례형과 기록형 시험과는 달리 객관식 시험은 점수가 그대로 총 점수에 반영되고 합·불 여부는 총 점수로 결정된다. 따라서 객관식 고득점은 시험 합격 여부를 판단함에 있어 매우 중요한 요소다. 지난 2년 동안은 가장 기본이 되는 사례형 시험 위주로 공부했었고 잘 해왔다. 하지만 객관식 문제집을 읽기 시작하자 난생처음 보는 지문들에 깜짝 놀랄 수 밖에 없었다. 문제를 '푼' 것이 아니라 '읽었'다. 아는 지문이 없는데 어떻게 풀어? 아무것도 모루겟소요.

　처음 펼쳐든 과목은 상법과 헌법이었다. 특히 헌법은 내가 약한 과목이었으니 불안감 해소를 위해 가장 먼저 집어들었다. 그런데 약한 정도가 아니었다. 내가 지난 2년동안 약을 하며 놀았나 싶더라. 상법은 나름 꾸준히 성적도 잘나왔고, 교과서를 몇 번 씩 읽으며 남들보단 자신있었는데 정말 크게 충격을 받았다. 1학년 이후로 들여다 본 적도 없었던 헌법은 말할 것도 없었다. 그동안 "헌법은 우리들 가슴 속에 있는거야! 하하!"라고 외치며 헌법을 도외시 했던 내 자신이 너무 미웠다. 열 문제도 채 보지 않았을 때, 내 공부 계획을 전면적으로 수정해야 했다.

보통 이 시기에 주위를 둘러보면 '공부 좀 한다' 싶은 학생들은 전부 다음 학기에 개설될 민사재판실무 공부에 전념한다. 앞서 언급한 로클럭 선발에 가장 중요하게 반영된다고 알려져있는 과목이기 때문이다. 나도 지난 학기에 말아먹은 형사재판실무 과목의 설욕을 위해 민사재판실무 공부를 열심히 하려고 했다. 그랬었지. 그게 원래의 계획이었다. 그런데 상법과 헌법 객관식 문제를 펼쳐든 순간, 계획을 바꿀 수밖에 없었다. 민사재판실무 예습은 집어 치우고 전과목 객관식 문제 풀이를 시작했다. 일단 변호사는 되고 다른걸 생각해야 될 거 아니야? 일에는 우선순위 설정이 중요하다. 변호사시험 합격이 최우선이다. 내 목표는 6월 모의고사 전까지 객관식 문제집 한바퀴 돌리기였다. 이 계획도 이후 (내게는) 불가능한 것으로 밝혀져 전면 수정된다. 원래 인생이 계획대로 되는 게 없지 뭐.

지난 2년간은 사례형 문제 풀이에 필요한 기본적인 주요 법리들을 중점적으로 배워왔다. 그러나 3학년때 마주하게 되는 객관식 문제 지문에서는 사례형 문제 풀이에서는 본 기억도 없는 조문과 판례들이 난무한다. 물론 공부를 하며 한번쯤 보긴 했을 것이지만 기억에 남아있질 않았다. 사례형으로 내기엔 너무 지엽적이거나 사례형 공부를 하면서 익힌 기초 법리에 안 맞는 '예외의 예외의 예외'가 되는 판례들도 지문으로 속속 등장한다. 거기다가 가장 큰 난관은 따로 있었는데, 객관식 시험에서는 법전이 주어지지 않기에 온갖 조문들을 다 외워야 했다. 물론 그것은 절대 불가능하지만 적어도 기출문제에서 지문으로 나온 조문들은 외워야 했다. 그래서 문제집에서 모르는 지문들과 그 해설들을 꾸역꾸역 머릿속에 쑤셔넣는 단순암기를 시작했다. 분량이 엄청나다. 이제 변호사시험도 10회가 넘었기에 객관식 기출문제집만 전화번호부만한 두께를 자랑했다. 과목당.

이전까지의 사례형 문제풀이 공부는 외울 것이 많긴 했어도 새로운 것을 배운다는 즐거움이 있었고, '흐름'이 있어 기억에도 잘 남고 나름 재미도 있었다. 거기다 법전이 주어지니 그것을 바탕으로 응용하여 문제를 풀어가는 맛이 있었다. 엔지니어들은 문제를 해결하는 데에 있어서 짜릿한 쾌감을 느낀다.

하지만 객관식 문제의 지문으로 주어진 한 문장 한 문장의 단순 암기는 너무너무 재미가 없었다. 그리고 나는 단순 암기에 재능이 전혀 없다. 내 중고등학생 시절 내신 성적이 그냥저냥이었던 것도 8할은 암기과목 때문이었다. 특히 국사는 너무 혐오스러워서 이과를 선택하는 데에 큰 역할을 했다. 아니, 구글과 아마존의 시대이고, 다른 나라 지식인들은 '화성갈꺼야~' 노래를 부르고 있는데 대한민국의 지식인을 키우는 교육에서는 수백 년 전 멸망한 나라의 어떤 사람이 정확히 몇 년도에 어느 지역에서 뭔 짓을 했는지를 외우고 있다. 이런 것을 외우는 것이 인류발전에 무슨 도움이 되며, 그것이 무슨 지식인의 자질인가. 대한민국 모든 청년들이 책상 앞에서 득달같이 외우고 있는 것들이 전부 저런 것들인 요즘 세태에 다 같이 교육의 목적에 대해 심각하게 고민을 해봐야 하지 않을까. 이런 말을 하면 역사를 배워야 교훈을 얻는다는 엉뚱한 반박이 들어오곤 한다. 현재 역사 교육이 어딜봐서 교훈을 얻는 공부인지 설득력 있게 설명해보라. 학교에서의 역사 수업은 다들 끔찍하게 싫어하지만 역사를 전공하지도 않은 강사가 이야기로 들려주는 역사강의는 인기있는 현실에는 분명한 이유가 있다. 그리고 내 생각에 역사를 통해 배울 수 있는 가장 큰 교훈은 이미 찰스 다윈이 정립해놨다. 좁디 좁은 인류의 문명사가 아니라, 기나긴 유기체의 역사에서.

갑자기 흥분했다. 많은 이공계생들은 이렇게 암기를 피하는 정도가 아니라 혐오한다. 못하기도 하고. 그래서 이공계 공부를 잘하는 학생들은 주로 고시류 시험에 약하다. 어쨌든 이런 나란 놈이 암기 귀신들이 우글거리는 로스쿨에서 그들과 경쟁해서 통과를 해야 했다.

걱정이 이만저만이 아니었다.

객관식 공부는 지문 한 문장 한 문장의 암기로 진행되므로 공부의 흐름이라는 것이 없다. 한 지문 외우고 뚝, 또 한 지문 읽고 뚝. 이게 내가 수요일 연차를 사랑했던 이유다. 업무 흐름이 뚝뚝 끊긴다. 그때의 나를 즐겁게 해주었던 것이 이제 내게 돌아와 지금의 나를 괴롭히고 있었다. 지문 하나에 인터넷 커뮤니티와, 지문 하나에 블로그와, 지문 하나에 카톡과 … "별 헤는 밤3"이 따로 없다. 결국 방학 내내 가장 많은 시간을 투입했음에도 불구하고 객관식 문제집은 ¹⁄₁₀ 정도 밖에 보지 못했다.

이전까지 나는 법 공부가 재미있다며 실실거리면서 돌아다니던 이상한 녀석이었다. 이때부터였다. 내 극세사처럼 보들보들했던 피부가 푸석푸석해진 것이.

물론 다른 공부들도 병행했다.

이 시기에 민법 중 가족법과 상법 중 어음·수표법과 보험법을 처음 공부했다. 주로 객관식으로만 나오던 과목이지만 이제는 사례형 시험에서도 잊을 만하면 튀어나와 학생들을 두려움에 떨게하는 과목이다. 내가 치른 제11회 변호사시험에서도 사례형에 가족법과 어음·수표법 문제가 꽤 굵직하게 출제됐다.

또한 학교에서 제공해주는 각종 특강들과 사례형 첨삭 수업에 참여했다. 이러한 특강들은 방학 내내, 거의 매일매일 이루어졌다. 학교별 변호사시험 합격률은 학교 홍보에 매우 중요한 요소이므로 많은 학교들이 방학마다 학생

---

3 1948년 "하늘과 바람과 별과 시"에 실린 윤동주 시인의 시. " … 별 하나에 추억과 별 하나에 사랑과 별 하나에 쓸쓸함과 별 하나에 동경과 별 하나에 시와 별 하나에 어머니, 어머니 … ". 매우 아름다운 작품이기도 하고 한컴타자연습을 하며 자랐던 세대에겐 더욱 의미깊은 작품이다.

들에게 변호사시험 대비를 위한 특강을 제공한다. 해당 로스쿨 교수님 외에도 다른 학교의 출제위원 경험이 있는 교수님들, 심지어 학원 강사분들을 초청한 특강도 열린다. 가정형편이 어려워 학원 강의를 듣기 부담스러운 학생들을 위해서라도 굉장히 바람직한 현상이다. 나는 모든 특강과 첨삭 수업에 전부 빠짐없이 출석을 했다.

많은 학생들이 자신의 공부 스케줄을 위해, 또는 학원 강의 수강을 위해 교내 특강에 참석하지 않는다. 물론 개인의 선택이지만, 나는 학교에서 주관하는 특강들은 되도록 참석하길 추천한다. 특히 출제위원 경험이 있는 교수님들의 특강을. 많은 학생들이 학원 강사가 진행하는 특강은 선호하지만 교수님들의 특강에는 관심을 갖지 않는 경향을 보인다. 물론 강사분들은 수험가의 치열한 경쟁에서 살아남으신 분들이고 그들의 강의전달력은 압도적이다. 나도 강사분들의 강의를 많이 수강했다. 그러나 그렇다고 교수님들의 강의를 듣지 않는 것은 큰 실수라 생각한다.

앞서 계속 언급했듯, 결국 시험 출제는 교수님들께서 하신다. 출제위원들이 중요하다고 생각하는 것들이 무엇인지 알 수 있는 소중한 기회이다. 또한 평소 학기 중의 수업에서는 '수험 적합적'이지 않은 강의로 인기가 없는 교수님들께서도 특강에서는 날아다니신다. 두 학기에 걸쳐 강의를 하던 분량을 일주일 분량으로 압축하는 과정에서 교수님들의 깊이와 경험이 빛을 발한다. 정말 출제위원들이 중요하다고 생각하는 것, 출제 경험상 학생들이 잘 이해하지 못하는 것 또는 답안에 쓰기만 하면 점수로 직결되는데 많이들 누락해서 점수를 날려먹는 안타까운 것 등 정말 핵심적인 사항들만 남게 된다. 학생들에게 평소 수업이 마음에 안든다는 평을 듣는 교수님들이 특강에서는 중요한 부분들만 뽑아 쟁점들을 연결하고, 깊이 있으면서 이해도 쉽게 가르치시는 것을 보며 함께 특강을 들은 동기들과 감탄한 적이 한 두번이 아니다.

그런 이유가 아니고 그저 그 과목 공부가 많이 돼있다고 생각하는 경우에도 특강의 기회는 놓치지 말자. 자신이 많이 공부했다고 생각하는 과목이라도 분명히 부족한 부분이 있다. 본인의 생각보다 훨씬 많을 것이다. 반복학습을 통해 빈 구멍을 메워야 한다. 또한 법 공부는 양이 워낙 방대하기 때문에 앞, 뒤 단원들의 연결이 쉽지 않은데, 짧은 기간 안에 전범위를 다시 보는 특강을 통해 '구슬을 꿰는' 작업이 저절로 이루어진다.

재미있는 것은 특강 출석 현황을 보면 이미 충분히 공부를 잘하는, 합격에 전혀 문제가 없는 학생들이 주를 이룬다는 것. 우리 학교만 그런 것이 아니라 보편적인 현상으로 보인다. 특강을 오신 타 학교의 한 교수님께서 말씀하셨다.

> "저는 이 자리에 앉아계신 여러분들 모두가 변호사시험에 우수한 성적으로 합격할 것을 잘 알고 있습니다. 듣기 좋으라고 하는 말이 아니라 정말로요. 모든 로스쿨 교수들의 가장 큰 고민입니다. 특강을 들어야 할 학생들은 오지 않고, 특강이 필요없는 학생들만 출석해서 앉아있습니다. 그러므로 여러분들은 십중팔구 매우 뛰어난 학생들일 것 입니다."

이 현상이 의미하는 바에 대해 모두 한번쯤 생각해 볼 필요가 있다.

제10장

3학년 1학기

Viva! Lawschool
비바! 로스쿨

이공계 직장인의 로스쿨 생활기
퇴사부터 입시, 변호사시험까지

수험생활

　이번 학기 내 최대 목표는 6월 모의고사였다. 내겐 변호사시험 합격이 가장 중요했다. 변호사시험처럼 시간이 부족한 타임어택 시험에서는 실전 같은 연습이 중요하므로, 오직 세 번밖에 주어지지 않는 소중한 기회인 모의고사를 허투루 보낼 수 없었다. 그래서 선택법[1](내 경우는 국제거래법)도 이번 학기에 수강하면서 6월 모의고사 전까지 완벽하진 않더라도 모든 과목을 한번씩 다 볼 수 있도록 했다. 겨울방학부터 민사재판실무 공부도 하지 않고 선택형 문제에 올인한 것도 같은 이유에서이다.

　이런 부분은 자신의 진로 선택에 따라 다를 수 있다. 특히 로클럭과 검찰 임용을 준비하는 학생들이라면 3학년 1학기는 각 과정의 준비로 6월 모의고사는 생각도 못할 만큼 바쁜 시기를 보낼 것이다. 하지만 두 직종 모두 다 변호사시험 합격을 전제로 임용되므로 반드시 자신의 공부 상황에 맞는 시간을 투입해야 한다. 학기 중에는 어차피 수업을 들어야 하므로 최대한 평소 수업 시간에 변호사시험 공부를 하고, 나머지 시간을 잘 활용하는 것을 추천한다. 무리해서 한 시험에 올인하다가 두 마리 토끼를 다 놓칠 수 있다. 둘 중 한

1　정확한 용어는 "전문적 법률분야에 관한 과목"이다. 변호사시험은 민사법, 형사법, 공법 외에 국제법, 국제거래법, 노동법, 조세법, 지적재산권법, 경제법, 환경법 총 7가지 과목 중 한 과목을 선택하여 시험을 치른다.

마리만 잡는다면 반드시 잡아야 할 토끼는 변호사시험이다. 나는 그래서 토끼 한 마리만 키운다. 샤샤[2]는 너무 예쁘다.

그래서 나는 겨울 방학에 이어 객관식 위주로 공부를 해오고 있었다. 슬슬 5월이 되니 문제가 생겼다. 객관식 공부는 정말 재미없다. 너무 재미가 없어서 매일매일 책상정리도 했다. 내 책상이 역사상 가장 깔끔했던 시기이다. 재미가 없기에 진도도 더디었다. 그런데 그 느린 정도가 심각했다. 다른 친구들도 객관식 시험이 중요하다는 것을 알기에 모두 객관식 준비를 하고 있었다. 그런데 이 친구들은 하루에 50~100문제씩 슥슥 풀어나갔다. 앞에서 함께 리트 준비를 했던 내 친구도 그냥 하루에 100문제씩 풀면 되지 객관식 진도를 왜 고민하냐고 내게 핀잔을 줬다. 그 말을 듣고 충격을 받았다. 나는 하루종일 15문제가 한계였다. 잘못돼도 뭔가 단단히 잘못됐다.

객관식 지문들은 모두 암기의 대상인 것은 맞다. 하지만 그것을 그대로 옮겨 쓸 필요는 없고 주어진 선택지에서 옳고 그름만 판단하면 되기 때문에 달달 외운다기보다는 빠르게, 소위 말하는 '눈에 바르는' 공부를 해야 한다. 일단 기출문제만 하더라도 양이 터무니없이 방대하기 때문에 그렇지 않으면 도저히 시험 준비를 할 수 없다. 생각해보라. 객관식 한 문제당 지문이 다섯 개가 나오는데, 그 다섯개 지문들 하나하나가 판례들이다. 긴 판례문구들에서 한 문장을 뽑아 지문 한 개가 구성된다. 고작 10개의 문제라해도 50개의 판례가 들어있다. 그 전체의 판례를 다 보고 있으면 시간이 많이 걸리는 것이 당연하다. 게다가 나는 너무 정이 많은 남자였다. 모르는 지문 하나가 보이면 해설을 보며 해당 판례를 이해를 하고, 그것을 외우고 넘어가려 했다. 질척거렸다. 도저히 뭘 '눈에 바르'고 넘어갈 수가 없었다. 비싼 돈 주고 라섹

---

2 내가 키우는 흰색 드워프 토끼의 이름이다. 눈가에 마스카라를 칠한 것 같이 검은 털이 나있어 일명 '마스카라 토끼'로도 불린다. 세상에서 가장 예쁜 것이 특징이다.

수술을 해서 그런가. 그러면 안 된다.

친구들을 보아하니 지문을 몰라도 바로 해설 하나하나 뜯어보며 외울 생각을 하지 말고, 일단 일정 수의 문제를 정해진 시간 안에 풀었다. 죽이되든 밥이되든. 그리고나서 틀린 문제들의 지문들을 위주로 뜯어보았다. 이게 맞다. 나도 이렇게 했어야 했다.

어쨌든 당시 나는 그렇게 하지 못했다.

하루에 10~15문제씩 진도를 나가다보니 원래 계획했던 '6월 모의고사 전에 전과목 객관식 문제집 다 풀기'는 택도 없었다. 겨울방학부터 시작했지만 지금까지 한 것들은 잘쳐줘봐야 20%정도였다. 정말 심각했다. 5월인데! 발등에 불이 떨어졌다. 가장 빠르게, 문제에 정붙이지 말고 눈에 바를 수 있는 방법이 뭐가 있을까. 고민을 해봤다.

결국 인터넷 강의의 힘을 빌리기로 했다. 긴 시간의 토론 끝에 와이프님께서 긴급재정경제명령[3]을 내려주셨다. 이전까지 나는 다른 동기들에 비해 학원강의에 의존하지 않는 편이었다. 학교 수업과 교과서, 그리고 각종 방학 특강들로 충분히 많은 것을 커버할 수 있었다. 하지만 객관식은 다르다. 우리 학교에는 교수님들이 단지 학생들 눈에 발라주려는 목적으로 진행하는 수업이나 강의는 없었다(일부 로스쿨들은 학교차원에서의 객관식 특강이나 객관식 시험 과정이 있는 것으로 알려져있다). 하긴 객관식은 다들 그냥 지문 슥슥 눈에 바르면서 혼자 머리에 쑤셔넣는 과정인데 그걸 뭘 따로 강의까지 하겠나. 깊은 이해가 요구되는 것도 아닌데. 내가 생각해도 그렇다. 주변을 둘러봐도 객관식을 강의까지 듣는 동기는 거의 없었다. 나처럼 집중력이 심각하게 떨어지고 암기력이 병아리 같은 학생들은 로스쿨에 잘 없으니 그럴만 하다. 하지만 난 심각했다. 하루에 15문제씩 푸는, 나무늘보도 놀랄만한 속도. 대충 계산을

---

3 헌법 제76조. 대통령의 권한이다.

해보니 이대로라면 2030년 변호사시험을 볼 때 쯤에야 2020년까지의 기출문제를 1회독하게 생겼다! 그럴 순 없었다. 백수생활을 10년 더 할 수는 없는 노릇이다. 어쩔 수 없이 사교육의 힘을 빌려야 했다. 적어도 동영상 강의를 틀어놓으면 꾸역꾸역 진도는 뺄 수 있다. 큰 돈 나갈 생각에 가슴이 턱 막혔다.

다행히 마침 M모 학원에서 "인터넷 강의 10개 아무거나 골라잡아 ×××만원" 패키지 이벤트를 진행 중이었고, 내가 마침 이번 학기 학생회에서 활동을 하며 받은 장학금으로 얼추 충당이 가능했다. 한 문장에 '마침'이 두 번 들어갈 정도로 엄청난 행운이었다. 난 역시 운이 좋다. 그렇게 전과목 객관식 강의를 듣게 되었다. 동기들은 나를보며 "저 형 평소에는 인강 잘 듣지도 않더니, 정작 남들은 안듣는 객관식을 죄다 인강으로 돌리고 있다. 이상한 사람이다."라고 떠들어댔다. 내가봐도 이상하다. 지금 생각해봐도 굳이 그럴 필요까진 없었겠다 싶다. 뭐 인간의 모든 행동이 합리적이라면 뭐하러 변호사가 존재하겠나. 그럴 수도 있는거지.

너무 당연한 소리겠지만 객관식 강의는 강사마다 매우 다르다(그럼에도 불구하고 굳이 이 얘기를 쓰는 이유도 다른 동기들이 "객관식 강의 어때요?"하고 포괄적으로 질문하는 경우가 많았기 때문). 그저 스타일이 다른게 아니라 아예 컨텐츠 구성 자체가 다르다. 그도그럴 것이 객관식은 눈에 바르며 혼자 공부하면 되는 시험인데 뭐 강의를 할게 있겠나. 강사입장도 마찬가지다. 그러다보니 학원에서 객관식 강의를 만들라고 하니 강의를 하긴 하는데, 정해진 형식없이 다들 방식이 다양하다. 어떤 강사는 모든 변호사시험 / 모의시험 기출문제, 모든 지문을 다 읽고 중복지문은 제거하고 해설해준다. 어떤 강사는 본인 나름의 기준으로 문제를 선정해 추려서 만든 책을 다 풀어준다. 어떤 강사는 본인 나름의 기준으로 문제를 선정해 만든 책조차 다 안풀고 그 중에서도 중요해보인다 싶은 문제만 풀어준다. 그리고 지문과 그에 대한 해설에 중점을 두는 강사가 있는가 하면 어떤 강사는 세세하게 지문을 하나하나 뜯어보기 귀찮았는지 아예 큼직하게 그 문제에 출제된 '단원'에 대한 이론설명만 하고 넘어간다.

모든 강의는 다 도움이 된다. 도움이 되는 정도는 받아들이는 사람에 따라 다를 뿐. 어쨌든 나는 내 스스로 객관식 진도를 나가는 것을 포기하고 강의 진도 나가는 것으로 대체했기에 강의를 통해 소기의 목적을 달성한 셈이다.

하지만 5월이 돼서야 인터넷 강의로 '갈아탔기' 때문에 도저히 6월 모의고사 전까지 강의들을 다 볼 수가 없었다. 물리적으로 불가능했다. 대략 앞부분 25~30% 정도 강의만 수강한 채로 6월 모의고사를 보게 됐다. 혼자서 겨울방학부터 5월까지 문제를 푼 것이 앞부분 20% 정도였다는 점을 생각하면 거의 차이가 없다. 이래서 뭐든지 실행이 빨라야한다. 문제를 해결하기 위한 의사결정이라도 늦게 내려진다면 그 자체로 새로운 문제거리가 된다.

본격적인 모의고사 이야기는 뒤로 미룬다. 아직은 학기 중 이야기니까.

3월까지는 이전까지 해왔던 대로 교수저 교과서를 계속 봤다. 이제 드디어 바꿀 때가 왔다. 이제 교과서로 맥락 파악하는 것은 그만둘 때가 되었고, 빠르게 단순 반복으로 머리 속에 쑤셔 박을 시간이 온 것이다. 그리고 어차피 새 해가 되면 새 책들을 구비해야 하기 때문에 전과목별 암기장을 구입했다. 기본서로 공부를 하다가 암기장으로 '갈아타는 시기'는 사람마다 다르다. 나는 전교에서 제일 늦은 사람이었다. 2학년 2학기 정도면 다들 암기장을 보고 있고 빠른 친구들은 1학년 때부터 암기장을 들고다니는 경우도 있다. 많은 학생들이 수험을 위해서 암기장만 보는 것이 우월전략이라고들 많이 하지만 나는 오히려 수험을 위해서 1, 2학년 때까지는 교과서를 통독하는 것을 추천한다. 교과서와 관련하여 로스쿨 수험가에서는 이런 말이 떠돈다. "교과서를 본다고 다 잘하는 것은 아니지만, 잘하는 놈들은 다 교과서를 봤더라." 역시 개인차이가 있는 부분이다.

암기장 또는 핸드북은 방대한 내용을 시험문제 풀이에 필요한 내용만 남겨, 한 손으로 한 권만 달랑달랑 들고 다니며 볼 수 있게 만들어놓은 책들이다. 둔기로 사용가능한 1,200페이지짜리 교과서를 보다가 한 손에 쏙 들어오는 암기장을 보면 갑갑함이 몰려온다. 이걸로 시험 준비가 되나? 하지만 놀랍게도 시험에서 문제가 되는 내용들 대부분이 실려있다. 그도그럴 것이 시험에서 문제가 되는 내용만 실어둔 책이 암기장이니까. 다만 1, 2학년 동안 기초체력이 다져지지 않은 학생들은 이것만 들여다본다면 큰 낭패를 겪는다. 각 쟁점들간의 연결과 흐름, 법리들의 원칙 / 예외 / 예외의 예외 관계, 각 제도들의 취지 등이 몸에 익은 상태를 전제로, 외워야 할 부분만 남겨둔 것들이기 때문. 때문에 본인이 기초 체력이 부족하다 싶으신 분들은 강의나 기본서로 보충이 반드시 필요하다. 물론 암기장에 적힌 내용을 모조리 암기했다면 기초체력이고 자시고 없어도 합격은 할 수 있다. 그런데 보통은 그러질 못하니 기초체력이 중요하다.

암기장 외에도 이 시기에 학생들은 방대한 객관식 문제들의 지문만 모아서 정리해둔 수험서도 많이들 본다. 나는 안그래도 객관식은 강의에 의존해서 겨우겨우 진도나가고 있는데 이런 책들까지 볼 여력이 안됐다.

책의 선택은 각자의 공부 취향에 따라 달라야 한다. 나 같은 경우에는 완전한 문장으로 쓰여지지 않은 수험서들은 도저히 읽히지가 않아서 거의 보지 않았다. 예를 들어 문장을 O / X로 끝맺는 경우이다(이런 책들이 엄청나게 많다). 워낙 방대한 내용을 축약하려다 보니 어쩔 수 없는 선택이었겠지만, 암기장은 시험을 앞두고 슥슥 빠르게 읽으려고 보는 책인데 내겐 완전한 문장이 아니면 빠르게 읽히지가 않았기에 그 목적에 맞지 않았다. "X"가 '가능하지 않다'인지, '해당되지 않는다'인지, '없다'인지, 단순히 '아니다'는 의미인지 의미파악도 힘들다. 물론 내가 직접 암기장을 만든다 해도 그런 식으로 표기할 것이다. 내가 정리한 내용을 읽을 때에는 그렇게 축약한 것도 쉽게 읽히지만 문장 정리방식은 사람마다 다르다. 남이 줄여놓은 건 쉽게 해독하기 힘들다. 그래서 나는 되도록이면 암기장도 문장으로 서술된 책들을 선택했다. 물론 3학년이 되어 보게되는 수험서들은 상당수가 저런 식으로 축약이 되어 있어 이런 책들을 전부 피해가는 것은 거의 불가능하다. 이런 경우에는 해당 교재로 진행이 되는 강의를 함께 들었다. 나는 문장을 뉘앙스와 흐름으로 인식해서 받아들이는 스타일이라 그랬지만, 반대로 O/X로 돼있는 문장도 잘 읽고 쉽게 달달 외우는 학생들도 많다. 이런 분들이라면 저런 교재들이야말로 최고의 교재이니 각자의 선택에 따르자.

이 시기 즈음 간만에 서식지도 잠시 옮겼다. 중앙도서관에서 법학관으로 돌아왔다(뒤에 학생회 이야기에서 언급하겠지만 3학년 1학기가 시작될 시기에 법학관이 드디어 재개장했다). 법학관에서도 나는 로스쿨 열람실보다는 빈 강의실에서 공부를 했다. 나란 놈은 칸막이로 막혀있는 곳에서는 공부를 안한다. 3학년 1학기 기말고사 준비기간부터 여름방학까지 다시 법학관에 붙어있었다. 정신이 없는 기간이기도 하고 본격적으로 모의고사 준비가 시작되면서 학생들간 수험 정보교류가 많이 이루어지는 시기이므로 로스쿨생들끼리 몰려있는 것이 유리했다. 이는 부수적인 이유고 더 큰 이유는 따로 있었다.

소싯적에 도서관 밥 좀 먹었다고 자부하는 분들은 도서관 내의 암묵적인 자리 경쟁과 묵시적 지정석 문화를 알 것이다. 더군다나 이 시기에는 코로나로 인한 거리두기 덕분에 가용 좌석 수 자체가 극도로 적은 상황이었다. 그래서 도서관 오픈 시간이면 치열한 자리쟁탈전이 벌어졌다.

내가 대학을 다닐 때에는 아직 디지털화가 덜되어서 6시에 도서관이 열면, 자리를 잡기 위해 새벽 5시부터 도서관에 달려가(거나 밤을 새우다가) 줄을 서야 했다. 요즘 선진화된 大 중앙대학교는 도서관 어플로 자리를 잡는다. 언제 어디서나, 클릭 한번으로. 그러다보니 온갖 티케팅과 수강신청으로 단련된 20대 학생들이 무시무시한 클릭 실력으로 자리를 잡는다. 그렇기에 앉고 싶은 좌석의 클릭이 조금이라도 늦으면 '이미 배정된 좌석입니다' 화면이 뜨고, '확인' 버튼을 누르고, '새로고침'을 하고, 다른 빈 자리를 찾아서, 다시 클릭을 해야한다. 그때쯤이면 이미 모든 좌석이 모두 배정되어 아무데도 앉을 수가 없는 상황이 발생한다. 단 5초 안에 이 모든 일들이 벌어진다. 그래서 묵시적 지정석 문화가 더 중요해졌다.

늘 도서관에서 곰팡이처럼 서식하는 녀석들끼리, 일단 암묵적으로 선호하는 좌석이 정해지면 그 자리는 건드리지 않는다. 같은 자리를 두고 경쟁이 생기면, 저런 치열한 경쟁상황에서는 경쟁에서 진 사람은 아예 공부를 못하게 되기 때문. 당연히 그날 처음 도서관에 온 사람에게 뺏기는 경우에는 어쩔 수 없다. 그런 경우 서로 '어이구 저 양반 오늘 자리 뺏겼네. 낄낄'하며 속으로 비웃고 넘어간다. 비록 얼굴과 존재만 아는 사이이지만 놀리는건 재미있다. 서로 표정과 눈빛만으로 많은 대화가 오간다. 이런 사이를 학생들을 '얼친'이라고 하더라.

그런데 맨날 도서관에 있던, 서로 얼굴보는 사이였던 인간이 갑자기 내 선호좌석을 뺏는다면 그건 상도가 아니지 임마. 시험기간 몇 주 전부터 내 자리를 자꾸 먼저 찜하는 CPA생이 생겼다. 상법 공부하는 놈이 상도덕이 없더라. 더 화가 나는 점은 그 녀석이 항상 클릭 경쟁에서 나를 이겼다는 것. 처음엔 오기가 생겨 더 열심히 클릭했다. 몇 번은 승리했다. 하지만 결과적으로 나의 패배를 인정할 수밖에 없었다. 나는 패배를 인정하고 받아들일 줄 아는 사람이다. 아주 제대로 얻어맞았다. 아무튼 그래서 1년 반만에 다시 돌아갔다. 내 마음의 고향, 법학관 3층으로.

학생회

    이번 학기는 '기장'을 맡았다.**4** 기장이 직장인들이 생각하는 업무인 기장이 아니라 해당 기수의 장을 의미한다. 로스쿨학생들은 보통 이런 학생회 활동을 기피한다. 공부만 하기도 바쁘기 때문에 다른 일로 시간 뺏기고 귀찮은 일 만들기 싫은건 당연하다.

    나는 최고령자이기도 했기에 한번쯤은 직책을 맡아야겠다고 생각해오고 있었다("형 기장 한번 하셔야죠?!"라고 자꾸 복도에서 소리지르면서 눈치를 주는 녀석들도 있었다). 슬슬 와이프께 빌어먹고만 있는 게 눈치보이기도 했고(보통은 학생회 활동을 하면 장학금이 나온다), 직장시절 100명 규모의 팀에서 총무 일을 2년간 맡았었기에 잘 해낼 자신도 있었다. 결정적으로 선배들에게 '학교에서 3학년 기장은 공부 배려 차원에서 잘 부르지도 않는다'는 얘기를 들어서 별 부담은 없겠다 싶어서 지원을 했고 무난하게 당선됐다.

    그런데 별 부담이 없긴 개뿔. 코로나 때문에 모든 것이 바뀌었다.

---

4 보통 로스쿨 학생회는 우리에게 익숙한 고등학교 용어로보면 '전교회장단'에 해당하는 원우회장 / 부원우회장이 있고, 각 기수별로 '반장'에 가깝다고 볼 수 있는 기장 / 부기장이 있다. 평소에 하는 일은 둘 다 학생과 학교 사이의 소통창구 및 분쟁조정 그리고 학생 복지 등의 일로 업무영역이 겹치고 많은 경우 함께 움직인다. 하지만 원우회장단은 거기다가 법학전문대학원 학생협의회의 구성원으로서 전국구로 일해야 하는 경우가 생긴다.

코로나 사태가 터진 뒤 몇 개월 후 중앙도서관은 빠르게 재개장을 했다. 아무래도 중앙도서관은 대학의 핵이니까. 하지만 로스쿨 열람실의 경우 내 윗 기수였던 당시 3학년들에게만 열렸고 그 상태가 계속됐다. 그래서 더욱 기장의 할 일이 없을 것이라 생각했지. 그러다가 1월. 선배들의 변시가 끝난 뒤, 내가 기장을 맡자마자 로스쿨 열람실 재개장 논의에 들어갔다(이런 사정은 학교마다 달랐다. 로스쿨 열람실을 코로나 사태가 심각할 때에만 잠시 닫고 나머지 시기에는 정상 운영한 학교도 많았다). 임기 시작부터 다사다난했다. 행정실 측에서 원하는 '학교의 높으신 분들이 보기에 이정도면 어느 정도 방역 수칙을 지켰다고 생각하겠다' 싶은 정도의 좌석 배정과 학생들이 원하는 '많은 좌석, 최대한 많은 좌석' 사이의 갈등을 조정해야 했다. 게다가 학년 간의 좌석 수 배정 문제도 있었기에 학년 대표들끼리도 이해가 충돌했다. 결국 1학년 학생들은 한동안 '로스쿨이 있는 층[5]'이 아닌 다른 층에서 공부를 하고 2, 3학년 학생들 중 학교에서 공부할 사람들을 추린 후 좌석 간격을 최대한 넓히는 것으로 마무리했다.

여기서 잠깐, 많은 학생들이 행정실과 교수님들을 무엇이든 마음만 먹으면 내어줄 수 있는 마법상자로 여기는 경향이 있다. 금나와라 뚝딱!하는 마음으로 행정실에 이런저런 요구를 한다. 전혀 그렇지 않다. 그들도 학교라는 커다란 조직의 일부이며 (특히 돈이 들어가는 문제는) 독자적으로 함부로 의사 결정을 할 수 없고, 윗 분들의 눈치를 봐야하는 평범한 직장인이라는 사실을

---

5 중앙대학교 로스쿨은 인원이 적기 때문에 법학관 한 층에 거의 모든 열람실과 강의실이 몰려있다. 아래 한 층에도 일부 열람실과 시설이 있긴 하지만 로스쿨 전용 층은 아니다. 아무튼 그래서 뭘 하든 위 아래로 이동할 일이 없기 때문에 위치에너지 변동없이 생활할 수 있다. '나는 공부 외의 일에는 ATP를 한 톨도 사용하지 않겠다'는 학생들에게 아주 좋은 환경이다. 캠퍼스 사이즈도 아담해서 중앙도서관까지 왔다갔다 하기도 편하다. 하루하루가 근손실의 연속이었다. 행복했다.

우리는 쉽게 망각한다. 윗 분들은 또 정부의 눈치를 보아야 하고, 이 명령체계는 끝없이 위로 올라간다. 내가 본 많은 학생들과 행정실, 교수진들과의 갈등 중 상당히 많은 부분들이 학생들이 이 점을 이해하지 못하여 발생했다. 학생들이 원하는 것을 얻기 위해서는 행정실에 주장을 제시할 때 학교 차원의 관점을 반드시 고려해야 한다. 즉 우리가 요구하는 것들이 행정실의 재량권 범위(무척 좁다)를 벗어나는 경우라면 행정실 직원분들이 윗 분들에게 책잡힐 일 없도록 우리의 제안에 윗 분들이 신경쓰는 요소를 반영하거나 적어도 그들을 설득할 그럴싸한 핑계거리를 제시해주는 등의 노력을 해야한다. 학생들에게는 하늘같아보이는 행정실 직원분들은 사실 학교 조직에서 내리갈굼 최하위 단계에 위치하는 분들이다. 협상론을 공부하자! 이 점을 이해 못 하는 한, 학생들은 끝까지 학교 행정실을 아무것도 안 해주는, 소통 안되는 집단으로 여기면서 졸업하게 된다. 전임 기장이었던 동기들은 대부분 행정실, 교수님들과의 사이가 극도로 멀어진 채 임기를 마쳤다. 안타까운 일이다.

사실 학교 측에서도 로스쿨 행정실에서 열람실을 그냥 열겠다고 했어도 '오케이'하고 넘어갔을 수 있다. 뭐 그리 큰일이라고. 아마 그랬을 것이다. 하지만 이렇게 당사자들끼리 상대방의 이해관계를 파악하고, 서로 어느 정도의 양보를 하면서 접점을 찾아가는 것은 그 자체로 훌륭한 문제해결이고 우리가 사회에서 살아가는데에 있어 꼭 필요한 자세가 아닐까.

그 외에도 기장을 맡으며 여러 일을 했다. 주로 한 일은 학교측에서 벌이려는 일과 학생들 사이의 의견 조율이었고 기타 시간표 및 시험일정 조율[6],

---

[6] 나는 시간표와 시험일정조율이 별 것 아니라고 생각했는데 여기에 굉장히 예민한 학생들이 많아서 깜짝 놀랐다. 하루에 두 과목을 시험보는 경우를 '더블'이라고 명명까지 해가며 무슨 일이 있어도 피하고자 했다. 대부분 다 같이 보는 과목들이니까 형평성 문제도 없는데? 나는 이수가능한 최대학점을 꽉꽉 채워 수강하는 게 취미였기 때문에

학생들의 공부를 위해 원장님을 설득하여 전과목 최신 판례 특강을 얻어낸 일 등이 있었다.

하지만 가장 기억에 남는 것은 이런 밖으로 드러나는 일이 아니라 내부의 일이었다. 학생들 사이의 분쟁조정. 학교도 작은 사회아닌가. 특히 열람실 내의 분쟁 조율 사건이 잦았다. 이런 경우 기장이 판사이자 '원님'역을 맡아야 했다. 우리들의 작은 법정이었다. 한 가지 예를 들어보자. 당시 역시 코로나 덕분에 열람실을 필수적으로 환기시켜야 했는데 환기 시간과 빈도에 대한 상세 지침은 없었고 각 열람실별로 자율에 맡겼다(보통은 귀찮아서 그냥 하루종일 열어뒀다). 그랬더니 일부 예민한 학생들은 '문 좀 닫자. 복도 시끄럽다', 둔감한 학생들은 '그냥 귀찮은데 열어 놓고 살자' 설전을 벌였다. 결국 열람실 환기 상세 지침을 만들어 배포하는 것으로 조율됐다. 물론 대부분의 열람실들은 계속 내내 문을 열어놓고 다녔고 그 지침은 분쟁이 벌어진 열람실만 적용됐다. 그 친구들이 지침을 잘 지켰는지는 모르겠지만 이후 같은 민원은 없었다.

학생들 사이의 분쟁 조율은 이렇게 말 그대로 두 당사자 간의 다툼에서 비롯되는 경우도 있었지만 더 많은 것은 특정 사안에 대한 특정 학생의 의견 제시로 시작되는 것이었다. 주로 다수의 이해관계가 걸려있는 문제에서 자신의 이해에 맞게 일의 진행방향을 미리 조정하려는 의도로 행해진다. 보통 "내 생각에는 … "으로 시작해서 "다른 아이들도 그렇게 생각할 것 같아"로

'더블'은 매시험마다 있었고 종종 하루에 세 시험을 보는 '트리플'도 있었는데? 뭐 학점을 조금이라도 올리는 일에 목숨을 건 학생들이 워낙 많으니 이해가 아주 안가는 것은 아니다. 가치관이 다를 뿐. 들리는 얘기로는 선배들 중 시간표 및 시험일정 조율을 놓고 한 기수 전체와 교수님이 대판 싸워 사이가 틀어진 경우도 있다고 한다. 자신의 가치만 챙기려하지말고 양보와 협상의 자세가 필요하다. 무리에 속해서 살아가기 위해서는 어느 정도 둔감해질 필요가 있다. 그것을 우리는 수인한도라고 부른다.

끝나는 형식을 취한다. 의견 제시가 타당한 경우도 있지만 영 아니다 싶은 경우도 있다. 이런 경우 '모든 학생의 의견을 일단 들어주고 뭔가 대책을 취해야 할 책임'은 있는 것으로 보이지만, (모두에게 관련있는 사안에 대해 너무 자신의 이익만을 고려한 주장같이) '수용하기 힘든 의견을 독자적으로 결정하여 배척할 권한'은 딱히 위임받은 적이 없는 학생회의 애매한 위치로 인해 학생회 일의 주된 스트레스 원인이 되었다. 일을 빨리빨리 진행시켜야 하는 입장에서는 특히 골치아프다. 나는 일이 쌓여있는 꼴을 못보는 성질 급한 녀석이라 더욱 그랬다.

물론 그런 주장은 대부분 농담반 진담반인 이야기였으리라. 하지만 일단 내 귀에 접수된 민원은 어떻게 해야하나이까! 전임 기장들 중에는 이런 류의 민원들에 지쳐 퇴임 후(임기는 한 학기 단위였다) 로스쿨 열람실을 한동안 떠나 있던 이들도 있다. 잠시 견장을 달고있지만 여전히 학생사회의 일원일 수 밖에 없는 학생회의 비극이다.

나도 이런 일들에 몇 번 시달리고 난 뒤 나름의 해결책을 찾았다. 어느 정도 수 이상의 인원이 관련된 문제에 대한 민원이 제기되면 단체 카톡방을 이용해 모조리 투표에 붙인 것. 은밀히 자신의 이해에 맞게 일을 진행시키기를 바랐던 이들은 당황하게된다. '다른 학생들도 그렇게 생각할 것 같다'는 추측은 자신의 패거리에게 한정된 것으로 밝혀진다. "민주주의여 고맙다. 시민들에게 투표권을 부여하라!7"

다만 익명투표로 진행한다면 유의해야 할 사항이 있다. 투표율이 저조할 경우 오히려 해당 사안과 이해관계가 없는 인원들의 몰표로 인해 결정 후 또

---

7 존 그리샴의 걸작 "어필"에 나오는 대사. 극 중 억만장자가 1심에서 패배한 뒤 판사 선거를 돈으로 매수, 항소심에서 자신의 입 맛에 맞는 판결을 얻어내고 외치는 대사이다. 존 그리샴. 유소영 역. "어필(The Appeal)". 문학수첩. 2008

다른 민원이 폭주할 수 있다(특히 3학년이 된 학생들은 공부에 집중하느라 핸드폰을 잘 보지도 않기 때문에 필연적으로 투표율이 저조하다). 예를 들어 다음 학기에 있을 특정 강의의 시간 조정 같은 사안에서 해당 과목을 듣지도 않을 사람들만 잔뜩 투표를 하는 경우로, 이 경우 나중에 실제 수강생들이 다시 실제 수요에 맞도록 조정을 해야하는 일이 발생한다. 이런 부작용이 예상되는 사안의 경우에는 어쩔 수 없이 기명투표를 활용했다.

또 다른 학생회의 스트레스 요인으로 이미 결정된 내용대로 진행되고 있던 일에 대해 특정 학생이 '다른 식으로 다시 하면 안되냐'는 반복적인 민원을 제기하는 바람에 계속해서 반복 작업을 해야하는 경우가 있다. 아니, 비일비재했다. 설계업무를 할 때에는 어느 정도 업무가 진행이 되면 설계를 확정시켜 다음 단계 실행으로 넘어갈 수 있도록 하는 Design Freeze라는 단계가 있다. 계속 설계만 고치고 있으면 언제 제작을 한단말인가?! 하지만 학생회 일에는 그런 것이 없다. 민원이 생기면 또 검토하고 다시 처음부터 업무를 해야한다.

그 어떤 소송법 수업시간보다 학생회 일을 하면서 일사부재리의 원칙[8]과 적시제출주의[9]를 제대로 배웠다. 사실 이런 일들은 직장생활을 하면서도 숱하게 겪는 일들이다. 기껏 해놓은거 자꾸 뒤집어 엎자는 양반들, 다른 사람들은 신경도 안쓰고 자기 이익만 챙기는 인간들, 마냥 헛소리해대는 녀석들 등등. 다만 학생회 구성원이나 직장인들은 '다 좋은 인생 경험이라 생각해야지 어쩔 수 없'지만, 소송법에는 이런 민원들을 '쳐낼' 도구가 있다(판사가 대한민

---

8 판결이 확정된 사건에 대해 다시 공소제기가 허용되지 않는다는 형사소송법상의 원칙. 쉽게 말하자면 했던 일 또 하게 하지 말라는 얘기다.

9 소송의 정도에 따른 적절한 시기에 공격 또는 방어의 방법을 제출하라는 주의. 민사소송법 제146조. 쉽게 말하자면 할 말 있으면 재깍재깍 하라는 얘기다.

국 최고의 직업인 이유 중 하나인가?!). 로스쿨생들은 생활 속에서도 법과 제도의 취지를 배운다.

어쨌든 좋은 인생 경험이었다.

이 시기에 노후된 열람실 책상을 교체했다. 그다지 바뀐 것은 없지만 지리한 공부가 계속되는 이런 시기에는 작은 변화에도 즐겁기 마련이다. 신이 나서 카라얀[10]과 엘비스 프레슬리 브로마이드를 구입해 책상에 붙여놨다. 거장들과 함께하니 공부가 외롭지 않았다. 밤이 되면 엘비스의 눈이 자신을 따라다닌다고 무서워하는 학생들도 있었다. 한 친구는 "형, 왜 셀카를 붙여놨어요?"라며 너스레를 떨었다. 사회성 만점인 친구였다.

---

10 오스트리아 출신의 전설적인 지휘자. 개인적으로 카라얀과 같은 고전적인 지휘자보다는 야콥스, 헤레베헤, 아르농쿠르, 가디너 같은 원전연주 지휘자들을 더 좋아한다. 하지만 그들보다 카라얀이 훨씬 잘생겼기에 카라얀 사진을 붙였다. 잘생긴 게 최고다.

수업

이수구분	과목명	학점
전공선택	공법종합	3
전공선택	국제거래법	3
전공필수	민사모의재판	1 (P / F)
전공선택	민사법종합 2	3
전공선택	민사재판실무	3
전공선택	민사집행법	3
전공선택	형사법종합	3
	총 7과목	총 19학점

　　6월 모의고사를 준비하느라, 즉 열심히 5월에 지른 객관식 강의들을 듣느라 학교 공부는 하지 못했다. 기말고사 시작 주의 주말까지도 강의 진도를 나가다가 부랴부랴 4일 컷으로 기말고사를 치르게 됐다. 꼴찌하겠구나 싶었지만 다행인지 공부 좀 잘한다 싶은 녀석들이 전부 민사재판실무 과목에 올인을 해서 그랬는지 성적은 제일 잘나왔던 학기였다. 호랑이들이 밥 먹으러 간 사이 여우가 고기 한 점 빼돌린 셈. 운도 많이 따라 준 것 같다. 나는 어느 그룹에 속하든 딱 가성비 좋게 '잘하는 녀석들' 그룹의 마지노선을 지키는 것을 잘한다.

3학년 과목들은 대부분 '종합' 과목이다. 즉 범위가 전 범위이며 변호사시험 문제와 같은 형식으로 된 문제들을 풀어보고 첨삭을 받는 시간이다. 2년 동안 공부해온 것들을 종합하여 답안지 위에 자신의 꿈들을 마음껏 펼치면 된다. 공법종합, 민사법종합, 형사법종합 과목이 그 예이다(공법은 크게 헌법과 행정법으로, 민사법은 민법, 민사소송법, 상법으로, 형사법은 형법과 형사소송법으로 세분된다). 다만 공법종합은 사례형 연습이었고 민사법종합과 형사법종합은 기록형 연습시간이었다. 아무래도 민사, 형사 사례연습은 2년동안 많이 해왔기 때문에 기록에 집중할 수 있는 반면, 공법에 관해서는 우리의 뇌가 아직도 순진무구하기 때문이리라. 사실 공법 기록형을 다루는 수업이 따로 있긴 했지만 나는 민사집행법 수업을 듣기위해 수강하지 않았다.

3학년이 되면 모두가 자신이 얼마나 공법을 모르는지에 대해 자괴감부터 느낀다. 너무 걱정말자. 여태까지 안했으니 당연한거잖아? 모든 로스쿨 3학년들이 같은 심정이다. 그리고 상당수의 경우 변호사시험을 볼 때까지도 계속 모른다. 걱정해놓고도 계속 안했으니 당연한거잖아? 다들 민법, 형법에 치이느라 헌법과 행정법을 볼 시간을 내지 못한다. 일정 시간을 의식적으로 공법을 위해 남겨두어야 한다. 더군다나 공법은 민형사 법에 비해 딱딱한 과목이라 휘발성도 강해 반복학습이 필요하다. 수업이 있는 날만이라도 공부를 계속 해두자.

민사법종합과 형사법종합은 지난 학기에 법문서작성 수업으로 가볍게 맛만 봤던 기록형에 대한 본격적인 연습과목이었다. 일정 시간 동안 문제를 풀고 첨삭을 받고 해설강의를 듣는다. 민사법은 꾸준히 열심히 해왔기에 기록형도 별 문제가 없이 잘 해냈다. 하지만 형사법종합의 경우 교수님께 걱정된다는 얘기까지 들을 정도로 헤맸다. 그도 그럴것이 우리 동기들은 검찰 준비생들이 특출나게 많아서 지난 학기에 이미 변호사시험 형사기록형 문제들은 씹어드실 정도로 열심히 해두신 학생들이 차고 넘쳤고, 나는 지난 학기 말에 잠깐 맛본 것 말고는 형사기록형 문제를 이번 학기 수업으로 처음 연습했기 때문. 하지만 다 틀리고, 교수님께 깨지고, 눈물 한방울 흘리며 배우니 금방 금방 실력이 늘었다. 맨땅에다 헤딩하기는 종종 잔혹한 교육방법으로 비춰지지만 그만큼 빠른 방법이 없다. 더군다나 형사기록형은 변호사시험 과목들 중 가장 '테크닉'이 중요한 과목이기에 더욱 그러했다. 잘 배웠으면 됐지 뭐.

국제거래법은 지난 학기에 이어서 두 번째다. 중앙대학교는 국제거래법을 두 학기로 나누어 배운다. 국제거래법 자체가 CISG 협약과 국제사법 두 과목으로 세분되니 나누기도 편하다. 우리 동기들은 보통 3학년 1학기, 2학기에 나눠들었지만, 나는 6월 모의고사 전에 모든 과목을 다 수강하고 제대로 모의고사를 치르는게 목표였기 때문에 2학년 2학기, 3학년 1학기로 나누어들었다.

교수님께서는 실시간 ZOOM 화상강의를 통해 매번 강의마다 이름 순서대로 두 명을 정해서 수업시간에 질문을 던지셨다. 첫 질문은 "느그 이거 아니?"식의 질문으로 시작한다. 보통 대답을 못한다. 당연하다. 선택법 공부는 모두가 소홀히 하니까. 3학년 1학기라면 아예 백지상태인 학생들도 많다. 특출난 혹은 책에서 답을 빠르게 찾은 학생들은 대답을 했다. 하지만 그 학생의 똑부러지는 대답은 "왜애애애~?"로 이어지는 교수님의 두번째 질문에서 막힌다. 근접인(Proximate cause)에서 궁극인(Ultimate cause)[11]으로 차원을 높이는 수준 높은 질문이다. 우리 뇌는 인과를 사랑하고 계속되는 인과의 사슬을 이어나가길 원한다. 아이들은 끊임없는 "왜?"의 향연으로 어른들을 괴롭히고, 그것이 우리가 세상을 배우는 과정이다. 그런데 로스쿨에서 다 큰 어른

---

11 근접인은 현상을 만들어 내는 존재자들과 생리적인 과정들, 즉 현상이 '어떻게' 작동하는 지를 의미하고 궁극인은 '왜' 그런 현상이 작동하는가에 대한 원인이다. 우리가 무엇을 진정으로 이해했다고 하기 위해서는 근접인과 궁극인 모두에 대한 답을 찾아야 한다. 에드워드 O. 윌슨. 최재천 역. "통섭(Consilience)". 사이언스북스. 2005

이 된 우리들이 안그래도 모르는 선택법 과목에 대해 "왜?"를 들으면 세상에 이렇게 서러울 수가 없다. 세번째 "왜애애애~?"가 나오면 이제 그 학생은 얼굴이 홍당무가 되고 눈가가 촉촉해진다. 모두가 그 수업에서 자신이 질문 공세를 당하는 날이 돌아올까 두려워했다. 스릴넘치는 강의였다. 그 덕분에 모든 학생들이 적어도 자신의 차례가 돌아오는 날의 내용만큼은 확실하게 공부를 했다.

모의재판 과목의 경우는 말 그대로의 과목이다. 대면수업이 필수적일 수밖에 없지만 코로나로 인해 이것이 불가하여 많이 아쉬웠던 과목이다. 평소 수업시간에는 각종 소송관련 서면들을 써보는 연습을 하고, 학기말에 한 번 학교에 나와 모의재판을 진행했다. 재판 과정을 시뮬레이션 해보고, 무엇보다 법복을 입고 판사석에 앉아보는 (대부분의 학생들에게 평생 다시 없을) 기회를 제공한다는 점에서 의의가 큰 과목이다. 부드럽게 몸에 착 감기는 느낌이 좋았다. 잊지않을거다.

민사집행법은 이미 변호사시험에 출제되는 난이도의 문제는 어느 정도 준비가 된 상태였지만 나중에 변호사 업무를 수행할 때 실무적으로 필요하겠다 싶어서 수강을 결정했다. 실제로 기말고사도 민법사례에 나오는 집행법이 아니라 정말 집행법스러운 디테일한 내용을 물어보는 문제가 나왔다. 문제는 민사재판실무 시험의 전날에 기말고사가 있었다.

많은 학생들의 3학년 1학기 최대 관심 과목인 **민사재판실무**(이하 '민재실')[12] 이야기를 좀 해볼까.

혹시 해당 과목 시험을 아주 잘보길 원하는 학생들은 재빨리 페이지를 넘기길 바란다. 혹시라도 손이 미끄러져 아래 내용을 읽었으면 얼른 눈씻고

---

[12] 2학년 2학기 수업에서 언급했던 형사재판실무와 더불어 '로클럭' 임용에 관련된 과목이다.

라섹수술까지 받길 권한다.

　지난 학기 형사재판실무를 말아먹은 뒤 여러 교훈을 느꼈고 '민사재판실무는 열심히 준비해서 성적도 잘 받아봐야지'라는 계획이 있었다. 하지만 앞서 기술했듯, 겨울방학에 헌법 객관식 문제를 펼쳐보자마자 계획을 접었다. 이번 학기 유일한 목표는 '6월 모의고사 전까지 객관식 문제집 한바퀴 돌리기'가 되었다. 그래도 수업은 열심히 들었다. 그건 학생이라면 당연한거 아닌가!

　재판실무과목은 내용적으로 중요한 것들을 다루는 것은 물론이고, 사법연수원 소속 판사님들이 직접 수업을 하기 때문에 수업 자체의 퀄리티가 어느 정도 보장이 된다. 그렇기 때문에 특히 자신이 소속된 학교의 교수님들을 마음에 들지 않아 하는 학교의 학생들은 이러한 실무과목들의 수업을 선호한다. 전반적으로 민사법의 중요한 법리들을 두루 다루며 각 사안별로 판결문(과 검토보고서)을 어떻게 쓰는지를 배우는 과목이다.

　민사재판실무 수업은 교과서와 그것 중 중요한 부분을 뽑아서 만든 PPT 자료로 진행이 된다. PPT를 엮은 책도 있기 때문에 그 책에 필기를 하면 된다. 여기서 골 때리는 것은 PPT를 엮은 책에는 있지 않은, 학생들에게 제공되지 않고 수업시간에 보여주는 실제 PPT에만 있는 판례들이 있다는 것. PPT에 '링크'를 걸어놓고 수업시간에 그 부분을 클릭하셔서 슬쩍 보여주신다. 처음에는 굉장히 당황스러웠다. PPT인데 PPT책을 아무리 뒤져도 없네?! 한참 시간이 지나고 나서야 '아 일부러 제외시킨 거구나' 하는 깨달음을 얻었다. '너무 중요한 판례들은 수업시간에 집중해서 필기도 좀 해가면서 공부하렴!' 이런 깊은 뜻이 있었던 것. 우리는 이것을 '링크 판례'라고 부른다. 재판실무과목을 열심히 공부하는 학생들은 이것들을 따로 뽑아서 정리한다. 나는 귀찮아서 수업을 들으면서 최대한 필기하는 정도로 해결했다. 다행히 코로나 때문에 재판실무강의는 동영상으로 진행되었기에 일시정지를 하고 꽤 많은 내용들을 적을 수 있었다.

난 수업은 열심히 들었지만 시험 공부는 따로 안 했다. 무슨 소리냐고? 나는 겨울방학부터 기재례들 외우고, 인터넷에 돌아다니는 선배들의 찌라시 기재례 모음집이나 연수원 기록을 찾아보고, 스터디하면서 매주 검토보고서 써보고 그런걸 하나도 하지 않았다는 얘기다. 즉, 다시말하면 3학년1학기가 돼서 여러분들 주위를 둘러봤을때 공부 좀 한다 싶은 놈들은 다 저런걸 하고 있다. 거기다가 난 민사재판실무 시험 하루 전, 민사집행법 시험까지 있었다. 상대적으로 시간이 많은 2학년 학생들이 반절인 과목이어서 억지로라도 시간투자를 할 수 밖에 없었다. 난 민재실 시험 전날 "10년 이상 마약수사주사보를 한 사람도 집행관을 할 수 있다" 같은 내용을 암기하고 있었다(열심히 외웠지만 아쉽게도 이 내용은 민사집행법 시험에서 출제되지 않았다). 그래서 결국 민사재판실무에는 2.5일 밖에 투자할 수 없었다. 다른 과목들은 전부 반나절 벼락치기하고 시험장에 들어간 것을 생각하면 그래도 제일 많이 투자한 과목이다. 나도 놀랍다.

그럼 2.5일에 뭘 봤느냐. 요건사실론,[13] 모범검토보고서를 포함한 과제자료들만 봤다.

즉 기재례를 몽땅 버렸다. 변호사시험의 민사기록형 문제들을 연습하면서 익힌 문장들이 민재실에도 먹히길 물떠놓고 빌었다. 비나이다 공부법이다. 내가 봤을때 가장 가성비 넘치는 방법이다. 뜬금없는 개인적인 견해이지만 어떤 사례문제집보다 요건사실론이 더 훌륭한 교재인 듯 싶다. 서술의 체계가 잡힌다.

---

13 권리의 발생, 변경, 소멸 등의 법률효과를 발생시키기 위해 필요한 사실들을 체계적으로 정리해 둔 과목이다. 예를 들어 내가 타인이 점유 중인 부동산에 대해 소유권을 주장하기 위해서는("내꺼 내놔") a. 내가 그 부동산을 소유하게 된 사실("내껀데")과 b. 그 사람이 점유 중인 사실("니가 갖고있네?")을 증명해야 한다. 요건사실론은 권리별로 이러한 사실들을 체계화시켜 정리해 놓은 과목이다.

기재례 문장들을 손에 익히고 검토보고서 작성 시간에 생체리듬을 맞추는 것은 많은 연습이 필요할 수밖에 없다. '겨울방학때부터 그걸 해 온 애들을 이틀만에 따라가는 건 애초에 불가능하다'라는 판단이 섰다(대신 난 겨울방학때 보험법 객관식을 공부했다. 그런데 이후 6월 모의고사에서 보험법 문제를 다 틀렸다. 젠장). 민재실 시험은 크게 사례형 문제와 검토보고서 작성 문제가 있고 대략 내 기억으로는 1.2: 2 정도의 점수비중이다. 매년 다를거다, 아마. 그런데 아무리 생각해봐도 검토보고서에서 큰 차이를 단기간에 내긴 힘들다. 결국 여러분이 붙잡을 수 있는 동앗줄은 사례다. 사례시험에 이용되는 법리공부를 하면 변시 대비도 되고 일석이조다! 민법 사례 자체에는 어느 정도 자신이 있었기에, 변호사시험을 준비한다 생각하고 요건사실론과 과제의 주요판례들을 꾸역꾸역 읽어나갔다. 실무에 가까운 과목이기 때문에 1, 2학년때 배우던 민법에서 강조하던 내용들과 민재실에서 강조되는 판례들이 핀트가 조금 다르다. 그렇다. 3학년이 돼서도 새로운걸 배워야 한다. 계속.

시험은 4시간. 사례형은 1시간 30분 정도가 걸릴 것으로 예상했지만 보다 빠르게 1시간 20분만에 사례문제를 다 풀었고, 기분좋게 검토보고서로 넘어갔다. 2시간 40분이 남았다. 하지만 그래도 시간이 부족했다. 이번에도 역시 '시간 정해놓고 검토보고서 써보기' 연습을 하지 않은 것이 컸다. 아무래도 뭘 얼마나 써야되는지를 모르니 너무 세세하게 썼나보다. 젠장. 그래도 시험보기 전 한번쯤은 시간체크를 해봤어야 했는데! 그래도 지난 형사재판실무의 말도안되는 시간관리 실패로 인한 트라우마를 가지고 있었던 덕분에 최대한 빠르게 문제를 풀어내려가 마지막 문제까지 도착했다. 도착하긴 했다. 결국 마지막 변제충당[14] 문제에서 덧셈 뺄셈 계산을 하다가, 틀린 것을 발견하

---

14 쉽게말해 "내가 너한테 돈을 여러 번, 총 5억을 빌렸는데, 얼마 전에 내가 1억을 갚았잖아? 그럼 그걸 까고 내가 갚아야 할 돈은 얼마일까요?"를 계산하는 문제다. 단순해보

고 다시 계산하고 있던 중 시험이 종료됐다. 계산 얘기나와서 그냥 하는 말인데, 사회통념과 다르게 공대생들이 은근히 사칙연산을 잘 못한다. 계산기가 너무 손에 익어서 손계산하는 방법을 다 잊어버렸다. 물론 잘하는 공대생들도 많다. 그냥 내가 핑계대는거다.

그리고 시험지를 편철[15]하면서 메모지[16]에 써놨던 항변[17] 하나를 쓰지 않은 것을 확인했다. 실제 시험에서 나눠주는 큰 종이(엄청 크다. 대략 A3 정도의 사이즈이다)로 메모를 해 본 적이 없어서 제일 끄트머리에 써둔 메모까지 눈이 닿지 않은 것이다! 와! 이게 진짜 맹점이네!

안그래도 준비도 안했는데 실제 시험까지 총체적 난국이었다. 다행히 법리들과 요건사실론 공부에 집중, 사례형 문제를 잘 풀어내서 B는 피할 수 있었다. 결국 다 사례형 덕분이다.

그래서 평소에 민재실 공부를 안해서 벼락치기를 하고 있지만 B는 받기 싫은 양심없는 분들은 나처럼 해보시는 것을 추천드린다. 선택과 집중이다.

이지만 시험에서는 각 빌린 날짜와 갚아야 할 날짜, 이율을 다르게 하여 일부러 복잡하게 출제한다. 계산에 약한 학생들을 영원히 괴롭히는 문제다.

15 재판실무 시험은 풀어야 할 문제들(쟁점들)이 너무 많아, 시간에 쫓겨 답안을 써내려가다보면 쟁점의 등장순서에 상관없이 뒤죽박죽 쓰게된다. 그래서 낱장으로 된 답안지를 많이 나눠주고, 학생들은 알아서 쓰고 싶은 순서대로 답안을 쓴 뒤 최종적으로 문제 순서에 맞춰 편철하여 답안지를 제출한다.

16 변호사시험의 기록형 문제나 재판실무 과목은 실제와 비슷하게 만든 수 많은 법률 문서들을 보고 상황을 판단해 문제를 해결하는 시험이다. 따라서 시험 문제의 분량이 워낙 방대해 순간기억력으로 문제를 푸는 것이 불가능하다(가능한 학생도 있긴 할 것인데 난 아니다. 아마 여러분도 아닐 것이다). 이 때문에 메모지를 준다. 그래서 법률 문서들을 읽고 '메모하는 요령'도 배우고 익혀야 할 중요한 스킬이다.

17 상대방의 주장을 일단 인정하면서 하는 반박이다. 예를 들어 상대방의 "돈 빌린거 갚아라"는 주장에 "내가 너한테 돈 빌린건 맞는데, 뭐 10년 전 얘기를 하고 그러니?"하는 식의 반박이다.

내용적으로 중요한 과목이기에 수강이 추천되지만 일단 수강한 이상 시험도 잘 보고 싶은 욕심이 드는 것은 당연하다. 하지만 민재실은 겨울방학부터, 로스쿨에서도 가장 공부를 잘하는 학생들이 목숨걸고 공부하는 과목이다. 자신의 상황에 맞춰 투입 시간을 조절하자. 특히 기재례를 외우는데에 많은 시간을 쏟아붓는다면 한 학기를 투입하고도 변호사시험 준비는 전혀 되어있지 않은 위험한 상태가 될 수 있다. 이때문에 변호사시험 합격이 걱정되는 학생들은 재판실무과목을 수강하지 않을 것을 추천하는 교수님들도 계셨다. 하지만 강의를 따라가기만 해도 많은 것을 배울 수 있고 다 변호사시험에서도 중요한 내용들이라는 점에서 수강자체는 추천한다. 욕심만 버리면 된다. 물론 그건 매우 어려운 일이다.

여름방학

Viva! Lawschool
비바! 로스쿨

이공계 직장인의 로스쿨 생활기
퇴사부터 입시, 변호사시험까지

6월 모의고사

드디어 모의고사다. 나의 2년 반 동안의 성과를 테스트 받을 시간이다. 모의고사는 변호사시험처럼 5일 동안 진행되었다(중간의 셋째 날은 휴식일이다). 기말고사가 끝나자마자 6월 모의고사가 시작됐다. 학사 일정에 따라 2주 이상의 여유가 있는 학교들도 있다. 열심히 달려왔지만 아직 객관식 문제집을 앞부분 20~30% 정도만 본 상태였다. 그래도 나는 기록형, 선택법 등 많은 학생들이 아직 준비가 덜 된 부분까지 수업을 통해 어느 정도 배워 왔기에 6월 모의고사를 최대한 활용할 수 있었다. 6월은 커녕 8월 모의고사까지도 준비가 덜 되었다는 이유로 특정 과목을 응시하지 않는 학생들이 많다. 그러지 말자. 변호사시험 전, 단 세 번 주어지는 소중한 기회이다. 모두 응시해서 최선을 다해 끝까지 써보자.

내가 모의고사에서 가장 중점을 두고 싶었던 것은 시간관리였다. 이미 시간관리를 못해서 큰 시험을 말아먹은 전적이 있는터라 몹시 두려웠다. 그래서 모든 문제를 잘 아는 문제든, 아리까리한 문제든 가리지 않고 최고 스피드로 풀었다. 풍부한 답안지와 깊은 생각은 엿바꿔 먹었다. 뒷문제를 통으로 날려먹는 것보다는 낫다. 문장은 최대한 짧게, 사고는 최대한 빠르게. 다행히 거의 모든 과목에서 시간을 많이 남긴 채로 완주할 수 있었다. 민사 기록형의 경우에는 변호사시험과 비교해서 너무 쉽게 출제가 되어 45분이 남아버렸다. 객관식 시험은 1, 2, 4일차의 오전에 배치되어 있는데 각각 대략 25분이 남았다. 덕분에 한숨 자면서 체력을 충전할 수 있었다. 이 정도 속도로 문제를 풀어나가면 모의고사보다 훨씬 난이도가 높은 변호사시험에서도 문제를 끝까지 풀지 못하는 불상사는 벌어지지 않을 것이라는 자신감이 생겼다.

첫 모의고사다보니 이런저런 시험 중의 에피소드들도 있었다.

시험 첫 날이었다. 각 시험시작 30분 전에 모든 학생들이 입실 후 시험감독관의 지시에 따라 공부하던 자료를 모두 가방에 넣어 제출해야 한다. 하지만 그보다 늦게까지 시험장 밖에서 공부를 하다가 들어오고, 심지어 들어와서도 계속 공부를 하는 학생들이 있었다. 다른 학생들은 감독관의 지시에 따라 책을 다 제출하고 대기중이었는데도! 감독관이 책을 집어넣으라고 말하는 그 순간, 고사장 안에 있지 않음으로써 제재를 비껴간 것이었다.[1] 물론 그 학생들이 의도적으로 감독관의 지시를 피해 시험 직전에 조금이라도 더 공부하기 위해 늦게 입실한 것이 아닐 수도 있다. 그저 몰랐을지도 모른다. 하지만 시험의 핵심은 공정성이고 그 전제로 모두가 같은 조건에서 시험을 보아야 한다는 것은 당연하다. 더군다나 시험 직전의 공부는 시험결과에 엄청난 영향을 미칠 수 있다. 이러한 조건이 동등하지 않다면 시험 점수로 등수를 매기는 것이 무슨 의미가 있는가? 그것이 규칙에 명시적으로 쓰여져 있지 않다거나 시험감독 자원의 한계로 그런 행위를 모두 제재하는 것이 힘들다 할지라도 시험이라면 당연한 것이다. 결국 시험이 끝나자마자 이러한 학생들의 행위에 대한 민원이 폭주했고, 당시 기장이었던 나는 이것이 왜 잘못된 행동인지 설명해주는 공지를 하고, 행정실 직원분들에게 시험 30분 전 공부자료 미제출 행위에 대한 엄중한 감독을 요청할 수밖에 없었다. 그 다음부터는 이

---

1 실제 변호사시험에서는 복도에도 감독관들이 상주하기 때문에 이런 행위들이 방지된다. 하지만 학교시험이나 모의고사에서는 인력이 한정적이기에 빈틈이 생긴다.

런 일이 발생하지 않은 것을 보아하니 학생들이 나쁜 의도로 그런 행동을 한 것은 아닌 것 같다. 문제가 있으면 해결하면 된다.

시험기간의 식사는 모두에게 중요한 이슈다. 일주일 내내 시험을 보기 때문에 중간에 하루라도 탈이 나는 일은 절대 피해야 한다. 그래서 보통 가벼운 도시락이나 죽을 먹는다. 나는 빵을 선택했다. 나는 식곤증이 심한 체질이다. 밥을 제대로 챙겨먹으면 뒷목에서 열이 뜨끈뜨끈 올라와 졸음이 오기 시작하고, 반수면상태에 빠진다. 그래서 모의고사 기간 중에는 점심으로 교내 빵집에서 피자빵과 주스를 먹었다. 최대한 가볍게.

내가 입학 직후부터 끊임없이 여기저기 자랑하고 다닌 것이 있다. 중앙대학교는 급식이 굉장히 잘 나온다. 싸고 맛있다. 여태까지 대학교와 회사에서 비싸고 맛없는 급식만 겪어오다보니 로스쿨에 입학하여 처음 2,500원짜리 맛있는 급식을 먹었을 때 감동의 눈물이 질질 흘렀다. 물론 학부를 중앙대학교에서 나온 아이들은 지겹다고 투정을 부렸지만. 어쨌든 나는 3년 내내 급식을 사랑했다.

6월 모의고사 3일차, 쉬는 날이었다. 이틀 내내 피자빵만 먹었더니 입만 벌려도 입에서 소세지가 나올 것 같았다. 간만에 급식을 먹으러 갔다. 이 날은 쉬는 날이니까 조금은 즐겨도 괜찮겠지. 하필 이날은 물냉면이 나왔다. 나는 냉면 매니아다. 방금 전에도 간식으로 둥지냉면을 하나 끓여먹었다. 도저히 피할 수 없었다. 더군다나 냉면은 시원하니 열도 덜 올라서 오후에 공부하기도 좋겠다는 생각이 들었다. 역시나 맛있었다. 끝내주는 국물이었다. 역시 중앙대학교다. 평생 다니고 싶었다. 깨끗히 싹싹 긁어먹었다.

그리고 심하게 체했다. 머리가 아프고 속은 더부룩해서 더 이상 공부를 할 수가 없었다. 버티다버티다 도저히 안되겠다 싶어서 오후 내내 공부를 하나도 못하고 집에서 쉬었다. 같은 날 같이 먹은 동기녀석은 밤에 응급실까지 다녀왔다고 한다. 뭔가 냉면에 문제가 있었던 것 같다. 결국 다음날이었던 민사법 객관식 시험 대비 벼락치기를 하지 못한 채 시험을 보게됐다.

그러니 적어도 변호사시험, 모의고사 기간에는 밥을 잘 먹지 말고 안전하게 먹자. 피자빵이 최고다.

시험이 끝난 후 모두가 패닉에 빠졌다. 자신의 부족한 점을 너무나도 적나라하게 느꼈기 때문이다. 특히 객관식 문제는 그 정도가 심해서 정답을 확신하고 푼 문제가 하나도 없었다. 이전까지는 주40시간 공부법을 택하고 있었지만 6월 모의고사가 끝난 이후부터는 다시 밤10시 퇴근으로 학교에 머무는 시간을 늘렸다. 교수님들이 손으로 채점을 하느라 결과가 나오기까지 오랜 시간이 걸리는 사례형, 기록형 시험의 경우 그 결과의 대강을 유추할 수밖에 없지만 객관식은 시험이 끝난 직후 답이 바로 공개가 된다. 채점을 해보니 객관식 성적은 100개를 넘겨(객관식은 총 150문제다) 6월 모의고사치고는 쓸만한 성적이었다.[2] 놀라웠다. 나는 분명히 제대로 알고 푼 문제가 없는것 같은데도 꽤 많이 맞네? 객관식 시험 설계상 원래 그렇다는걸 알게 된 것은 한참 후의 일이었다.

6월 모의고사 이후에는 다시 일상으로 복귀, 못다한 객관식 인강을 계속 들었다. 8월 모의고사 전까지 다 듣는 것이 목표였다. 하지만 8월 모의고사는 이름이 8월 모의고사지만 8월 초부터 바로 시작하기 때문에 6월 모의고사

---

2 주관식인 사례형과 기록형 시험의 경우에는 표준점수로 환산되어 거의 대부분의 학생들의 점수가 평균점에 몰려있게 된다. 그렇기 때문에 변호사시험이 끝나면 '사례형, 기록형에서 평균점을 받았다는 전제하에 객관식 150문제 중 몇 개를 맞으면 합격인가?'에 대한 예측이 있게되고 이는 꽤 정확하다. 초기 기수의 경우에는 매우 적은 개수로도 합격할 수 있었지만 재수생들의 증가와 학생들의 경쟁심화로 인해 커트라인이 점점 높아져왔다. 그러다 재수생들의 수가 어느 정도 고정되기 시작한 8회 변호사시험부터 안정화되어 합격 커트라인은 대략 100개 수준으로 수렴되었다.

이후 준비기간은 한 달이 전부였다. 학생들은 "이게 사실상 7모지 뭐가 8모냐!"라고 외치며 공포에 떨었다. 물론 나는 이때까지도 객관식 인터넷 강의를 다 못들었다. 대략 70%를 완료했다.

8월 모의고사 직전, 6월 모의고사 성적이 발표됐다. 생각보다 잘나왔다. 변호사시험 합격 커트라인이 현재 표준점수로 대략 900점 정도인데 6월에 이미 원점수로 1000점을 넘겼다. 등수를 보니 더 끝내줬다. 총점은 물론, 많은 학생들이 응시하지 않은 선택법을 제외하더라도 최상위권이었다. 내신은 '어느 정도 상위권'이었던 내가 모의고사에서는 최상위권으로 등극했다. 하긴 내신 준비는 제대로 한 적이 없었으니 당연하다.

덕분에 애초에 변호사시험 합격이 목표였지 상위권으로 합격이 목표가 아니었던 나는 긴장이 풀어져버렸다. 양심상 계속 밤10시 퇴근을 하긴 했지만 이때부터 열람실에 실제로 앉아있는 시간은 현격히 줄었다. 나는 이제 공부를 대충해도 되겠다는 생각이 들어 기뻤지만, 모두가 그럴 수는 없다. 학생들간의 희비가 심하게 교차했던 시기다. 아직까지 기장을 맡고있던 나는 모의고사 성적에 신나서 복도에서 방방 뛰던 학생들에게 눈치 좀 챙기라고 눈치주고 다니는게 일이었다. 같은 이유에서 나도 이 시기부터 블로그 업로드를 그만뒀다. 전국 단위의 시험이기에 함부로 잘봤다며 자랑하기 껄끄러웠고, 하루종일 '이제 공부 더 안해도 되겠다'는 생각을 하고 살았기 때문에 블로그에 글을 썼다면 이러한 생각을 은연중에라도 드러내지 않을 수가 없었을 것이다. 법조계는 좁은 사회인데 그딴 소리를 그 시기에 인터넷에 올렸다가는 전국 11기 로스쿨생들 및 재수생들한테 처죽일 놈으로 낙인찍힐 게 뻔했다. 나는 남의 마음을 배려할 줄 아는 착한 사람이다.

왜 그렇게 다들 난리인가? 모의고사 성적은 단순한 '모의'고사 이상의 성격을 갖는다. 대부분의 로스쿨은 6월, 8월, 10월 모의고사를 졸업시험으로 정하여 일정 점수를 넘어야 졸업이 가능토록 한다. 그런데 중앙대학교의 경우 그 요구되는 '일정 점수'가 실제 변호사시험 합격 점수에 육박했다. 때문에 절반에 가까운 학생들이 6월에 졸업요건을 통과하지 못한다. 통과하지 못한 학생들은 성적이 좀 낮은 것과는 차원이 다른 걱정을 할 수 밖에 없었다. 대부분의 로스쿨생들은 살면서 수많은 시험을 봐오며 '1등이냐 아니냐'를 걱정했지 '통과여부'는 생각해본 적조차 없는 학생들이다. 거기다 6월 모의고사 성적이 변호사시험까지 간다는 수험가의 통념도 한몫했다. 성적이 안나온 학생들은 이제 '변호사시험은커녕 졸업도 못하면 어떻게 하지?'하는 공포감에 휩싸이게 된다. 이 시기에 남몰래 울던 학생들을 많이 위로해주었다. 동기들에게 학업코칭(a.k.a. 훈수)도 많이 진행해주었다. 그나마 다행인 것은 중앙대학교 로스쿨의 경우 10월 모의고사까지 졸업가능점수를 넘기지 못하였더라도 학교 차원에서 졸업시험을 따로 마련해주어, 졸업할 수 있는 기회를 준다. 그래서 결국 거의 대부분의 학생이 졸업을 하게 된다. 이런 비상구제절차 없이 10월 모의고사 때까지 실력을 키우지 못하면 얄짤없이 졸업을 안 시켜주는 무시무시한 로스쿨들도 있는 것으로 알고 있다.

8월 모의고사

별 사건이 없었다. 시험이 어떻게 굴러가는지는 6월에 이미 대충 파악했다. 6월 모의고사 첫 날과 같은 문제는 발생하지 않았다. 그리고 다들 6월 이후 딱히 공부를 많이 하지도 못했다. 그럴 시간 자체가 없었으니까. 별 사건 없이 넘어갔다.

8월 모의고사부터 나는 중간 쉬는 날에도, 점심뿐 아니라 저녁에도 피자빵만 먹었다. 민사 기록형에서 큰 실수를 하는 바람에 큰 점수를 날려 성적은 소폭 하락했다. 하지만 전반적인 점수는 비슷했고 등수도 비슷했다. 6월 이후 8월 모의고사까지 내내 가장 중점적으로 한 것들은 객관식 인강 시청이었는데 객관식 성적이 2개 밖에 오르지 않아 '지금 내가 맞게 하고 있는 것인가, 객관식이 원래 이런 것인가'하는 의문이 들었던 시기였다.

두 모의고사들을 제외하고 방학의 남은 시간들은 각종 특강들과 첨삭 수업으로 채워졌다. 지난 방학과 마찬가지였다. 이 시기에 있었던 특강에서 처음으로 공법 기록형 문제를 어떻게 풀어야되는지 배울 수 있었다. 1학기에 공법 기록형을 다룬 수업이 있긴 했지만 나는 민사집행법 수업을 수강하느라 학점이 부족해 듣지 못했기 때문. 덕분에 6월 모의고사까지는 공법 기록형을 아무것도 모르는 채로 시험을 치를 수밖에 없었다. 그런데도 공법 기록형 성적이 어느 정도 잘 나온걸 보니 수업을 들은 친구들도 다들 잘 몰랐나 보다.

205

하긴, 공법이 원래 그렇다. 다들 민사법 공부에 치이다보니 공법에는 소홀하기 마련이다.

또 특강 덕분에 내가 좋아하던 상법 교과서를 쓴 교수님께 교과서 앞면에 싸인도 받았다! 너무 즐거웠다. 가보로 물려줘야지. 수업이 끝나고 내가 싸인을 받아오는 것을 본 어떤 아이는 너무 부러웠던 나머지 그 교수님이 쓴 책도 아닌 자신이 공부하던 수험서를 들고나가 싸인을 받았다. 허허 엉큼한 녀석.

겉으로 바뀐 것은 없었다. 하지만 모의고사 성적에 따라 학생들 사이에 보이지 않는 절망과 좌절이 퍼져나갔다. 덕분에 분위기가 묘하게 바뀌었다. 천국과 지옥, 그 사이에 있는 불행한 영혼들의 칵테일. 이번 해의 변호사시험 응시를 포기하고 휴학을 하는 친구들이 생기기 시작했고 복도에서 모의고사 이야기를 하지 않는다는 암묵적인 룰이 생겼다. 워낙 예민한 학생들이 많은 집단이다보니 이런 걸 챙기는 것도 학생회의 일이었다.

마지막 학기

Viva! Lawschool
비바! 로스쿨

이공계 직장인의 로스쿨 생활기
퇴사부터 입시, 변호사시험까지

10월 모의고사

3학년 2학기 중간고사 시즌에는 10월 모의고사가 있다.

이때쯤에는 나도 드디어 객관식 강의를 다 들었다. 드디어! 이제서야 비로소 처음부터 끝까지 '어떤 문제들이 어떤 식으로 나왔구나!'를 파악하게 된 것이다. 8월 모의고사를 볼 때까지만 해도 각 과목의 중반 이후에 해당하는 단원들은 어떤 객관식 문제들이 나왔는지 알지도 못한 채로 시험을 보았다. 단원 순서대로 정리된 객관식 문제집을 보는 사람의 문제점이다. 진도를 전부 다 나가지 않는다면 뒷부분을 모르게 된다. 반면 회차별로 돼있는 문제집을 고른 학생들은 문제집을 다 풀지 않아도 앞단원과 뒷단원을 두루 공부하게 된다. 실제 시험보는 느낌대로 풀어보기도 용이하다. 각자 장단점이 있다. 단원별로 정리된 문제집의 경우 같은 단원에서 출제된 문제들을 모아두었기에 자주 출제되는 테마를 한눈에 파악할 수 있고, 재활용되는 지문들을 파악하기가 수월하다는 장점이 있다. 나는 객관식을 인터넷 강의로 공부했기에 교재도 강의에 맞춰서 구입했고 전부 단원별 문제집이었다.

10월 모의고사 자체는 역시 별일 없이 지나갔다. 이때에도 여전히 피자 빵을 먹었다. 이쯤되니 정말 너무 질려서 변호사시험 때에도 내가 이걸 먹을 수 있을까 살짝 고민도 했다. 하지만 고민할 이유가 없어졌다. 이후 12월, 변호사시험이 코앞이던 때에 내가 맨날 가던 교내 빵집이 없어진 것! 이런.

5일간 계속되는 변호사시험은 사소한 컨디션도 중요한 변수가 되기 때문에 먹는 것도 미리 익숙해져야 한다. 그래서 모의고사 때부터 계속 같은 음식(피자빵)을 정해서 먹는 훈련을 해왔던 것인데 계획이 물거품이 돼버렸다. 젠장. 사는게 다 그렇지 뭐.

모의고사 점수는 많이 올랐다. 객관식도 150개 중 128개를 맞췄다. 주관식인 사례형과 기록형도 점수가 많이 올랐지만 교수님들께서 학생들의 졸업을 위해 일부러 후하게 점수를 주셨다는 의심이 강하게 들었다. 점수가 많이 올랐지만 등수는 그대로였거든. 덕분에 많은 학생들이 비상구제절차를 거칠 필요없이 졸업을 할 수 있었다. 좋은 게 좋은거지 뭐.

신기하게도 6, 8, 10월 모의고사를 거치며 점수는 우상향이었지만 등수는 거의 변동하지 않았다. 이래서 6월 등수가 변호사시험까지 간다는 통념이 생겼구나, 모의고사와 변호사시험의 시험 설계가 생각보다 훨씬 치밀하게 돼있구나 싶었다. 그동안 공부를 하면서 시험을 치르기 위해 공부해야 하는 방대한 양에 비해 측정 기준이 되는 문제의 수가 너무 적은 것이 아닌가 우려했던 적이 몇 번 있었다. 전범위가 완벽한 사람은 없고, 각자 자신이 약한 부분과 강한 부분이 있을텐데 문제 수가 적으면 그 방대한 범위 중 어느 파트에서 문제가 출제 되느냐에 따라 매번 성적의 변동이 클 것으로 생각됐다. 그런데도 매 시험마다 신기하게 점수가 큰 폭으로 변해도 학생들의 등수는 거의 변화가 없었다. 몇 번의 불의의 타격을 가하는 문제가 나왔음에도 불구하고 말이다.

이것은 학생들이 약한 부분과 강한 부분이 거의 비슷하고, 출제진들은 되도록 전 범위에서 고르게 문제를 출제하도록 노력하며, 어느 파트에서 문제가 출제되더라도 학생들이 단순히 그 파트의 내용에 대해 암기하고 있는지 여부 뿐만 아니라 학생들의 진짜 실력이라 볼 수 있는 '논리적 문제해결능력'

자체를 테스트할 수 있도록 문제 설계 및 점수 배분이 되어있다는 얘기다. 실력이 좋은 학생이라면 잘 모르는 파트에서 모르는 판례가 출제되더라도 자신이 가지고 있는 문제해결능력을 활용해 문제를 '풀어내면' 그 풀이과정에서 충분히 점수를 받아 상대적으로 좋은 점수를 받을 수 있다. 이런 점수들이 한문제 한문제에서 축적되어 전체 시험에서 등수차이가 그대로 유지된다. 이것이 시험 출제 경험이 있는 교수님들이 항상 강조하시는 "니네가 모르면 남들도 다 모르니 꿋꿋이 문제를 풀어나가면 된다"에 담긴 실질적 의미리라.

물론 바로 그와 같은 이유에서 6월 모의고사에서부터 성적이 안좋은 학생들은 변호사시험 때까지 끊임없는 두려움 속에서 힘든 수험생활을 이어나가야 한다. 희망이 보이질 않고 개선될 여지도 없어 보인다. 이런 경우 로스쿨 생활을 악몽으로 기억할 수밖에 없다. 하지만 반대로 생각한다면, 남은 기간동안 제자리에서 겉돌고 있는 경쟁자들에 비해 상대적인 실력을 조금이라도 올릴 수 있다면 바로 안정적인 합격의 길로 들어설 수 있다. 희망을 갖고 실력을 키울 수 있는 공부를 하자.

이수구분	과목명	학점
전공선택	변호사실무-민사법	3
전공선택	변호사실무-형사법	3
전공선택	변호사실무-공법	3
전공선택	토지공법	3
전공선택	기업구조와 법	3
전공선택	리걸클리닉	3
	총 6과목	총 18학점

　　마지막 학기이니만큼 변호사시험과 직결되는 수업을 수강했다. 한 과목을 더 들을 수 있는 학점이 남아있었기에 선택과목을 하나 더 수강할까 했는데 들을 만한 과목은 전부 개설되지 않거나 다른 과목과 시간이 겹쳤다. 덕분에 아쉽게도 120학점으로 졸업할 수 있었지만 결국 117학점으로 3년을 마무리했다.

　　변호사실무 시리즈들은 모두 사례형 / 기록형 연습과목들이었다. 변호사시험과 모의시험 기출문제들을 풀어보고 첨삭받고 해설강의를 듣는 연습과목들이다. 이전 학기의 종합과목들과 대동소이하다. 딱히 재미있을 내용은 없다. 다만 공법의 경우 신임교수님께서 담당하셨는데 학기 중반 정도가 지나고 코로나가 어느 정도 소강상태였을 때에는 선착순으로 지원을 받아 반(?) 대면강의를 진행하기도 하시는 등의 열정을 보여주셨다. 이미 특강들은 대면으로 진행돼왔던 터라 정규수업만 비대면으로 진행할 이유가 없었던 상황이었지만 실제로 그 생각을 실행에 옮긴 것은 신임교수님뿐이었다. 감동적이었다. 모든 조직에 지속적으로 새로운 피 수혈이 필요한 이유다.

토지공법은 토지보상법을 중심으로 한 행정법 각론에 대한 연습시간이었다. 행정법을 두 학기에 나눠 배웠음에도 행정법 각론 파트는 정규 수업시간에 다루지 않았기에 학습에 꼭 필요한 내용이었다. 같은 이유에서 꽤 많은 학생들에게 행정법 각론은 메워지지 않는 빈 구멍으로 남아 변호사시험이 끝나는 날까지 이들을 괴롭히는 파트가 된다. 많은 학생들이 필수 과목이 아니라면 변호사시험에 도움이 되지 않는다고 생각하여(따로 공부하겠다고 다짐하고는) 학교수업을 수강하지 않는 경향이 있다. 하지만 수업을 듣지 않은 파트를 자신이 수업을 듣는 학생들만큼 공부해서 채워넣을 수 있을 것인지 잘 생각해보고 결정을 내려야한다. 안 그래도 행정법은 상대적으로 시간을 덜 쏟게 되는 과목인데 빈 구멍까지 나있으면 시험을 앞두고 큰 낭패를 볼 수 있다. 해당 수업은 고작 4명의 인원이 수강했다. 담당교수님께서 학생들에게 호랑이 선생님으로 소문난 교수님이셔서 학생들이 더 기피하는 경향이 있던 것같다. 하지만 내가 보았을 때 해당 교수님께서 학생들을 이유없이 혼내는 경우는 전혀 없었으며 학생들이 무서워하는 그 교수님의 모습은 오히려 그 교수님의 깊은 애정 때문이었다. 좋은 말만 듣고 살 수는 없다. 더군다나 그 쓴소리가 나에게 도움이 된다면 달갑게 받아들일 줄도 알아야 한다.

기업구조와 법은 상법 총정리이다. 상법의 핵이되는 회사법은 물론, 학생들이 약한 상행위법, 상법총론, 어음수표법까지 두루 다뤄주시는 과목이다. 3학년의 수업은 실전 문제풀이 위주의 연습 수업이 대부분이지만 상법은 학생들이 상대적으로 공부를 덜 하게 되는 과목이기에 이론설명과 문제풀이를 모두 해주셨다. 중앙대학교 로스쿨의 경우 어음수표법 정규수업이 없기 때문에 이 과목을 대부분의 학생들이 이수한다. 거의 준필수과목인 셈. 11회 변호사 시험에 어음수표법이 꽤 큰 문제로 나왔기에 이 수업이 없었다면 대다수의 동기들이 넉아웃 됐을 것이다. 감사합니다.

변호사시험

Viva! Lawschool
비바! 로스쿨

이공계 직장인의 로스쿨 생활기
퇴사부터 입시, 변호사시험까지

시험일기

3학년 2학기 기말고사가 끝남과 동시에 '이제 진짜 끝이다'하는 생각이 내 머리를 마구 두들겨댔다. 내 좋았던 3년간의 마지막 학창시절이 다 끝났다. 아디오스.

시험 한 달 전부터는 기숙사를 신청해 들어갔다. 변호사시험 기간에만 기숙사를 이용할 수도 있었지만 그 경우에는 시험 하루 전날(!)에 입관을 해야 했다. 가성비만을 생각한다면 괜찮은 선택이겠지만 시험 전날에는 마음의 여유도 없고 공부할 시간도 없는데 입관절차를 밟고 침구류와 생활용품들을 옮기고 있을 수는 없을 것 같기에 아예 한 달 전부터 입관을 했다(기숙사에는 침대만 있고 이불과 베개가 없다). 사실 집이 걸어서 15분 거리라 굳이 기숙사에 들어갈 필요는 없었다. 그런데 '이때 아니면 내가 언제 기숙사 살아보겠나?'하는 생각으로 신이나서 신청을 했지. 난생처음 해보는 기숙사 생활이다. 군대 막사 빼고는. 출장가는 기분이었다(나는 직장시절에도 출장을 좋아했다. 지금 생각해보면 그냥 호텔에서 자는 걸 좋아했던 것 같다. 아니면 건설사는 수년간의 해외 부임이 잦은데 그에 비하면 며칠짜리 출장은 말 그대로 잠깐의 여행처럼 느껴지기에 상대적으로 좋게 생각했을지도 모른다). 다이소에서 온갖 생활용품을 다 사서 방을 꾸미느라 이틀은 쏟아부었다. 신나게 들어가놓고 정작 몇 번 잠도 안자긴 했지만 그때는 재미있었다. 다해봤자 일주일도 안묵었던 것 같다. 기숙사 생활이 불편할지도 모른다고 생각했지만 한 층을 로스쿨 학생들만 쓰기에, 더군

217

다나 코로나로 전원 1인 1실을 이용했기 때문에 쾌적한 생활을 할 수 있었다. 밤마다 과자와 컵라면을 사서 홀로 야식파티를 벌였다. 별건 아니지만 이렇게 인생의 소소한 재미 아니겠는가. 나는 사소한 것에서 행복을 찾는 사람이다. 물론 이런 것들은 며칠하면 더이상 재미가 없기에 재미있을 만큼만 놀고 거의 대부분의 밤은 집에서 잤다.

이 시기에 공부가 잘 될리 만무했다. 6월부터 공부를 안해도 합격에는 지장없다는 생각을 하고 있었으니 당연하다. 거기다가 줄 글이 아닌 압축된 암기장의 문장들은 정말 눈에 들어오지 않는다. 한 페이지 읽고 딴짓하고 한 페이지 읽고 딴짓하고의 반복이었다. 하루종일 책을 붙들고 10페이지를 넘기기가 힘들었다. 시험 직전에 보는 공부보다 시험에 더 효과적인 것은 없지만 그걸 알면서도 정신이 흐트러진다. 훌륭한 학생들은 이 시기에 엄청난 집중력으로 빠르게 실력을 쌓는다. 선배들의 말로는 10월 모의고사 이후 2~3개월의 시간 동안 전과목 4~5회독이라는 놀라운 기적을 행하며 아무도 예상치 못했던 합격을 하는 학생들이 많다고 한다. 물론 그 수치가 객관적으로 많지는 않겠지만 분명히 그런 사람들이 존재한다. 훌륭한 사람들이고 위기에 강한 인재들이다. 물론 '그런 사람이 존재한다'와 '너도 할 수 있다'는 조금 다른 문제다.

나는 전혀 위기의식을 못느끼고 있었다. 내 유일한 위기의식은 이제 행복한 학창시절이 다 끝났다는 것이었지 공부가 아니었다. 결국 지난번에 결제해두었던 "10개 강의 이용 패키지"가 남은 것을 발견, 과목별 '파이널 강의'를 수강했다. 오직 공부 진도를 나가기 위해서. 파이널 강의는 시험 전 마지막으로 각 과목을 빠르게 1~2주만에 훑어주는, 말그대로 벼락치기 강의들이다. 중요한 부분 위주로 빠르게 강제적으로 한바퀴 돌리고 싶을 때 유용하다. 요즘은 더 나아가 그 중에서도 더 핵심적으로 중요부분만 추려서 시험 직전에 한 번 더 듣는 '파이널 오브 파이널 강의'까지 나온다고 한다. 이러다가 내년쯤이면 시험장가는 버스 안에서! 아침에 시험장 화장실에서! 듣는 '얼티밋플래티넘파이널 강의'가 나올지도 모른다. 무서운 세상이다.

이때의 나는 내 스스로의 의지로 책장을 넘기는 것조차 할 수 없었기에 강제적으로 진도를 나가려는 목적으로 말그대로 강의를 틀어놓고 쳐다만봤다. 그리고 복습도 하기 귀찮아서 강의를 한번씩 더 들었다. 듣고나니 이거 꽤 괜찮은 방법이다 싶더라. 복습을 하지 않고 최대한 빠르게 전범위를 훑으면 앞뒤 단원의 연계가 저절로 이루어진다. 그리고 복습 대신 한번 더 강의를 들으면 그 연결이 더욱 강화된다. 구체적으로 기억나는 것은 별로 없더라도 그 강화된 연결 자체가 시험장에서 써먹을 문제해결의 논리 흐름이 된다. 물론 수업시간에 집중하여 이해를 충분히 하면서 듣는다는 전제하에서.

아무튼 그렇게 중앙도서관에서 하루 종일 강의만 들여다보고 있으면서 시험 전 마지막 시간을 보냈다.

시험 당일.

집에서 출발하여 학교에 도착했다. 기껏 기숙사 신청해놓고!(나중에 와이프님께 돈 아깝다고 구박을 받았다) 시험보는 것 자체는 무섭지 않았지만 혹시나 '시험 전날 너무 긴장해서 잠을 못자고 뒤척이다 늦게 잠들어 너무 피곤해 아침에 제시간에 못 일어날 가능성'이 너무 무서웠기에 집에서 잤다. 나는 한번 잠이 들면 일정 시간 숙면을 취하지 않는 이상 두들겨 패도 일어나지 않는다(실제로 코고는 소리 때문에 많이 두들겨 맞는다. 하지만 절대로 일어나지 않는다). 알람 따위 내 꿈의 감미로운 배경음악일 뿐이다. 다행히 잠도 잘 잤고 제시간에도 재깍재깍 일어났다. 나는 머리를 써야 할 시험이 있는 때에는 무조건 7시간 이상을 잔다. 머리가 나쁘기 때문. 암기 위주인 시험의 경우에는 밤을 샌다. 역시 머리가 나쁘기 때문. 변호사시험은 전자다. 충분한 잠은 필수적이다.

　변호사시험의 시험 시작은 오전 10시. 입실은 그보다 40분 전인 9시 20분이다. 6시 반에 일어나 7시 15분쯤 준비를 마치고 8시쯤 학교에 도착하여 담배를 한 대 태운 후 8시 20분 쯤 입실을 했다. 시험장 문이 열리는 시간이 그 즈음이다. 당시 세면도구를 전부 기숙사에 가져다 둔 상태였기 때문에 헤어스프레이를 하지 못했다. 덕분에 열심히 올려 세운 머리는 마을버스를 타자마자 중력에 굴복했고, 머리가 젖은 미역마냥 흐늘거려 하루종일 심기가 불편했다. 이런 사소한 것에 신경을 쓰는 패션피플이라면 나같은 실수를 하지 않길 바란다. 시험날이라도 할 건 하자.

　11월이 되면 사람들이 수능한파를 이야기 한다. 하지만 수능한파는 애들 장난이다. 1월 초의 '변시 한파' 앞에서는 명함도 못내민다. 영하 12도. "시험을 볼 때에는 두꺼운 옷보단 편한 옷을 여러겹 입는 것이 좋아요" 같은 속편한 소리를 많이 들어보았을 것이다. 편한 옷도 여러겹 입고 두꺼운 롱패딩도 걸쳐야 된다. 살아남기 위해서. 나는 혈액순환이 잘 되지 않아 항상 손발이 차고 추위에도 약하다. 사실 난 애초에 추위든 뭐든 강한 부위가 몇 없다. 인간 쿠크다스다. 그래서 손이 어는 것을 방지하기 위해서 장갑까지 착용했다. 손으로 써야 되는 시험인지라 손이 얼지않도록 하는 조치다.

　시험장 안에서는 난방이 가동되니 좀 낫다. 하지만 코로나 때문에 환기를 꾸준히 해야했기에 난방은 없는 것보단 조금 나은 수준이었다. 직장인들 월급처럼! 다행히 시험이 시작되면 시험의 열기 덕분에 롱패딩은 벗고 있어도 되는 나름 적정온도가 맞춰진다. 서로가 서로의 땔감이 된다. 그 따스함은 오래가지 않는다. 오랜 시간 앉아있어야 하기에 점심시간이 지날 때 쯤이면 슬슬 하체가 시려온다. 담요를 꼭 가져가는 것을 추천한다.

　시험장 앞에서 행정실 직원분들과 교수님들께서 핫팩과 초코바 기타 등등이 들어있는 '응원 패키지'를 나눠주셨다. 감동적이었다. 학생과 학교는 단

220

순한 계약관계 이상의 관계를 맺는다.

시험장 안에서의 벼락치기는 정말 큰 힘을 발휘할 수 있으니 과목당 하나씩 파이널 필살 정리 자료들을 만들어 가져가자. 다들 잘 알겠지만. 모든 학생들이 저마다의 필살기를 품에 안고 시험장에 도착한다.

9시 30분. 책을 모두 가방에 집어넣으라는 감독관의 안내. 그 와중에 1초라도 더 보기 위한 학생들의 눈치싸움이 벌어진다. 가방에 책을 넣으러가는 발걸음은 평소의 0.1배의 속도로 떨어지고 가방 앞에서 길고 긴 고뇌의 시간을 가진다. 책을 다 정리했으면 냉큼 자리에 앉으라는 안내가 나오고서야 이 작은 소동이 끝난다. 잠시 화장실을 다녀오는 시간을 가진 뒤 '가장 고요한 30분'을 기다려야 한다. 첫 날 첫 시험이다. 드디어 내 인생의 3년이 평가받는 시간이 왔다. 이 30분간, 시험을 볼 때보다 더 극심한 긴장 속에 괴로워하는 학생들이 많다. '혹시나 공부 안한 데서 문제가 나오면 어떡하지?' '만에 하나 변호사시험에 떨어지면 어떡하지?' 이미 우리의 손을 떠난 문제들에 대한 답 없는 고민이 시작된다. 그러지말자. 나는 이 시간에 논리 흐름들을 점검했다. 더 이상 책을 볼 수도 없으니 알고 모르는 것을 떠올리는 것은 의미가 없고 내 머릿속 논리 회로도가 부드럽게 이어져있는지 시뮬레이션 해보는 것이 제일 좋다. 속이 편한 학생들은 이 시간을 이용해 잠을 자기도 한다.

시험이 시작됐다.

11회 변호사시험의 공법은 굉장히 평이하게, 특히 객관식은 쉽게 출제됐다. 직전의 10회 변호사시험에서 문제유출 논란[1]이 있었기 때문에 출제교수님들이 작정하고 평이하게 내셨다는 느낌을 받았다. 금방 문제를 풀고 남은

---

[1] 하기 기사 참조. 법률저널. "변호사시험 문제 유출, 이제 와서 "문제없다?"" http://www.lec.co.kr/news/articleView.html?idxno=726805

25분간 짧은 잠을 청했다. 잠을 충분히 자고 왔더라도 오전에는 잠이 덜 깬 상태이다. 최상의 컨디션이 필요한 오후를 위해 시간이 남으면 자두는 게 좋다. 더군다나 객관식은 고민한다고 답이 나오지 않고, 사람에 따라 다르겠지만 고민해서 고치면 틀릴 확률이 높다. 나도 이래놓고 이후 형사법과 민사법 객관식에서 3~5문제를 고쳤고 다 틀렸다. LEET 시험을 볼 때도 고쳐서 피봐놓고 또 같은 실수를 반복했다. 헷갈리는 문제가 나와도 얼른 '아몰랑'하고 찍고 넘어간 뒤 남는 시간을 잠에 투자하는 것을 강력히 추천한다.

점심시간에는 학교에서 죽 또는 도시락을 나눠준다. 시험장 건물 바로 앞에서. 최대한 건강한 식품을, 최소한의 시간과 노력으로 먹을 수 있도록 하는 배려다. 이 일에는 행정실 직원분들과 1학년 학생들의 노동력이 투입된다. 원래 이번해부터는 도시락 대신 학교 식당에서 특식을 제공토록하여 추운 겨울날 1학년 학생들이 고생하는 일을 없애도록 하려했으나 3학년 학생들의 반대로 무산되었다. 변화를 주도하는 것은 언제나 힘든 일이다. 다행히 몹시 추운 날이었음에도 1학년 학생분들은 웃는 얼굴로 즐겁게 도시락을 나누어주었다. 도시락을 받은 학생들은 옆 건물에 마련된 식사장소로 이동하여 식사를 했다. 코로나로 인해 시험장 내 식사가 금지되었기 때문.

나는 점심시간에 밖에서 사온 초코빵을 먹었다. 원래는 피자빵을 먹고 싶었지만, 교내 빵집이 없어지는 바람에 외부 빵집에서 미리 이틀치를 사둬야 했기에 상하기 쉬운 피자빵보다는 초코빵을 선택한 것. 3회에 걸친 모의고사 동안 질리도록 먹은 피자빵이었음에도 그 맛이 그리워졌다. 특히 소세지가. 3분만에 빵을 해치우고 담배를 한 대 태우고 시험장에 다시 들어와 양치를 한 후 오후 시험 공부를 했다. 아예 점심을 안먹고 계속 공부를 하는 학생들도 꽤 많았다.

오후의 공법 사례형과 공법 기록형 시험 역시 평이하게 지나갔다. 웃으면서 시험장에서 걸어나왔다. 첫 날치고 나쁘지 않았다. 나쁜 것은 너무 평이해서 전국 모두가 그렇게 느꼈을 것이라는 점. 이런 질나쁜 생각을 들게하는 것이 상대평가의 폐해다.

모의고사와 실제 변호사시험과의 차이점이 있다면 바로 시간이다. 모의고사의 경우 행정실 직원분들의 퇴근 후의 삶을 보장하기 위해 첫째날과 둘째날은 오후 6시에 끝난다(나머지 날들은 더 일찍 끝난다). 하지만 변호사시험의 경우 오후 7시에 끝난다. 즉 시험 중간의 쉬는 시간이 더 길다. 단 한 시간의 차이이지만 아침부터 극도의 긴장감 속에서 1분 1초를 버텨내는 수험생들은 엄청난 피로감을 느끼게 된다. 모의고사때 괜찮았다고 실제 변호사시험에서도 괜찮을 것이라 생각하면 안되는 중요한 차이 중 하나다.

원래 계획은 시험이 끝나고 도서관에서 공부를 하다가 기숙사에서 자는 것이었다. 하지만 오후 7시에 시험이 끝나고나니 시험이 생각보다 쉬웠다는 안도감과 더불어 피로가 쏟아졌다. 머릿속에 가장 먼저 떠오른 이미지는 "포근한 침대", 그리고 "집"이었다. 지친 발을 이끌고 집으로 향했다. 저녁으로 대충 죽을 먹고 내일 시험볼 과목의 공부는 거의 하지 못한채로 쓰러져 잠이 들었다.

둘째 날은 형사법 시험이 있는 날.

오전부터 험난했다. 객관식 시험이 매우 어렵게 출제됐다. 문제 난이도가 어려웠을 뿐만 아니라 문제 자체의 정보량이 너무 많아서 문제를 읽는 것 자체가 버거웠다. 여태껏 나는 모의고사를 풀때 객관식의 경우 전부 25분씩 시간을 남겼다. 하지만 이번 변호사시험에서는 10분밖에 남기질 못하였다. 끝까지 문제를 다 풀지도 못한 학생들도 많았다. 시험이 끝난 뒤 어제의 웃음 가득했던 공법시간과는 다른 무게감이 시험장을 짓눌렀다. 학생들은 얼굴이 죽이 된 채로 죽을 먹었다. 다행히 오후의 사례형과 기록형은 무난하게 출제됐다. 어렵지도, 쉽지도 않은 적당한 난이도. 오전의 당황스러움은 잊고 최선을 다할 수 있었다.

시험이 끝나고 '이제 내일은 쉬는 날이다'하는 안도감이 찾아왔다. 힘들었지만 두번째 겪으니 버틸만 했다. 열람실로가서 공부를 하다가 기숙사에서 잠을 잤다. 이 날은 마지막 날의 시험과목들(민사법 사례형, 선택법 사례형) 중 평소에 공부가 부실했던 가족법과 선택법을 가볍게 훑었다. 시간적으로 보면 시험의 절반이 끝났지만, 점수 배점으로 보면 반이 넘는 점수가 남은 이틀에 배분되어 있기 때문에 긴장을 놓을 수는 없었다.

쉬는 날.

이날 점심도 빵으로 해결했다. 간만에 중앙도서관에 출근, 다음날의 시험인 민사법 기록형과 객관식 공부를 했다. 암기가 많이 필요한 민사소송법과 상법을 중점적으로 공부했다. 어느 정도 긴장이 풀어진 상태였기 때문에 이 날은 집에서 잠을 잤다.

넷째 날.

오전의 민사법 객관식이 예상외로 어려웠다. 특히 가족법과 상법 문제가 상당히 까다로워서 고전을 면치 못했다. 시간도 15분 가량 밖에 남지 않았다. 잠을 자기는 애매한 시간이라 괜히 앞문제를 뒤척거리다가 몇 문제를 고치게 됐고 고친 문제들을 다 틀렸다. LEET때도 고쳐서 다 틀려놓고! 인간이면 과거의 경험에서 배우는 것이 있어야 하는데 나란 놈은 인간이 아닌가보다. 오후의 민사 기록형은 어려운 편이었지만 늘 어려운 과목이기 때문에 심적으로 타격이 크진 않았다. 열람실 복도에서 동기들은 기록형의 어려웠던 점들을 토로했지만 내 머릿속은 고쳐서 틀린 객관식 문제들로 가득했다. 가슴이 미어졌지만 꾸역꾸역 마지막 날의 시험을 대비하며 가족법과 선택법 공부를 했다.

224

마지막 날.

오전에는 민사법 사례형 시험이 있었다. 변호사시험의 모든 과목들 중 가장 점수 배점이 큰 시험이다. 그만큼 수험생 모두의 관심이 민사법 사례형에 몰려있었다. 나는 그동안 시험 예측을 상당히 잘하는 편이었다. 매 학기 학교 시험에서도 중요 쟁점들을 상당히 많이 적중시켰고, 모의고사 때에도 마찬가지였다. 특히 민사법에서 '도급'의 출제가능성을 떠들고 다녔는데 이것이 2021년도 모의고사에서 여러번 적중, 잠깐 동안 동기들의 찬양을 받았다. 이후 자신감이 붙은 나는 변호사시험 민사법 사례에 관한 큰 예측 두가지를 하고 다녔는데 하나는 그대로 적중했고 하나는 완전히 망했다. 둘 다 2021년 모의고사들의 경향에 근거한 것이었다.

첫 째는 가족법이 크게, 최소 두 문제가 나올 것이라고 예측한 것. 그대로 적중했다. 세 번의 모의고사에 가족법 쟁점들이 거의 출제되지 않았고, 점점 점수가 큰 문제가 줄고 점수 배점이 작은 문제 수가 늘어나는 경향을 보였기 때문에 일반 민법 문제와 엮어서 출제하기 어려웠던 가족법 문제를 독립적인 문제로 출제하기 쉬워졌기 때문. 내 조언을 듣고 시험 직전에 가족법을 공부한 친구들은 고맙다고 수십번 인사를 했다. 하지만 두번째 예측은 보기좋게 빗나갔다. 세 번의 모의고사 내내 어음수표법이 나왔기 때문에 문제 은행식으로 출제되는 변호사시험에서 또 어음수표법 문제를 내긴 어려울 것이라 예측했건만, 또 나왔다. 너무 하시네요. 전국 로스쿨 11기들은 어음수표법을 '안그래도 모르는데 자꾸 나오고 또 몰라서 또 틀렸다'며 비명을 질러댔다. 이번엔 나도 마찬가지였다. 보통 어음수표법처럼 학생들이 많은 시간을 투자하지 않는 범위의 문제들은 조문을 보고 응용해서 풀 수 있도록 문제를 출제하는 경향이 있다. 하지만 이번에는 조문으로 해결이 안되는 문제가 나와버렸다. 문제를 보는 순간 비명을 지르고 싶었다. 다행히 지난 학기 수업시간에 배웠던 어렴풋한 기억을 더듬어가면서 어렴풋하게 답을 써내려갔다. 최대한 내가 잘 모른다는 티를 내지 않기위해 조심해가면서. 이런 잘 모르는 문제가 나왔을 때에는 과감하게 아는 만큼만 쓰고 '에잇 젠장!'을 외치고 다른 문제들로 넘어가는 순발력과 결단이 필요하다. 다행히 로스쿨생들은 영리하기 때문에 내 예측을 듣고 어음수표법 공부를 하지 않은 녀석들은 없었으며. 틀린 예측에도 욕은 먹지 않았다. 내가 공부를 안했던게 유일한 문제였다.

나머지 문제들은 평이했던 것으로 기억한다. 민사소송법에서 다소 어려울 수 있는 주제들이 출제됐지만 충분히 예상되는 범위 내였다. 전반적으로 난이도 있는 시험이었지만 충격받을 정도는 아니었다.

3시간 반에 달하는 사례형 시험이 끝났다. 이제 선택법만 남았다. 국제거래법. 공부양도 적고 배점도 적다. 이쯤되니 다들 시험이 끝났다는 생각에 싱글벙글이었다. 나만 그랬던 것 같기도 하다. 내가 하도 "헤헤. 시험 끝났다." 하면서 실실거리고 다니니까 동기들이 "형, 아직 시험 안끝났어."라며 한마디 했다. 보통 선택법 과목들은 학생들이 하도 공부를 안한다는 것을 교수님들도 다 알고계신다. 때문에 조문으로 해결할 수 있는 문제가 주로 출제된다. 공부해야 할 판례는 상대적으로 적다. 그런데 이번 시험에는 공부를 따로 해야 알 수 있는, 꽤 비중이 있고 어려운 판례가 출제되어 대충 공부한 학생들은 피를 봤다. 선택법은 학교수업을 듣지 않는 학생들도 많은 것을 생각하면 아예 그 판례를 본 적도 없었던 학생들도 수두룩 했을 것이다. 나는 2학년 2학기부터 선택법을 준비한, 보기 드물게 선택법 공부를 많이 한 녀석이었기 때문에 '이야 학생들 죽어나겠구나'하며 그 순간을 즐겼다. 낄낄.

드디어 시험이 끝났다.

시험장 앞은 학생들을 데리러 온 부모님들로 가득했다. 어두운 저녁시간이었지만 잔뜩 모인 사람들의 얼굴이 별처럼 빛나 온통 환한 느낌이었다. 다 큰 대학원생들의 시험인데도 부모님들이 학생을 데리러 오는 모습을 보며

'자식은 아무리 커도 자식이구나' 하는 생각이 들었다. 시험을 잘 본 학생이든 못 본 학생이든 환호하며 열람실로 달려가 3년간 묵혀온 책들을 버렸다. 복도에는 프린트들이 날아다니고 다시 보지 않을 주인 잃은 책들이 쌓여갔다. 2학년 후배들은 선배들의 끝을 축하하면서도 하룻밤 사이에 바뀐 자신들의 처지에 허탈해했다. 우리의 끝은 그들의 시작이 된다. 어찌 됐든, 로스쿨의 사계절은 계속될 것이다.

TIP 변호사시험 합격을 위한 공부

0. 들어가며

열역학 제2법칙은 엔트로피는 증가한다는 간단한 우주의 원리이다. 그리고 엔트로피는 거시 상태가 취할 수 있는 미시 상태의 수로 정의된다. 정돈된 책상의 이미지는 획일적이지만, 어지러운 여러분들의 책상의 이미지는 저마다 제각각인 것을 떠올려보자. 톨스토이는 이 우주의 법칙을 깨닫고 "안나 카레니나"에서 이를 적확하게 표현했다. "행복한 가정은 서로 닮았지만 불행한 가정은 저마다의 이유로 불행하다"[2]

그리고 이는 시험 공부에도 마찬가지로 적용된다. 공부를 잘하는 학생들의 모습은 모두 비슷하지만, 성적이 좋지 않은 학생들의 경우 그 이유는 제각각이다.

이하의 내용들은 내 주관적 경험과 동기 및 후배들에 대한 학업 코칭의 결과이다. 나는 그 과정에서 성적이 나오지 않는 학생들이 저마다 제각각의 이유로 성적이 좋지 않은데도 불구하고, 몰려다니며 다른 이들에게는 적용되지 않는 공부방법을 서로 추천하는 것을 많이 보았다. 실력향상에 도움이 되지 않았던 것은 당연하다. 어떤 이들은 기본도 모르고, 어떤 이들은 많은 판례를 암기했으나 체계가 안 잡혀있고, 어떤 학생들은 단순 암기가 부족했다. 단순 암기가 부족한 학생들은 시간을 들이면 자연스레 해결된다. 3학년이 됐는데 기본도 모르는 학생들은 보통 자신의 부족한 점을 알고 있고 해결책도 뻔하다. 기초부터 다지면 된다. 하지만 가장 위험한 부류는 많은 것들을 암기해서 많이 알고 있으나 법리 이해가 부족하고 법리들의 체계가 안잡혀있어 결과적으로 논리적 문제해결능력이 떨어지는 학생들이다. 이들은 적어도 남들만큼은 공부가 되어있다고 생각하기에 더 위험하다. 그렇기에 쉽게 자기에게 맞지 않는 공부방법을 택하며 실력은 향상되지 않는다. 이들은 공부량은 충족했을지 모르지만 그 퀄리티는 현저히 떨어진다. 그리고 상당수의 학생들이 여기에 속한다.

변호사시험 준비의 커리큘럼은 1, 2학년 동안 기초 체력을 다지고 이를 기반으로 3

---

2 엔트로피와 우주에 관하여 더 많은 영감을 얻고 싶은 분이라면 다음 책을 참조하자. 브라이언 그린. 박병철 역. "엔드 오브 타임". 와이즈베리. 2021

학년이 되어 전체를 꿰뚫는 연습과 수험용 지식들의 암기를 더하는 방식으로 이루어진다. 법리들의 체계가 안잡혀있거나 아예 기초가 안된 학생들은 1, 2학년 과정에서 구멍이 나있는 것이다. 그 상태로 3학년이 되었다고 수험용 지식만 마구잡이로 암기하는 모습을 흔히 볼 수 있다. 이유는 단순하다. 이 시기에 남들이 다 그런걸 보고 있으니까. 그러면 여러분들은 기초 없이 지은 성이요 뼈 없는 순살인간이 된다. 공부를 많이 했는데, 다른 학생들이 보는거 다 따라서 보고 있는데도 등수는 오르지 않는다. 이하의 내용은 주로 이런 학생들을 위해 썼다.

꾸준히 상위권을 유지해온, 공부를 잘한 학생들의 수기와 공부방법은 너무나도 흔하다. 그리고 너무 뻔하다. "안나 카레니나 법칙"이다. 하지만 변호사시험은 그러지 못한 학생들, 즉 전체 수험생의 2 / 3가 두려움에 떨 수 밖에 없는 시스템이다. 이들이 문제다. 그리고 정작 가장 공부방법론이 필요한 이들을 위한 글은 없다시피하다. 이들에게 성적을 안정권에 올릴 수 있는 가장 근본적이고 확실한 방법을 제시해보고자 이 글을 쓴다.

따라서 **이 글을 읽을 필요가 없는 사람**은 다음과 같다. 이미 꾸준히 상위 20~30%를 유지하고 있는 사람, 그리고 변호사시험 분량도 단순 암기로 해결할 수 있는 암기의 천재. 전자의 경우 이미 잘 하고 있으며 내가 쓸 내용은 이미 알거나, 몰라도 체화된 상태다. 후자는 공부방법이고 뭐고 필요가 없는 아주 운이 좋은 학생들이다.
이 글이 특히 도움될 사람들은 다음과 같다. 간당간당한 나머지 ⅔ 학생들. 공부는 어느 정도 했는데 성적은 나락인 학생들. 특히 1, 2학년 내신은 그럭저럭 괜찮게 받았지만 3학년 모의고사에서 죽을 쑤고 있는 학생들에게 도움이 될 것이다.

아래에는 수험통념과 배치되는 이야기들도 많이 있다. 이 글이 발표되면 꽤 큰 논란이 있을 것이다. 하지만 명심하자. 우리는 1등하려고 공부하는 것이 아니다. **변호사시험은 1700등으로 합격한 사람이 가장 똑똑한 사람인 시험이다.** 다 맞을 필요가 없다. 여러분들은 지금 '합격'하려고 공부를 하는 것이다. 그런데 왜 1등하는 친구가 하는 것을 따라하려하나? 수험통념은 상당수가 이미 상위권인 학생들이 최상위권으로 가기위한 방법에 초점이 맞춰져있다. '합격'을 목표로 하는데, 정작 실제로는 '다 맞아야 된다는 강박에 시달리는 사람'처럼 공부를 하는 학생들이 많다. 다소 폭력적인 발언을 하나 하자. 여러분은 지금 그럴 레벨이 아니다.

사람들은 변호사시험 공부가 '밑 빠진 독에 물 붓기'와 같다고 한다. 그래서 시험 당일까지 끊임없이 미친듯이 암기하여 물을 채워넣어야 한다고 한다. 이러한 자세는 로스쿨 생활을 끝까지 괴롭게 만들 뿐이다. 전혀 그럴 필요 없다는 것이 내 의견이다.

내가 생각하는 변호사 라이센스의 최대 장점은 '확장가능성'이다. 세상은 넓고 하고 싶은 일도 많다. 변호사가 되면 여러분이 하고 싶은 일은 어떤 일이라도 상대적으로 쉽게 도전할 수 있다. 그리고 그런 확장가능성을 활용하려면 여러분이 먼저 다양한 경험과 지식을 쌓을 필요가 있다. 장담컨대 학교를 다니는 기간만큼 여러분들의 물리적 자유가 보장되는 시간은 앞으로 없을 것이다. 학창시절을 활용하여 최대한 많은 것들을 배우고, 사람도 많이 만나고, 책도 많이 읽으며 여러분의 확장가능성을 넓혔으면 좋겠다. 이는 로스쿨 3학년에게도 마찬가지로 해당되는 얘기다. 나는 여러분들이 골방에 틀어박혀서 법 공부만 하는 사람이 되지 않기를 바란다.

그럴 수 있기 위해서는 최대한 효율적으로 공부를 해야 한다. 아래 내용들을 따라서 '기초 체력'을 다진다면 장담컨대 시험 전날까지 죽어라고 암기하지 않아도, 모두가 괴로워하는 로스쿨 3학년 기간 동안에도 독서도 하고 사람들도 많이 만나며 여유 부리면서도 1000점을 가볍게 넘기며 합격할 수 있다. 안정적으로. **변호사시험은 기본에만 충실해도 충분히 상위권으로 합격할 수 있는 시험이다.** 그걸 이해하지 못하고 휘발성도 강하고 재미라고는 1도 찾아볼 수 없는 '암기'로 법학 공부를 하려니 시험 당일까지 두려움에 떨 수밖에 없고 로스쿨 생활이 '체험 삶의 현장'이 되는 것이다.

또한 **시대가 요구하는 인재상이 바뀌었다.**

옛날에는 기존의 지식을 많이 외우고 있는 것을 인재의 자질로 생각했지만 지금은 아니다. 외우고 책장 찢어서 씹어 삼키던 시절은 끝난지 오래다. 구글의 시대에 단순 암기라니. 왜 기업 인재채용, 공무원 임용, 로스쿨 입시에서 단순히 외우고 있는 지식을 테스트하는 것이 아니라 '적성'을 테스트하는 것으로 추세가 바뀌었겠는가. 변호사시험도 마찬가지이다. 3년이라는 한정된 시간 동안 배운 지식을 이해하여 그것을 응용하는 것까지 요구하는 시험이다. 그것도 매우 빠른 시간 안에.

인류가 발전하며 쌓아온 지식들의 양은 기하급수적으로 증가했다. 한 사람이 모든 지식을 다 외우는 것은 불가능할뿐더러 불필요하다. **이 시대의 인재상은 빠른 시간 내에 배우고 정보를 찾아낸 뒤, 그것을 이해하여 문제 상황에 적용까지 빠르게 해낼 수 있는 '문제해결 능력'을 갖춘 사람이다.**

이 아래의 내용은 그 '문제해결 능력'을 어떻게 향상시킬 것인지에 대한 내용이다. 끝없는 암기로 밑 빠진 독에 물을 계속 붓고 있으면 한없이 괴로운 것이 당연하다. 현명한 사람은 먼저 밑을 메꿔주는 작업을 선행한다.

1. 총론

먼저 우리가 3년 동안 배우는 모든 것은 '판단기준'이라는 것을 인식하자.

판단기준이라는 것은 다음과 같은 것을 의미한다. 조문이든 판례든 우리가 배우는 모든 법리는 a를 집어넣었을 때 b가 나오도록 만들어주는 도구요, 함수이다. f(a)=b. IT에 익숙한 학생이라면 알고리즘으로 생각해도 무방하다. 그리고 이 함수를 이용해서 주어진 사안에서 문제를 해결하는 것이다. 당연한 얘기같다. 요건과 효과. 숱하게 배워온 것 아닌가? *그런데 많은 학생들이 법리를 이러한 함수로 인식하지 못하고 단지 외워야 할 글자들의 나열이요 문장으로 인식한다.* 그러니 조문의 역할을 모르고 판례들 간의 중요도를 파악하지 못한다. 중요 판례라고 배운 것조차 어떻게 사용하는 것인지를 모른다. 법학 공부가 암기가 많이 필요한 공부인 것은 자명하지만 모든 것을 암기로 치환한다면 '문제해결'을 할 수가 없다(한 가지 예외는 여러 문제들의 문제해결방법들까지 모조리 외워버리는 것이다. 빅데이터의 위대함이다. 이런 것이 가능한 운 좋은 학생들은 이 글을 읽을 필요가 없다).

법리에 대한 인식을 바꿔라. 그렇다면 어떤 판례가 f(a)=b를 나타내는 판례이고 어떤 판례가 예외에 해당하는지, 이를 단순 적용한 것인지 구분이 갈 것이고 이 툴을 사용할 수 있게 될 것이다. 이것이 모든 것의 시작이다. 관점의 전환이 필요하다.

이제 다음단계다. 법학문제 해결은 다음과 같은 과정을 통해 이루어진다.
1) 사실관계를 추리고
2) 문제될만한 주제(청구권, 제도 등)를 찾아내고
3) 판단기준(법리)들에 따라 청구권이나 제도 등의 적용가부를 판단하고 적용하여
4) 결론을 내린다

법리는 함수다. 그리고 법학문제해결은 위와 같은 단계로 이루어진다. 이제 준비는 끝났다. 객관식, 사례형, 기록형 각 시험 유형별 공부를 시작해보자.

2. 객관식

객관식이 합격에 있어 가장 중요하다는 수험통념이 있다.

맞는 말이다. 사례형과 기록형은 표준점수로 환산되기에 대부분의 학생들이 중간점수에 몰리게 되는 시스템이다. 따라서 원점수가 그대로 총점에 들어가는 객관식이 합격에 있어 중요한 것은 사실이다.

하지만 이 말을 듣고 너무 객관식에 매몰될 필요는 없다. 두 가지 이유에서이다.

첫째, 현재 상향평준화된 합격 커트라인에서는 여러분들의 실질적인 객관식 점수 차이가 그리 많이나지 않는다. 객관식 점수는 표준점수로 환산되지 않지만 객관식 역시 평균점수에 가장 많은 학생들이 몰려있는 종형곡선을 그린다. 어느 정도 공부가 돼

있으면 극단적으로 못하는 학생들은 잘 없다. 현재 합격 커트라인이 150문제 중 대략 100개 정도로 수렴된 상태이다. 못하는 학생은 90개 이하, 잘하는 학생들은 110개 이상을 받는다. 객관식 점수가 안나온다고 고민하는 학생들도 합격 커트라인과 25점, 잘하는 학생들과 대략 50점 차이다. 물론 극단으로 가면 더 벌어질 수 있지만, 1700점 만점인 변호사시험에서 그리 차이가 나지 않는다. 이 차이가 표준점수로 환산되는 사례형과 기록형에서 누적된 차이보다 크다고 할 수 있을까? 6월 모의고사 성적이 나오면 주변 친구와 성적 비교를 해보라. 1등 근처에서 노는 친구들 말고 상위 20%~30% 정도인 친구를 불러서 성적을 보자. 계속 강조하지만 우리는 1등하려고 공부하는 게 아니다. 어느 학교에서든 상위 20% 정도면 변호사시험은 안정적으로 합격할 것이고, 이 정도면 현실적인 목표로 삼을 만하다. 그런데 그들과 여러분들과의 객관식 점수 차이는 많아봤자 20개 정도일 것이다. 점수로 50점. 그런데 사례형, 기록형에서의 점수차이는? 100점 가까이 될 것이다. 그 이상이거나. 그런데도 지금 객관식에 올인해야 한다고 생각하나? 단언컨대 안정적인 합격은 안정적인 사례형 실력에서 온다.

두번째, 여러분이 **'객관식 대비 공부'를 하는 모습의 대부분이 객관식 점수 향상에 별 도움이 안된다.** 객관식에 목숨건 여러분들은 보통 사례형 점수가 잘 나오지 않아서 미친듯이 객관식 공부를 한다. 그런데 *사례형 기초가 돼있어야 객관식 성적이 잘 나온다.* 여러분이 객관식 공부를 한다고 할 때, 일반적으로 기출문제집을 풀어보고 기출지문들을 모조리 모아둔 수험서를 본다. 물론 기출문제 풀이는 필수적이며 다음 관점에서 도움이 된다. ① 시간안배 연습, ② 각 챕터별 출제 비중 파악, ③ 지엽적인 내용이어서 안보면 틀리지만 반복되어 기출되는 지문들의 파악 등이다. 이 세 가지를 위해서라도 어느 정도 기출문제를 풀어보는 것이 요구된다. 하지만 이를 위해서 5개년 변시 기출 또는 3개년 변시+모의고사 기출 정도면 족하다. 빠르게 보면 한 달도 안걸린다. 그 이상 기출문제를 뜯어보는 것은 과하다. 기출 지문들만 모아둔 책을 보는 것은 더 과하다. 여기서 '과하다'의 의미는 *모의고사 기준 90개가 안나오는 사람들은 지금 그것을 할 때가 아니라*는 의미다.

그럼 뭘 하란 말인가? 기본 법리 이해부터 해라. 자신이 자주 틀리는 과목, 챕터 위주로. 쓴소리를 하자면 모의고사 객관식 90개가 안나온다는 얘기는 기본 법리 이해부터 안돼있다는 의미이다. 이 상태로 객관식 지문들만 열심히 외워봤자 ③에 해당하는 지문만 더 맞출 수 있을 뿐, 근본적인 성적향상에는 도움이 안된다. 세 번의 모의고사를 보면 알게되겠지만 실제로 거의 점수가 오르지도 않을 것이다.

장담컨대 기본적인 법리의 이해만을 바탕으로도 모의고사 기준으로 100개 이상, 변호사시험은 110개 이상 득점이 가능하다. 모의고사와 변호사시험의 기준을 따로 둔 이유는 출제 경향 때문이다. 변호사시험은 모의고사보다 지엽적인 지문들이 아닌 주요법리들을 중심으로 문제를 출제하는 경향이 있기에 기본법리 이해를 위주로 공부했다면 변호사시험에서의 성적이 더 크게 상승한다.

　　내가 학업코칭을 해준 학생 중 한 명은 내 말을 듣고 8월과 10월 모의고사 사이 기간에 '객관식 공부'를 하나도 하지 않고도 객관식 성적이 20개 이상 상승했다.

　　변시든 모의고사든 120개 이상부터는 기본이 된 것을 전제로 고난의 암기와 시험운이 필요하다. 이 점수대의 학생들은 이 글이 필요 없다. 이 점수대를 노리는 학생들은 기본법리 이해부터 하고 시간이 남았을 경우에 다음 단계인 수험용 지엽적인 암기를 해야한다. 일에는 순서가 있는 법이다. 공부도 마찬가지다.

　　'문제를 풀어보니 별의별 지문들이 다 나오고 하나도 모르겠던데 정말 기초법리들만 가지고도 문제가 풀리는가?'하는 생각이 들 것이다. 풀린다. 이것이 가능한 것은 객관식 문제 출제 시 고려하는 지문 구성 때문이다.

　　극히 단순화해서 예를 들어보자. 한 문제는 보통 한 챕터에서 5개의 지문을 뽑아낸다. 5개의 지문 중 3개 정도는 기초적인 법리 또는 그 법리를 단순 적용한 판례로 이루어진다. 나머지 두 개는 극히 드문 예외의 예외의 예외 정도되는 판례와 (아마 출제위원분들도 출제 들어가서 처음봤을 것으로 생각되는) 모두가 난생처음보는 판례로 구성된다. 기본 법리를 제대로 알면 기초지문 3개 중에 답이 있을 경우 쉽게 맞출 수 있다. 나머지 잘 모르는 2개 지문에 답이 있는 경우에는 50%의 확률로 찍어 맞출 수 있다. 그리고 난생처음보는 이상한 지문이 답이 되는 경우는 대부분 나머지 4개의 지문이 모두 기초법리에 해당하는 경우이다. 이런 이유로 기초법리만 알아도 110개 이상의 득점이 가능한 것이다. 여러분은 나머지 두 지문을 모르기 때문에 문제를 풀때면 '아 확실히 알고 푼 문제가 하나도 없다'는 느낌을 받을 것이다. 이런 문제 구성의 과학을 생각한다면 당연한 것이다. 몰라도 된다. *다 맞아야 되는 시험이 아닌데 왜 다 맞아야 하는 것처럼 공부를 하는가?*

　　법리의 이해 없이 온갖 지문들만 미친듯이 외우는 학생들이 너무나도 많다. 이는 공부가 괴로워지는 가장 빠른 방법이고, 휘발성도 강하기에 암기력이 굉장히 뛰어난 학생이 아니라면 실질적 효용도 떨어진다. 그리고 결정적으로 기본 법리 이해가 안돼있는데 지엽적인 지문들만 외우고 있으면 뼈대 없는 '순살인간'이 되는 것이다. 이런 학생들은 기초법리를 단순 적용한 판례조차 '내가 모르는' 판례로 인식해서 다 틀린다. 판례를 모르면 문제를 아예 못푸는 불상사가 발생하는 것이다.

그럼 이제 그 기초적인 이해를 위해 무엇을 해야하는가?

가장 기본적인 방법은 자주 출제되는, 혹은 자신이 자주 틀리는 챕터의 경우 기본서를 꼼꼼히 보자는 것이다. 교수님이든 강사든 수험에 정통하신 분들이 공통적으로 하는 말이 있다. "남들 다 맞추는 것은 맞춰야 한다". 여러분이 모의고사 객관식 점수가 90개를 넘지 못한다면 이것부터가 안되어있는 것이다.

뭐? 암기장으로 갈아탄지가 언젠데 기본서냐고? 이미 갈아탔다면 암기장도 괜찮다. 다만 암기장과 연계된 강의까지 들어라. 암기장에는 생략된 것들이 너무 많다. 단순히 출제비중이 떨어져 생략한 것들도 많지만 글로 표현하기 애매하거나 강의를 위해 일부러 글로 표현하지 않은 부분들도 많다. 암기장은 외워야 하는 알맹이들만 나열해놓은 것이고 이해를 위해서는 그 알맹이들을 꿰어야한다. 기초 법리에 해당하는 것이 무엇인지 모르고 모든 서술을 똑같이 암기하는 것을 가장 피해야 한다. 교과서에는 이러한 체계들이 서술이 되어있는 반면 암기장에는 단순 나열돼있다. 법리들간의 단순 나열이 아닌 기본 원칙과 예외, 예외의 예외의 관계같은 법리들의 **체계**를 익히고 서로 다른 법리들이 어떤 경로로 **연결**되는지를 익혀야 한다.

이를 위해서 기본서의 기본 법리들을 다시 볼 때 이 법리들이 '판단기준'이란 것을 인식하면서 읽자. 다시 한번 강조한다. 여러분이 득달같이 같은 비중으로 외워온 상당수의 판례들이 기본적인 판단기준을 단순히 적용한 판례라는 것이 눈에 들어올 것이다. 이런 부분은 전혀 외울 필요가 없다. 판단기준의 예외가 언제 등장하는지만 익히면 된다.

그냥 무작정 기본서를 보라는 것이 아니다. 여러분이 책을 보면서 눈여겨보아야 할 **중요한 조문과 판례는 '기초 법리를 설명하는 판례 [f(a)=b]', '기초 법리의 예외를 설시하는 판례 [f(a,~c)=b]', 주어진 상황에서 여러 청구권이나 제도가 경합적으로 사용될 수 있을 때 어느 것을 사용해서 문제를 해결해야 할 지에 대한 '길잡이가 되어주는 판례'이다 [f(a)=b or g(a)=c].**

한 챕터당 이러한 조문과 판례들은 많지 않다. 그리고 *이 법리들이 사례형, 기록형 문제에 사용되는 '기초 주요 법리'이다.* 그러므로 이러한 주요 법리들만 제대로 익혀도 객관식 고득점은 물론이요, 사례형, 기록형 고득점까지 이어져 안정적으로 합격할 수 있다. 무늬만 객관식 문제이지 사례형 객관식이 대부분인 변호사시험에서는 특히나 이러한 점이 중요하다. 사례형, 기록형 못하는 학생이 객관식만 잘해서 합격하는 일은 매우 드물고 힘들다. 기초를 잡아 사례와 객관식 실력을 함께 향상시키는 것이 가장 쉽고 유효하고 확실하다. 나머지 판례들은 위 법리를 적용, 응용한 것에 불과하다. 외울 생각도 하지 말자. 기초가 잡히기 전까지는.

위와 같은 주요 조문과 판례들은 기본서의 '본문'에 녹아있다. 나머지 판례들은 보통 박스처리되어 정리되어 있다. 그런데 여러분들은 본문에 녹아있는 기초 주요 법리들을 제대로 이해하지도 않은채 박스에 있는 지엽적인 판례들만 외우고 있다. 그 판례들은 대부분이 〈a일 때는 b이고, c일 때는 b가 아니다〉라는 기본 법리를 단순 적용한 〈a′일 때도 b더라〉 혹은 〈c′일 때도 b가 아니다〉 정도의 판례들이다. 기본 법리를 이해했다면 당연히 '그렇겠지~'하고 넘어갈 판례들이다. 도대체 왜, 그런 걸 뭐하러 외우면서 스스로를 괴롭게 하는가? 이 점을 알게 되는 순간 암기량이 반도 안 되게 줄어들 것이다.

문제는 〈a일 때는 b이고, c일 때는 b가 아니다〉라는 기본 법리조차 '이해'하지 않고 글자들의 나열로만 파악하여 단순히 외우고 보는 공부방식이다. 그렇게 하고 있으니 다른 〈a′일 때도 b더라〉 혹은 〈c′일 때도 b가 아니다〉 같은 판례들이 기초 법리의 단순 응용이라는 점을 알지 못하고 실전에 적용도 못 하고 모든 판례를 똑같은 강도로 외우고 있는 것이다.

그리고 조금 스케일은 작지만 좋은 팁 하나, **제도의 취지와 연혁**을 눈여겨보자. 교과서나 수업의 중요성이다. 안 그래도 외울 게 많아서 미칠 지경인데 시험에 직접적으로 출제도 안 되는 취지를 왜 공부하라는지, 이게 도대체 무슨 헛소리인지 궁금할 것이다.

여러분들이 수업시간에 교수님들께서 해당 제도의 연혁과 취지를 설명하면 '우우우우~' '수험적합적이지 않다' '왜 저딴 걸 가르치냐' 이러고 딴짓을 시작하는 거, 다 알고있다. 이런 뜬금없는 부분이 시험에서 빛을 발하는 경우가 꽤 있다. 특히 객관식이나 사례형의 불의의 타격이 되는 문제들에서.

왜? 우리는 모든 것을 다 암기할 수 없기 때문이다. 해당 제도에 대해 현재의 법리들을 완전히 익히고 암기하고 있다면 문제가 없다. 하지만 해당 챕터에 대한 네러티브를 알고 있다면, 세부 내용을 몰라도 '취지에 맞게 때려 맞추는 것'이 가능하다. 특히 비슷한 여러 제도들이 존재하여 수험서에는 주로 '비교표'로 정리되어 있는 부분들이 많다. 이걸 다 외우는 것은 힘들다. 이럴 때 왜 이런 비슷한 제도들이 따로 생겨났는가에 대해 알면 바로 문제를 맞출 수 있다. 그런 비슷한 제도들간의 차이점이 바로 제도의 취지에서 유래한 것이고, 그곳이 출제 포인트이다.

연혁도 마찬가지이다. 왜 현재와 같은 제도가 생겨났는가? 이전 제도가 문제점이 있었기 때문이다. 그럼 그 문제점이 출제 포인트이다. 우리는 제도의 현재 모습만 보기에 그 제도의 수많은 특질들을 모두 같은 중요도로 본다. 하지만 이전 제도의 문제점들을 보고, 그 제도가 바뀌어 온 모습을 보고, 심지어 그 제도를 현재의 모습으로 만드는데 직접 기여하신 교수님들의 입장에서 생각해보라. 어디가 중요하겠는가? 다시 강조한다. 시험 출제는 교수님들이 하신다.

소송법들은 특히 단순 암기로 점철된 과목으로 인식되지만 이러한 취지로 생각해보면 답을 찾아낼 수 있는 경우가 많다. **소송법의 제도들은 대부분 "판사도 직장인이다!"라는 가치와 "에이 그래도 이건 좀 봐줘야지"의 가치에서 만들어졌다.** 민사소송법은 전자에, 형사소송법은 후자에 중점을 둔다. 각 제도를 공부할 때 어떤 측면에서 만들어진 제도인지를 생각해보자. 문제가 묻는 것에 대해 정확히 알고있지 않을 때 정답을 찍는데에 있어 큰 힘이 되어 줄 것이다.

이러한 제도의 취지를 알고 있으면 이해에 도움이 되는 것은 물론이요, 단순 암기로 풀어야 하는 문제를 암기 없이도 쉽게 풀 수 있다는 장점이 있다. *심지어 취지를 배우지 않았어도 '취지를 대충 생각해봐도' 그 취지를 짐작하여 문제를 풀 수 있는 경우도 있다.* 물론 모든 문제에 적용되는 것은 아니고, 일정 경우 암기의 빈틈을 메워주는 역할을 한다.

예를 들어보자. 역대 변호사시험 객관식 기출 중 가장 '쪼잔한 암기문제'로 꼽히는 문제 중 하나다. 제7회 변호사시험 공법 객관식에서 **'행정소송법'상 행정심판을 제기함이 없이 취소소송을 제기할 수 있는 사유에 해당하는 것을 모두 고르라**는 문제가 출제된 적이 있다. 단순히 보면 '행정소송법' 제18조 제2항의 1~4호와 제3항의 1~4호를 달달 외워서 제3항에 해당하는 내용들을 골라내야 하는 문제로 보인다.

하지만 *이 비슷한 조문들이 왜 나열되어있는가*를 생각해보자. 동조 제1항은 취소소송은 행정심판을 거치지 않아도 제기할 수 있지만, 다른 법령에 행정심판을 거치고나서 취소소송을 제기하라는 규정이 있으면 이를 따르라는 규정이다. 다 알고있다. 그런데 법에 있다고 무조건 행정심판을 다 거쳐야하는 것은 아닐것 아닌가? 공공기관과 한번이라도 서류업무를 해본 사람은 알 것이다. 한번 왔다갔다하는게 보통 일이 아니다. 게다가 기껏 외근 신청하고 공공기관에 가서 서류를 내고 오면 신청인이 늙어죽을 때까지 기다리게 한 다음 온갖 트집을 잡아서 다시 서류를 제출하라고 한다. 업무를 요청했는데 답이 없는 경우도 많고 이미 절차를 거쳤는데 뭔가 바뀌어서 다시 작성해오라고 하는 경우도 수두룩하다. 국민 입장에서는 미치고 팔짝 뛸 노릇이다. 제도의 취지가 절로 떠오른다. '행정심판청구를 했고 아직 결과를 못받았지만 더 이상 기다릴 수가 없을 경우'에는 결과를 기다리지 않아도 취소소송을 제기할 수 있으며, '이미 비슷한 사건에서 행정심판 재결을 받은 경우'에는 행정심판을 또 다시 제기할 필요없이 바로 취소소송을 제기할 수 있어야 할 것이다. 각각 행정소송법 제18조 제2항, 제3항의 내용이 이에 해당한다. 그리고 문제는 행정심판의 청구조차 필요없는 경우, 즉 제3항에 해당하는 내용을 고르라는 것이었다. 그럼 행정심판청구를 한 이후 기다리고 있는 단계의 얘기를 논하는 지문들은 제거하고, 비슷한 사건에서 이미 행정심판 재결을 받았기에 '이걸 뭘 또해야 되나?' 싶은 경우에 해당하는 이야기를 하는 지문을 체크하

자. 모든 지문이 여기에 정확히 해당하는 것은 아니지만 이러한 취지를 떠올려보기만 해도 소거법으로 답을 찾을 수 있는 문제였다.

이러한 기초적인 법리, 그리고 법리의 체계와 제도의 취지에 대해 익힌 학생들은 문제를 '풀어낼' 수 있다. 모든 지문내용을 외워서 OX 판단으로 맞추면 제일 편하고 좋다. 하지만 그것이 불가능하기 때문에 이렇게 공부를 해야하는 것이다. 기본적인 '판단기준'을 익히자. **판단기준을 익혔다면 모르는 지문이 나와도 '아 그렇겠지~' 혹은 '아 이건 좀 아닌것 같은데'라는 판단이 머릿속에서 순간적으로 이루어진다.** 그리고 그 판단은 십중팔구 맞다. 모든 판례를 외울 필요가 없다. 특히 기본법리를 단순 적용한 판례의 경우 '이걸 내가 아는 판례인지 아닌지'를 떠올리고 문자 하나하나에 집착해 내가 외운 판례문구와 비교하며 '맞는지 틀린지'를 고민할 일이 없어져 훨씬 빠른 판단이 이루어진다.

많은 학생들이 객관식을 위해 엄청나게 외우려고 노력하는 것 중 하나는 **최신판례**이다. 최신판례는 당연히 중요하다. 하지만 그리 중요하지 않다. 방금 여러분 '이게 무슨 헛소리야?'라고 생각한거 다 안다.

최신판례는 중요하다. 최신 판례이므로 출제위원들의 머릿속에 가장 신선하게 각인돼있는 판례들이기 때문이다.

최신판례는 그리 중요하지 않다. 만약 최신판례가 '중요한 법리의 수정'이라면 이미 수업시간에 크게 다뤘을 것이고 여러분이 가지고 있는 수험서에도 중요하게 하이라이트되어 표시되어 있을 것이다. 이미 지겹도록 봤을 것이다. 그리고 중요한 법리가 수정된 경우가 아니라면 단순 응용에 불과하여 기존의 법리로 해결 된다.

많은 수험생들이 시험이 끝나고 나면 '자신이 본' 최신판례가 많이 나왔다고 좋아하는데 기초법리의 이해가 된 학생이라면 그 최신판례를 몰랐어도 문제를 푸는데 지장이 없다. 주변에 공부를 별로 안하는 것 같은데 성적은 좋은 학생들이 있을 것이다. 이런 친구들한테 '야 이번에 최신판례 많이 나왔어!'하고 자랑해보라. 그들은 '어? 그게 최신판례야?'라고 대답할 것이다. 그리고 그들의 성적이 여러분보다 더 좋을 것이다.

다시 한번 말하자. 객관식 문제를 풀 때의 여러분의 마음 속은 '아, 나 이거 외웠어'가 아니라 '그렇겠지~' 혹은 '아, 이건 좀 그러네'가 돼야 한다.

혹시 객관식 문제를 푸는 데 너무 많은 **시간**이 걸리는 학생들도 있을 것이다. 그런 학생들은 위와같이 '판단기준'들을 이해하고 체화하면 지문들을 순식간에 정리할 수 있다. 외쳐보자. "그렇겠지~!". 단언컨대 달달 외운 문장을 지문과 비교해서 맞출때보다 훨씬 빠르다. 여러분의 뇌를 믿자. 판례를 그저 외워서 문제를 풀 경우의 가장 큰 문제점은 지문으로 제시되는 압축된 문장이 여러분이 외운 문장과 차이가 있다는 것이다. 여러분이 외운 그 문장 그대로가 문제 지문으로 나오면 얼마나 행복하겠는가? 아닐 것이다. 최소 한 문단은 되는 원본 판례를 한 문장으로 압축하거나 그 중 한 문장만 뽑아서 출제된다. 여러분의 기억과 지문의 문장이 실제로 차이가 있을 소지가 다분하고 그 차이로 인해 더욱 고민하게 될 것이다. 처음 지문을 봤을 때 '이거 내가 외운 판례네'하고 좋아하다가 자세히 보니 '어?'하는 생각이 드는 순간 망한 것이다. 본 적이 없는 판례인 경우는 말할 것도 없다. 속도도 느리고 정확도도 떨어진다.

그리고 **소거법**을 활용하고, 지문은 1번부터 읽지말고 짧은 지문부터 읽자. 문제 난이도를 높일 때 가장 쉽게 사용할 수 있는 방법 중 하나는 정답을 뒷 번호에 놓는 것이다. 이런 심리적 함정에 빠지는 것을 방지해주고 정확도도 높여준다. 짧은 지문부터 지워나가자. 제일 짧은 지문이 정답임이 명백하다면 뒤도 돌아보지 말고 다음 문제로 넘어가라. 행동을 먼저하고 생각은 나중에 하자. 아니, 생각을 아예 하지말자.

여러분의 행동은 의식적 생각이 없었더라도 이미 여러분의 뇌 속에서 최적의 답을 찾아낸 뒤에 자동적으로 이루어진다. 여러분의 의식적 생각은 나중에 튀어나와 이를 정당화하거나 헷갈리게 할 뿐이다[3].

가장 빠르게 푼 문제가 정답일 확률도 가장 높다.

위는 공통적인, 그리고 이후 공부의 기본 전제가 되는 팁이었고 이제 각 과목별로 보자.

민법은 가장 기본적인 법리들 위주로 출제되는 과목이다. 당연하다. 양이 너무 방대하기 때문에 주요법리들만 내기도 바쁘다. 사례형과 객관식 점수가 보통은 함께간다. 제일 좋다. 그래서 객관식 공부를 따로 하지 않아도 되는 과목이다. 가족법만 따로 챙기도록 하자. 가족법도 다 외우려면 만만치않다. 사례문제에 주로 출제되는 챕터의 기

---

3 이러한 내용은 아마 여러분들이라면 각종 시험 지문 중 '자유의지의 실재 여부'와 관련한 글들을 통해 접했을 것이다. 꽤나 오래된 논의이지만 요즘 나오는 거의 모든 교양과학 서적에서도 이를 다루고 있다. 이 책 앞 부분에서 언급한 책들 중 상당수도 마찬가지이다. 이 주제에 관하여 조금 더 생각해보고 싶은 학생이라면 다음 책을 참조하자. 에드워드 O. 윌슨. "인간 존재의 의미". 사이언스북스. 2016
참고로 윌슨은 위 책에서 다음과 같은 결론을 내린다.
"그렇다면 자유 의지는 존재할까? 그렇다. 설령 궁극적으로 실재하지는 않는다고 할지라도, 적어도 조작적인 의미에서 온전한 정신을 유지하는 데, 그럼으로써 인간 종을 영속시키는 데 필요하다."

본 법리들 위주로만 보자.

민사소송법은 기본 법리의 이해로 풀리는 문제 외의 단순 암기문제들이 다소 출제된다. 아무래도 절차법이다보니 그런 경향이 있다. 조문을 외워야 하는 문제도 많다. 다행히 이런 문제들의 경우 출제 챕터나 지문이 반복되는 경향이 있다. 기출문제를 풀어보면서 자주 출제됐던 챕터는 기본서를 보며 관련 조문까지 꼼꼼히 보도록 하자.

상법은 가장 무서운 과목이다. 다른 과목들은 주로 사례형 객관식 문제와 암기로 해결되는 간단한 문제들이 명확히 구별된다. 그런데 상법문제는 사례형 객관식 문제에도 지문들 중간중간에 단순암기로 커버해야할 내용들이 박혀있다. 사례형 객관식 문제에 뜬금없이 '이 회사는 감사나 이사가 3명이어야 되냐?' 같은 단순암기 지문이 튀어나온다. 거의 모든 문제가 그렇다. 조문 비중이 가장 높은 과목 중 하나다. 상법 사례형 문제를 잘 푸는 학생들도 암기가 안되어있으면 큰 코 다칠 수 있는 부분이다. 이부분을 염두에 두며 상법은 한 챕터를 공부할 때 그에 연계되는 조문들도 항상 같이 공부하는 것이 좋다. 안타깝게도 내가 위에서 언급한 기본 법리 이해와 객관식 성적과의 연계성이 가장 떨어지는 과목이다. 암기를 못하는 나는 상법 객관식을 완전히 버렸다. 반대로 암기를 잘하는 학생들은 가장 점수를 쉽게 올릴 수 있는 과목일 것이다.

형법은 총론과 각론으로 나뉜다. 총론의 경우 사례형에서는 거의 쓰이지 않는 학설들까지 객관식에 허다하게 출제되므로 까다로울 수 있다. 그런데 그 허다하게 출제되는 학설들이 보통 정해져있다. 몇 개 챕터가 안되니 이해를 바탕으로 외우자. 형법 총론의 대부분의 학설들이 형법 교과서 맨 앞에 있는 형법의 기본 이념으로부터 연계되어 나오므로 이에대한 이해와 흐름없이 뒷부분의 학설들만 줄창 외우는 것은 좋은 방법이 아니다. 각론과 특별형법은 비교적 수월하게 외울 수 있다. 거의 모든 판례들이 재미있는 '스토리'로 구성되어있기 때문. 기초가 돼있다면 사례형에 거의 출제되지 않는 죄들 위주로만 공부하자. 아마 전국 로스쿨생들 중 형사법을 나만큼 공부 안한 학생들은 잘 없을 것이므로 더 해줄 말이 없다. 잘 모를 때에도 '아 얘는 좀 나쁜놈이다' 싶으면 유죄나 심한 형벌로 찍으면 얼추 맞다. 원래 사람 생각들이 다 비슷하다.

형사소송법은 역시 소송법이라 암기과목이다. 그래도 다행히 사례형에서 중요한 챕터들이 주로 출제된다. 사례에 잘 나오지 않는 부분들, 주로 각종 제도들의 비교와 그와 관련된 조문들의 지리한 암기가 추가적으로 요구된다. 제도의 취지를 잘 이해하도록 하자.

헌법은 답이 없다. 헌재결정례들을 열심히 외우는 수 밖에. 헌법재판관들도 결론이 매번 달라지는걸 우리가 어떻게 맞추겠나. '그렇겠지~'가 안먹히는 과목이다. 틀린 지문으로 나오는 '반대견해'도 그럴싸하기 때문. 기초지식들을 최대한 활용, 기본 법리들과 헌법소송법에서 최대한 점수를 따고 각종 기본권 결정례들은 결론만 눈에 바르는 공부가 필요하다. 헌정사는 말하기도 싫다. 나는 헌정사 파트는 아예 버렸다. 이런건 도저히 외울 수가 없었다(다행히 11회 변시에서는 헌정사가 출제되지 않았다. 만세!). 상법과 더불어 기본이해와 점수가 가장 덜 연관되는 과목이다.

행정법은 은근히 점수밭이다. 행정법은 제대로 공부하면 양이 엄청난 과목이다. 하지만 '공법'에 엮여있는 바람에 여러분의 실질 공부시간은 0으로 수렴한다. 그리고 교수님들도 그걸 알고계신다. 조금만 뜬금없는 문제를 내도 10회 변시처럼 아무도 몰라서 못풀게되어 오히려 변별력이 없어지는 사태가 발생한다. 그래서 대부분의 경우 기초법리의 이해로 충분히 풀리는 문제들로만 구성되어 나온다. 학생들은 행정법이 엄청난 암기과목인 것으로 오해하지만 기초만 어느정도 잡히면 손쉽게 해결되는 과목이다. 문제는 우리가 기본조차 안한 채로 시험장에 들어간다는 게 문제다. 행정법은 주요한 법리들의 이해만으로도 초고득점을 할 수 있다. 이상한 조문, 이상한 판례들을 붙잡고 외우려 들지말자.

3. 사례형

법학문제 풀이과정 중 "3) 판단기준들에 따라 청구권이나 제도의 적용가부를 판단"하는 것에 집중된다. 즉 **논리적 문제해결능력**을 테스트하는거다. 가끔 사례형에서도 "2) 어떤 청구권이나 제도가 문제되는지를 파악"하는 것을 요구하는 문제도 있지만 대부분 당사자들의 주장의 형태로 주어지고 그것을 이 사안에서 적용해서 문제를 풀어낼 수 있는지가 중점이 된다.

여기서에서 학생들의 실력이 극명하게 갈린다. 그리고 3학년 기간 1년의 벼락치기로 점수 상승이 잘 안된다. 그래서 6, 8, 10모의 등수변화가 없는 것이다. 이러한 논리적 문제해결능력은 단순 암기로 커버가 힘들다. 모든 문제의 해결방법을 다 외우지 않는 이상.

기본적으로는 객관식 파트에서 설명했듯, 기본 법리들을 충실하게 이해하는 것에서 출발한다. 위에서 언급한 문제풀이를 위한 도구가 되는 중요법리들과 그 구조를 알아야 한다. 법리는 함수다. 그리고 다음 단계로 문제해결능력을 길러야 한다.

사례형 문제 풀이 구조를 먼저 살펴보자.

사례형 문제 풀이는 공학문제 풀이와 매우 유사하다. 둘 다 이론을 실제에 적용하는 응용문제이기 때문이다. 때문에 공학도들은 사례형 문제에 상대적으로 쉽게 익숙해질 수 있다.

문제 형식도 똑같다. 초기조건(initial condition)이 주어지고 결론적으로 구해야 할 결과가 무엇인지 물어본다. 우리는 우리가 배운 법리, 원칙, 공식에 초기조건들을 적용하여 답을 도출한다. **논리적 문제해결은 문제에서 결론까지 한단한단 밟아나아가는 과정이고 이를 테스트하기 위해 그 과정 한줄마다 배점이 들어가는 것이다.** 우리는 그 과정을 밟아나가며 한줄한줄 점수를 줏어 먹기만 하면 된다.

이를 단순화시켜 도식화하면 다음과 같다. 문제에서 초기조건 a가 주어졌다. d를 구하라.

  f(a) = b   [3점]
  → g(b) = c   [5점]
  → h(c) = d   [5점]
  → 결론: d   [2점]

이런 식으로 꼬리에 꼬리를 물고 이어지는 논리형식으로 문제풀이구조가 나타난다. 여기서 f, g, h 함수는 판단기준, 즉 법리들을 의미한다. 괄호 안의 a, b, c는 각 함수의 변수 혹은 법률요건이다. 그런데 법리와 그들의 연결 논리를 이해하지 않은 학생들은 쟁점들을 "찾는다". **법학 문제해결은 쟁점을 "찾는" 것이 아니다. 자연스레 논리의 흐름에서 한단계 한단계 밟아나가는 과정들이다.** 그리고 *이 과정이 몸에 익으면 추가적으로 지엽적인 판례들을 무지막지하게 외우지 않더라도 충분히 상위권 점수를 획득할 수 있다.* 정말이다.

이 점을 간과한 많은 학생들이 결론에 해당하는 h(c) = d 판례만을 외워서 쓰고는 "나 이 쟁점 썼다"고 자부하지만 점수는 형편없다. 심지어 그 판례를 몰라서 법리를 지어쓴 '오늘은 내가 일일 판사님'인 학생보다 점수가 안나오는 사태가 발생한다. 그 판례 하나는 완벽하게 쓰면 4점, 뭐라도 썼으면 3점이다. 나머지 점수는 모조리 놓쳤다.

법리를 암기의 대상으로 보지 말자. 판단 기준이다. 공식으로 이해를 하자.

문장으로 보면 무슨 말인지 잘 이해가 가지 않을 것이다. 공식과 그 적용이 어떻게 이루어지는지를 눈으로 보는 것이 도움이 될 것이다. 이를 위해 매우 단순화한 열역학 문제 하나를 살펴보자.

[문제] 표준 증기압축 사이클에서, 압축기의 kg당 일은 30kJ/kg, 냉동장치의 냉동능력(refrigerating capacity 냉동장치가 저온의 물체에서 흡수할 수 있는 열량)이 50kW이고 냉매의 냉동효과(refrigerating effect. 냉매 1kg이 증발기evaporator에서 흡수하는 열량)가 150kJ/kg일 때 **압축기의 성능계수**(Coefficient of performance)를 구하라.[4]

굵은 글씨로 표시된 '성능계수'가 우리가 구해야 할 답이다. C로 표기하자. 그리고 문제의 나머지 부분들은 모두 초기조건들이다.

1) 먼저 결론인 성능 계수를 구하려면 어떤 변수들이 필요한지 보자.

성능계수는 냉각기의 냉동능력을 압축기의 동력(compressor power)로 나눈 값이다. 냉동능력은 초기조건에서 50kW로 주어졌다.

C= 50kW / **동력**

2) 그럼 이 **동력**은 어떻게 구해야 하나?

동력= (냉매의 유량kg/s) x (압축기의 kg당 일kJ/kg)이다.

kg당 일은 초기조건에 30kJ/kg으로 주어졌다.

동력= **유량** x 30kJ/kg

3) 그러면 이 냉매의 **유량**은 어떻게 구하나?

유량은 냉동능력을 냉동효과로 나누면 된다. 모든 값이 **초기조건**에 주어져있다.

유량=(50kW) / (150kJ/kg) = 0.33 kg/s

4) 이제 결론을 낼 준비가 되었다. 초기조건에서 주어진 값들을 대입해가며 위 문제 풀이 과정을 거꾸로 올라가면 된다.

법학문제의 "사안의 해결"에 해당한다.

• 초기조건의 값들을 유량 공식에 대입하면 0.33kg/s가 된다.

• 유량 0.33을 동력공식에 대입하면 10kW가 된다.

• 동력 10kW를 성능계수 공식에 대입하면 5가 나온다.

• 결론: 성능계수는 5이다. 끝.

법학의 사례형 문제도 이와 같은 논리적, 단계적 문제해결 능력을 테스트한다. 이해를 위한 예시로 아주아주 쉽고 기초적인 민법 문제로 예를 들어보자. 여러분들이 논리 흐름 구조를 집중해서 볼 수 있도록 일부러 모두가 다 알 내용으로 구성했다.

"양 당사자가 계약금을 주고 받았고 계약을 했다. 그리고 일방 당사자가 이행지체를 한 것 같은 상황이다. 상대 당사자가 계약을 해제하겠다는 내용증명을 보냈다. **그는 돈을 돌려받을 수 있겠는가?**"

문제에서 묻는 결론은 "돈을 돌려받을 수 있겠는가?"이다. 돈을 돌려받으려면 계약

---

4 위 문제는 저자의 창작 문제이며 하기 책을 참조했다.

W. F. Stoecker, J. W. Jones. "Refrigeration and Air Conditioning" Second Edition. McGraw－Hill. 1982

이 해제가 되어야 한다. 이게 출발점이다. 그럼 문제를 풀어보자.

1. **[출발]** 해약금 해제

   ① 계약금을 교부했나?

   ② 다른 약정이 없었나?

   ③ 일방이 실행에 착수하기 전인가?

   ④ 교부자가 계약금을 포기했거나 수령자가 배액을 상환했나?

   (보통 이행착수 여부가 문제되므로 여기서도 그렇다고 하겠다)

2. **[쟁점1]** 요건 ③ 관련, 일방이 실행에 착수했나?

   [판단기준] : 판례 문구 ~

   소결 : **판례에 의하면** 이행착수를 안했다. 해약금 해제는 안됐다.

3. **[챕터 간의 연결]** 해약금 해제가 안먹힐 때 2차적으로 검토할만한 다른 해제 방식이 있나? 있다. 검토해보자.

4. **[연결 논점]** 이행지체로 인한 계약 해제

   ① 채무자가 이행지체에 빠졌나?

   ② 채권자가 상당기간을 정해 최고를 했나?

   ③ 채무자가 그 기간 내에 이행하지 않았나?

   ④ 채권자가 해제의 의사표시를 했고 도달 했나?

   (보통 이행지체 여부가 문제되므로 여기서도 그렇다고 하겠다)

5. **[하부 논점]** 이행지체 여부

   ① 이행기에

   ② 이행이 가능함에도

   ③ 이행을 게을리했고

   ④ 귀책사유와

   ⑤ 위법성이 있는가?

   (보통 위법성 여부가 문제되므로 여기서도 그렇다고 하겠다)

6. **[쟁점2]** 요건 ⑤ 관련, 위법성이 있는가?

   [판단기준] : 판례 문구 ~

   소결 : **판례에 의하면** 동시이행항변권이 소멸되어 위법성이 인정된다.

7. **[결론]** 해제가 된다.

이렇게 흘러간다. 앞에서 본 공학 문제 풀이와 전혀 다르게 없다. **문제에서 출발해서 결론까지 꼬리에 꼬리를 물고 단계단계 판단기준을 적용해나간다.** 이러한 논리적 문제해결 능력을 테스트하기 위해 단계마다 부분점수들이 배정되어 있는 것이다. **성적이 좋**

은 학생들의 답안지에는 이 흐름과 논리 단계들이 자연스레 녹아들어가 있다.

그런데 상당히 많은 수의 학생들의 답안지는 어떠한가?

1. 문제의 소재

2. 쟁점1

3. 쟁점2

4. 사안의 해결

이게 끝이다. 왜? 여러분들은 지문에서 판례 쟁점을 '찾은' 뒤, 외운 판례를 답안지에 복사·붙여넣기하기 바쁘기 때문이다. 위의 1번부터 7번까지의 문제 해결 흐름 중에서 판례 쟁점인 2번과 6번, 그리고 결론인 7번만 답안지에 쓰는 것이다. **나머지 논리 단계에도 다 배점이 있다.** 물론 판례 점수가 크긴 하지만 저 논리 흐름들의 점수를 합치면 못해도 총점의 ⅓은 된다. 여러분들은 그 점수를 모조리 버리고 시작한 것이다.

사례집에도 딱 저런 식으로 목차가 구성돼있는데 무슨 소리냐고? 자세히 들여다보라. 사례집의 해설에도 나머지 논리 단계들이 자연스레 녹아들어가 있다(물론 사례집에 따라 이러한 논리 서술이 극도로 부실한 경우가 많긴 하다). 어디에? '1. 문제의 소재'와 '4. 사안의 해결'. 그런데 여러분들은 사례집을 볼 때 '2. 쟁점1', '3. 쟁점2'만 들여다보고 있다. 그건 다 기본서에 있는건데 왜 사례집에서 그걸 외우고 있나? 사례집은 위와 같은 논리들의 연결과 흐름을 익히기 위해 보는 것이다.

여러분들은 '쟁점1, 2'만 써놓고 모의고사가 끝나면 "나 이 문제 쟁점 맞췄어!", "이야 어제 외운 최신 판례에서 출제됐네!"하고 좋아한다. 그런데 성적이 나오고보면 점수는 암울하기 짝이 없다. **점수의 ⅓을 버리고 시작했는데 성적이 좋을리가 없다.**

그것도 그나마 쟁점들을 모두 찾아서 맞췄을 때의 얘기다. 태반은 몇 개씩 빼먹는다(물론 위의 예시는 너무 쉬우므로 뭘 빼먹을 리가 없지만 일반적인 변호사시험 난이도의 문제를 이야기하는 것이다). 논리적으로 문제를 풀어가야겠다고 사고하지 않으므로 뒷 단계의 쟁점은 아예 떠올리지도 못하는 것이다.

더 큰 문제는 조금이라도 모르는 내용이 나오면 뭘 써야될지를 몰라 아예 백지를 내게된다는 것이다. 왜? 쟁점을 '찾을 수 없으니까', '내가 암기한 것을 뱉어내려했는데 내가 암기한 내용과 다른 것이 출제됐으니까'. 공부를 잘하는 학생들은 자연스레 문제에서 출발해서 단계를 밟아 결론을 도출해내려 하므로 결론이 뭔지 전혀 감을 못 잡겠더라도 문제에서 출발해 관련 조문이라도 찾아쓴다. 여기서 또 엄청난 점수차이가 벌어진다.

이런 누락된 논리 단계들만 잘 줏어먹어도 사례형 점수가 수직상승한다.

여러분들이 누락한 논리 단계에 해당되는 내용들은 절대 여러분이 모르는 내용들이 아니다. 다 아는데 못쓴다. 논리적, 단계적으로 사고하지 않으니까. 여러분이 외운 '쟁점 판례'가 아니니까.

그러므로 **여러분들은 사고방식을 바꾸어야 한다.** "쟁점을 찾아서 판례를 복사·붙여넣기하는 것"이 아니라 "문제에서 출발해 결론까지 단계적으로 풀어"나가야겠다고 생각해야 한다. 사고방식을 바꾸고 사례 연습을 할 때 이 연결과 흐름을 신경쓰면서 연습해야한다. 그거면 된다. 지엽적인 객관식 지문용 판례 수백개를 암기하는 것보다 훨씬 효과가 크고, 낮은 점수의 원인을 직접 공략하여 근본적으로 성적을 향상시키는 방법인 것이다.

이게 사례형 문제풀이의 기초다. 이건 공부를 잘하는 학생들은 굳이 인식을 하고있지 않더라도 너무나도 당연하고, 체화돼있는 것이기 때문에 대부분의 '수험전략'에는 언급조차 되지 않는다(그래서 내가 상위 20% 학생들은 이 글을 읽을 필요가 없다고 한 것이다). 하지만 내가 겪은 바로는 이것부터가 안된 학생들이 굉장히 많다. 나는 "쟁점을 찾아야 한다"는 말이 대부분의 학생들의 공부를 죄다 망쳐놨다고 확신한다.

논리적 사고를 하지 않으니 점수를 다 버리고 시작하여 사례 성적이 안나오고, 그렇기 때문에 더욱더 지엽적인 암기에 몰두하여 외운 것만 가지고 모든 문제를 해결하려고 하고, 결과적으로 로스쿨 생활이 끝까지 괴로운 것이다.

장담컨대 이게 훈련되기만 한다면 단숨에 안정권으로 정착할 수 있다. 합격 커트라인 약 900점을 간신히 넘는 정도가 아니라 곧바로 1,000점대에 오른다. 그러면 여러분들은 변호사시험이 끝나는 날까지 오들오들 떨면서 끊임없이 휘발되는 암기로 점철된 괴로운 로스쿨 생활을 보낼 필요가 전혀 없다. 재미도 없는 지엽적인 암기는 버리고 여유시간에 책도 많이 읽고 사람도 많이 만나면서 학창시절을 즐기고 로스쿨 제도 도입 취지에 맞는 인재가 되도록 하자.

이제 "논리적 문제해결능력"이란 것이 어떤 것인지를 파악이 됐다. 그럼 이를 훈련하자.

문제에서 시작해 답을 찾아가는 흐름이다. 사례집을 단순히 외우지말고 '**연결**'이 어떻게 되는지, 그 '**흐름**'을 찾아내서 연결하는 연습을 해야된다. 전통적인 사례공부법인 목차 암기는 처음 길을 잡을 시기에는 도움이 되는 방법이긴 하지만 그걸 다 외우는것은 불가능하다. 각 문제에서 법리들이 어떻게 적용이 되고 연결되는지를 파악해야 한다. *초기 조건에서 어떤 변수가 어떻게 달라지면 논리흐름에서 어디가 어떻게 바뀌는지를 파악하자.* 주어진 문제를 단순히 보기만 하지말고 어떻게 변형될 수 있겠는가?를 생각하면서 읽자.

그리고 문제를 풀었으면 논리의 흐름에서 내가 빠뜨린 것이 무엇인지 체크하자. 내 머릿속 연결에 빈틈이 생긴 것이다. *법학문제와 공학문제의 가장 큰 차이점은 법학문제의 경우 대충 결론 판례만 알아도 그럴싸하게 답을 쓸 수 있다는 것이다.* 공학문제는 마지막 공식을 알아봤자 앞의 단계가 없으면 답을 아예 도출할 수 없으니 필연적으로 논리적이어야 한다. 하지만 법학문제는 결론에 해당하는 부분만 써도 "내가 보기에는" 그 자체로 완결적으로 보이고 훌륭해보인다. 많은 학생들이 결론 앞의 단계의 전제들을 밟지 않고, 심지어 자신의 답안지에 논리 흐름이라는 것이 없는지도 모른다. 중간단계의 논리를 빼먹었지만 정답은 맞췄고 답안지도 그럴싸해 보인다. 그래서 위험하다.

연결과 흐름. 이것을 파악하지 못한다면 고득점은 글렀다. 이 부분은 혼자서 공부할 경우 자신이 어디가 부족한지 파악이 힘들 수 있다. 눈 앞에 사례집이 있으면 답부터 보기 마련이다. 스터디나 학교의 첨삭, 연습수업을 적극 활용하자. 놀림받거나 혼나는 걸 무서워하지말자. 첨삭기회가 있으면 반드시 받을 것을 추천한다.

그리고 앞서 말했듯 이 연결과 흐름은 사례집의 '문제의 소재'와 '사안의 해결'에 잘 나타난다. 이것을 중점적으로 보자. 많은 학생들이 반대로 그 사이에 있는 판례 법리들만 계속 들여다본다. 법리들은 기본서에서 보자. 사례집에서 배울것은 그 법리들이 언제 어떻게 활용되고 어떻게 흘러가는가이다. 사례집을 통해 문제 논리의 흐름들을 파악했다면 기본서의 해당 파트에 자신이 파악한 흐름들을 손으로 한번 그려보자. 나중에 복습을 할 때에 그 그림만 봐도 문제 구성이 떠오르며 문제를 어떻게 풀이해나가야 할지, 책에서 특히 중요하게 보아야하는 지점이 어디인지 쉽게 파악할 수 있을 것이다.

위와같은 논리 흐름들이 체화되었다면 결론에 해당하는 판례를 몰라도 문제 '풀이'가 가능하다. 그리고 이렇게 논리적인 문제 풀이가 가능하면 부분점수들을 받아 결론 판례만 외워쓴 학생보다 고득점이 가능하다. 세세한 판례를 모조리 기억하지 않아도 좋은 점수를 받을 수 있으니 공부해야 할 것이 현저히 줄어들고, 불안감도 줄어들며 어떤 문제가 나오더라도 안정적인 고득점이 가능해진다. 이것이 암기력이 형편없어서 판례 결론을 다 까먹은 나같은 녀석이 사례형은 항상 고득점을 할 수 있었던 비결이다.

이제 그 논리흐름의 중간중간 알맹이에 해당하는 법리들을 보자.

앞에서 객관식 공부방법에 쓴 것과 똑같다. 사례형 공부가 객관식 공부와 통하는 지점이다. 판례를 공부할 때에도 교과서 '본문에 서술된' 판례들 위주로 봐야지 뼈대가 잡힌다. 무턱대고 다 외우는건 의미가 없다. 앞서 서술한대로 '이럴때 이 청구권 / 제도로 가야 된다'를 나타내주는 갈림길 표시판이 되는 판례와, '이럴땐 이렇게 판단한다' 는 법리설시(와 그 예외) 판례를 위주로 공부하자. 법리를 '단순적용'한 판례들은 '어 뭐 그렇구나' 고개 한번 끄덕하고 넘어가자.

그리고 법리를 서술하는 판례도 그 긴 문구를 다 외울 생각하지말고 변수(요건)과 결론에 해당하는 키워드들만 캐치하고 넘어가자. 그렇게 핵심만 외워 **답안지에는 f(a)=b 라는 판례라면 a와 b만 달랑 한줄 쓰고 넘어가는 것이다**. 우리의 논리회로에 필요한 것은 그것 뿐이다. 교수님과 강사님들이 "키워드만 쓰면 된다"며 강조하는 것이 다 이런 것이다. 그것만 써도 해당 판례의 배정된 점수는 다 주신다. 채점하는 교수님들은 그 판례를 20년 동안 봐오신 분들이다. 개떡같이 써도 키워드만 들어있다면 찰떡같이 알아보신다. a, b에 해당하지 않는 엉뚱한 걸 키워드랍시고 두문자 따서 외우고 있는 우를 범하지는 않길 바란다. 그런데 그런 두문자들을 너무 많이 봐왔다.

물론 판례를 열심히 외워서 문장 그대로 때려박으면 교수님들에게 깊은 인상을 심어드릴 수 있다.

"오 자네 아부지 성함이 혹시 제록수(諸鹿水)이신가?"

"예, 의성 제씸더"

이런 아름다운 광경이 연출되고 교수님들은 탄복을 금치못하며 여러분들에게 재량 점수를 퍼주실 것이다. 실제로 굉장히 좋아하신다. 심지어 내신에서는 그렇게 쓰지 않으면 좋은 점수를 받기 힘든 경우가 많다. 내신은 시험범위가 좁고 시간과 답안지 분량이 상대적으로 풍부하기 때문에 일반인들도 열심히 하면 그렇게 암기하여 쓰는 것이 가능하고 많이들 그렇게 하기 때문이다. 하지만 전범위 시험인 변호사시험에서는 택도 없는 소리다. 외울 수도 없고 쓸 시간도 없고 답안지가 그렇게 많이 주어지지도 않는다. 키워드 위주로 흐름만 파악하라. 연결과 흐름.

그리고 조문을 좀 보자. 여러분들 **법전**은 잘 펼쳐보지도 않는거 다 안다. 해당 근거 조문이 대략 어느 파트에 있는지만이라도 파악하자. 수험계에서 흔히들 '시험장에서 법전 펼쳐보면 망한다'라는 말이 떠돈다. *조문을 펼쳐볼 시간이 없다는 사람은 자신이 쓸데없는걸 너무 많이 쓰고 있는게 아닌지 한번쯤 생각해봐야 한다.* 위와 같이 논리의 흐름을 키워드 위주로 한 줄씩만 쓰고 넘어가면 답안지 분량과 시간이 남아돈다. 조문을 찾아서 적시하여 악착같이 점수를 받아먹자. 특히 답안지의 도입부에 일단 관련 조문부터 박아넣으면 이후 논리전개에 좋은 길라잡이가 된다. 검토해야 할 제도와 요건들이 조문에 다 들어있다.

조문에 은근히 많은 것들이 들어있다. 내가 잘 모르는 제도에 관하여 서술하라는 문제가 나왔을 때 해당 제도가 대충 몇 조쯤에 있는지를 캐치하고 법전을 펼쳤더니 내가 떠올리지도 못하고 있었던 세부적인 관련 논점들이 마구 튀어나오는 경우가 많았을 것이다. 뭔가 점수에 비해 쓸게 없다 싶은 문제가 있으면 관련 조문을 훑어보며 빼먹은 것들을 찾아내자. 그리고 민사법의 법률요건들은 조문에 거의 모든 것들이 들어있다. 나는 막말로 개나소나 다 외우고 다니는 요건사실 표조차 암기하지 않았다. 왜? 조문에 다 있는데 뭐하러 외우나? 법률요건분류설[5]이 '조문보고 하자'는 것 아닌가. 간혹 가다 긴가민가한 경우(주로 주관적 요건들)의 판례만 추가적으로 보면된다. 이런 판례는 '조문에서 답을 찾을 수 없기에' 중요하고 쓰면 점수로 이어진다.

그리고 전체를 보자. **통독의 중요성**이다. 우리가 소위 '통찰'이라 부르는 지식과 지식간의 연결이 정확히 어떤 기작에 의해 일어나는지는 아직 밝혀지지 않았다. 하지만 분명한 사실은 그 지식과 지식이 연결되려면 일단 그 개별 지식들이 머릿속 꺼내기 쉬운 곳에 있어야 한다. 우리가 배우는 교과서의 판덱텐 체계[6]는 이미 있는 지식들을 정리하기에는 좋은 체계지만 앞 내용과 뒷 내용의 연결을 해야하는 우리의 문제해결과정에는 그다지 도움이 되지 않는다. 순서도 그러하고 거리도 너무 멀다. 한번 배울 때 빠른 속도로 처음부터 끝까지 전체를 읽어버릇 하자. 암기장이든 교과서든 상관없다. 연결을 하려면 연결되는 지식들이 일단 모두 떠올라야 한다. 3학년이 돼서 전범위를 빠르게 훑다보면 사례집을 통한 연결을 직접적으로 체험하지 않아도 '아 이게 여기랑 연결이 되는구나!'하는 깨달음의 순간이 온다. 처음부터 끝까지 읽는 시간 간격이 너무 길어지거나 그때그때 생각나는 부분만 단편적으로 발췌독을 해버릇하면 이런 점에서 연결이 어렵다.

물론 사례형에서도 "느그 이거 아나?"하는 식의 문제가 가끔 출제되긴 한다. 특정 제도를 아는대로 쓰거나, '문제의 소재 / 학설 / 판례 / 검토'(소위 말하는 '문학판검')을 달달 외워서 쓰는 문제다. 전자는 주로 조문을 찾아 쓰는 문제이고 법조인이 해당

---

5 사실 주장 진위 여부가 불명인 경우 법률 구조, 형식에 따라 입증 책임 분배를 결정한다는 견해.
   예를 들어 'a인 경우 b이다. 단, c인 경우 그러하지 아니하다'라고 규정된 조문이 있다고 치자. 그러면 b라는 법률효과를 주장하려는 내가 본문의 'a'를 증명해야 하고, 이를 반박하려는 상대방은 단서의 'c'를 증명해야 한다.
6 우리 민법전을 펼쳐보면 총칙, 물권, 채권총칙, 채권각칙으로 이루어져있다. 이처럼 뒷부분에 공통적으로 적용되는 부분을 앞으로 뽑아내어 '총칙'에 모아두는 독일식 분류체계를 판덱텐 체계라 한다.

상황에서 이용할 수 있는 제도를 빠른 시간 내에 떠올릴 수 있는지를 테스트하는 것이므로 좋은 문제라 생각한다. 그런데 후자는 완전 암기문제가 맞다. 옛날에 다들 교과서로 공부하던 시절에는 이런 형태의 문제가 사고를 요구하는 좋은 문제였을지도 모른다. 하지만 요즘 수험서들에는 '문학판검'이 세트로 묶여 정리되어 박스표시되어 나오고, 수험생들은 그것만 달달 외워서 답안지에 옮겨쓴다. 이 시대에 '문학판검' 문제는 완전한 암기문제가 돼버렸다. 개인적으로 구글의 시대에 단순 암기 문제를 내는 것이 무슨 실력 테스트의 의미가 있나 싶다. 특히 '검토'를 외워서 쓰고 있는 것이 무슨 의미가 있는지 도저히 이해를 할 수 없다. 내 도시바 2Tb 외장하드 하나만 있으면 전국 변호사들 다 때려잡는 것 아닌가. 다만 후자의 문학판검 문제의 경우 주로 형사소송법의 단문 문제로 출제되는데, 형사소송법의 경우 심도 있는 문제를 많이 낼 경우 검찰준비생들에게 특히 유리하기 때문에 그런 단순 암기 문제도 내는 것이라고 한다면 어느 정도 이해가 간다. 이런 문제가 많이 나오는 파트들은 어쩔 수 없이 암기가 필요하다.

이제 각 과목별로 살펴보자. 사례형은 위 기본 문제풀이 형식이 기본이 되기 때문에 각 과목별로 따로 쓸 말이 거의 없다.

민법은 전형적이다. 위와 같이 논리의 흐름이 이어지는 부분을 잘 타면서 각 법률요건들을 빠짐없이 검토하면 된다. 일단 조문부터 박고 시작하면 길이 보일 것이다.

민사소송법도 마찬가지이다. 다만 민사소송법은 학설을 써야하는 파트가 꽤 있다. 별도의 암기가 필요하다. 그리고 민사소송법은 문제해결 흐름에 필요한 논리 외에도 '세트'로 써줘야 하는 부분들이 있다. 예를 들어 기판력의 주관적 범위만 문제되는 경우에도 '기판력의 의의 / 객관적, 주관적, 시적 범위 / 작용국면'을 기계적으로 써줘야 하고 거기에 다 배점이 있다. 누가봐도 통상공동소송에 해당하는 문제라도 공동소송 분류기준과 각 공동소송별 특성 등을 써주는 것도 한 예이다. 이런 통으로 외워서 발라줘야 하는 부분들을 잘 체크해두자. 몇 군데 없고 다들 안다. 하지만 안 쓴다. 받아먹자.

상법은 암기과목이라는 많은 학생들의 편견과 다르게 위와 같은 논리흐름이 매우 중요한 단원이다. 쟁점 간 연결이 되는 파트들이 몇 군데 되지도 않는데 한 문제당 배점들이 크기 때문에 그런 몇몇 문제들만 돌아가면서 줄창 나온다. 주로 '이사가 무슨 뻘짓을 했다→뭐 위반이냐?→그것이 회사한테 유효냐 무효냐?→무효라면 손해배상책임이라도 져야되는거 아니냐?→돈 줘야된다' 같은 류의 흐름이다. 문제당 점수배점이 크기 때문에 연결의 하나라도 빠지면 타격이 굉장히 크다. 몇 안되는 흐름들을 유형화해서 머릿속에 그려두자. 사례형 문제에서 암기할 것은 거의 없는 과목이다. 학설도 거의 없고 판례도 많지 않다. 중간중간 흐름에서 모르는 것이 나오면 조문을 뒤적거려

보면 금방 나온다. 암기력이 잼병인 내가 사례형에서 가장 날아다녔던 과목이 바로 상법이다. 상법총론, 분할, 합병, 교환, 어음수표법 등에서 나오는 불의의 타격 문제들 때문에 종종 상법이 암기 과목이라는 느낌을 받곤 하는데 대부분 조문으로 해결된다. 다만, 상법은 조문들이 워낙 여기저기 이상한 곳에 붙어있다보니 테마별로 중요조문들은 몇 조 쯤에 있는지 반드시 체크해놓고 시험장에 들어가야 한다.

형법은 위 논리적 문제해결 방식의 다소간 예외가 된다 … 라고 하면 형법을 좋아하시는 분들이 "뭔 헛소리냐 형법이야말로 제일 논리적인 학문인데?!"라고 화를 내실 것이다. 사실 흐름이 중요한 문제들이 군데군데 있다. 그런데 그런 파트가 몇 개 없어서 옛날옛적부터 이미 이 논리 흐름 자체가 공식화돼있다. 형법 제310조와 위법성 조각 관련 세트 문제, 공무원과 민간인 공범의 문서 범죄 세트, 정당방위–정당행위 세트 문제 등. 어느 정도 공부를 하신 분이라면 이 세트들이 줄줄줄 떠오를 것이다. 몇 군데 없다. 위와 같은 세트문제들은 점수배점도 클 수밖에 없기에 한 회 시험에 한번 나올까말까. 나오더라도 너무 유명해서 다들 잘 줏어먹는다. 논리의 흐름대로 이해하고 그냥 잘 외우자. 남들도 다 외워서 줄줄줄 쓰니 우리도 그리해야 한다.

그리고 나머지들이 문제다. 나머지들은 여러분이 좋아하는 쟁점을 '찾는' 식으로 빠르게 한줄 한줄 톡톡 건드리면서 풀어나가면 된다. 죄당 배정된 쟁점 한두개씩을 찾아서 빠르게 챙기면 된다. 이건 여러분들이 이미 잘하는 것이다. 그런데 쟁점 찾는 것보다 훨씬 중요한 것이 **'죄' 찾기**다. 형법 사례형 시험의 특징이다.

문제 구성을 생각해보면 자명하다. 보통 갑, 을, 병 세 명 쯤 나온다. 그리고 한 녀석당 평균적으로 3~5개의 죄를 저지른다. 3개라고 치자. 형법에 배정된 50점을 세 명이, 총 9개의 죄에서 나눠먹는다. 각 죄당 5.5점이다. 학생들은 보통 형법 사례형에서 제일 중요한 것들은 형법 총론에서 주로나오는 학설 / 판례를 써야하는 큰 쟁점이라고 생각한다. 그것을 열심히 외우고 때려박는 데 온 힘을 다 쏟는다. 대충 외우고 대충 쓰자. 그걸 열심히 쓸 시간도 없고 공간도 없다. 큰 쟁점이라봤자 어차피 한 죄의 일부 검토 요소다. 총 10점을 넘기 힘들고 대충 쓴 사람(5점)과 열심히 쓴 사람(7점)과 점수차이가 얼마나지 않는다. 오히려 여러분들이 맨날 빼먹는 3점짜리 주거침입죄 하나 못쓴게 더 큰 차이를 낳는다. *'쟁점' 찾기에 몰두하다보니 쟁점이 없는 자잘한 죄들은 다 놓치는 학생들이 너무 많다.* 이 점수들만 줏어먹어도 등수가 수직상승한다. 쟁점이 없기에 오히려 놓치는 것이다. 어려울건 하나도 없다. 사안과 관련이 있어보이는 죄들은 죄다 나열한 뒤 죄가 되는지 아닌지만 한두줄씩 써주면 끝이다. 죄가 될만한건 샅샅이 뒤져서 찾아내고 한줄씩이라도 다 건드리고 넘어가자. 추가점수들도 추가적인 죄 검토에서 나온다.

형사소송법은 공부하기 꽤 편한 과목이다. 논리흐름이 필요한 파트가 몇 군데 되지 않고 많이 정형화돼있다. 예를 들어 공소장변경 문제 세트, 성명모용 소송 문제 세트들 같이. 그리고 대부분의 큰 문제들은 무영장 압수와 증거법이라는 두 덩어리에서 나오고 이 부분은 2학년 2학기에 질리도록 봤을 것이다. 남들만큼만 쓰자. 사실 형사법은 검찰준비생들이 상위 티어를 다 쓸어먹기 때문에 등수를 올리기가 쉽지 않다.

그리고 위에서 언급한 것처럼 '문 / 학 / 판 / 검' 단문으로 암기문제들이 종종 출제되기에 열심히 외워야한다. 어쩔 수 없다. 기출문제들이 쌓이면서 최근 상소, 재심 파트와 같은 변두리 파트들의 중요성이 높아져가는데 이런 부분에서 점수를 벌리는 것을 추천한다. 조문과 제도의 취지로 풀 수 있는 문제들도 종종 나오는데 이 부분도 차별화된 득점 포인트다.

헌법은 기본권 파트와 통치구조 파트가 다소 다르다.

기본권 파트는 문제풀이틀이 정해져있다. 다들 알 것이다. 무슨 기본권이 제한되나? → 기본권이 제한된다면 어떤 헌법원칙에 반하여 기본권을 침해하나? 단순하다. 잘 모르겠으면 기본권은 아는대로 다 나열한 다음 과잉금지 원칙으로 비비면 된다. 다들 그렇게 푼다. 아닌 척 하지 말자. 물론 다른 판단 기준들도 열심히 외워둬야 하겠지만 말이다.

통치구조론 같은 경우 대부분 논술형으로 나온다. 이름은 논술형이지만 논리가 필요없다. 사실상 '아는대로 쓰시오'다. 이 부분은 다들 공부를 안하기 때문에 뭐가 나와도 죄다 '불의타'라고 한다. 조문만 써도 상위권이다. 농담이 아니다. 헌법이 아닌 국회법 등의 여기저기 박혀있는 조문들이 내 시험용 법전 어디쯤에 있는지만 알고 들어가면 된다. 조문 쓰고, 문제에서 물어보는 것에 대해 '기다, 아니다' 학설을 지어서 써준다음 마음대로 결론을 내면(이런 문제들의 경우 대부분 헌재 결정례가 없다) 최상위권이다. 농담이 아니다.

행정법은 사례형 중 논리흐름이 가장 중요한 과목이다. 사실 여러분들에게 행정법은 논리적이라는 느낌보다는 죄다 외워야되는 과목이라는 인상이 강할 것이다. 어느 정도 기초 지식이 필요한 것은 사실이다. 특히 행정법은 또 논리의 흐름 와중에 우리 법제하에서는 문제가 되지 않지만 '독일법제하에서' 문제되기 때문에 언급을 해주고 넘어가야 하는 부분들이 있다. 이런 문제를 마주칠 때면 '허수아비 때리기'라는 생각이 들긴 하지만 어쩌겠는가. 그런 부분들은 외워야 한다. 그런데 그런 부분이 그렇게 많지 않다. 우리가 공법에 투자하는 노력과 시간이 적은 것이 문제다.

일단 그 수준에 도달하면 논리 흐름 전개가 가장 중요하다. 예를 들어 '부관'과 관련된 문제가 나왔다고 하면 부관을 붙일 수 있나?→*부관을 붙이려면 재량행위여야 하는데* 이게 기속행위인가 재량행위인가?→이거 *보아하니 특허나 허가일 것 같은데 재량행위와 친한 것은 특허이니*… 아마 특허인가? 까지 머릿속에서 생각을 하고 순서를 뒤집어서 하나하나 써나가면 된다.

또 하나 예를 들자면 어떤 행정행위에 대해 '취소소송을 제기할 수 있는지'를 묻는 문제가 나온다면 '일단 취소소송을 제기하려면 대상 행위가 처분이어야 하는데 처분인가? → 처분이 맞다면 위법한지 아닌지 판단을 해야하는데 *위법성 판단은 기속행위인지 재량행위인지에 따라 달라지는데* 재량행위인가? → 위법한가? → 그렇다면 그 정도는 무효인가 취소인가?' 같은 구조도 있다. 꽤 여러 파트에서 여러 조합이 나온다.

이런 문제 풀이 논리 구조에 익숙해져야 한다. 여러분들이 나락으로 가곤 하는 행정법의 큰 문제들은 모두 이런 논리 구조의 흐름대로 풀어야지 점수를 제대로 받을 수 있다. 단순히 외워야 할 쟁점들만 외우지말고 위 이탤릭체로 표기한 부분과 같이 *다음 쟁점으로 넘어가는 연결고리가 되는 전제들*을 잘 익혀두어야 한다. 간혹 친절한 출제자의 경우들은 이 한단락 한단락을 풀어서 소문제로 쪼개주신다. 다 여러분이 행정법 공부를 안한다는 것을 알고 있기에 그런 것이다.

4. 기록형

법학문제 풀이 과정에서 "2) 문제될만한 주제(청구권, 제도 등)를 캐치해내기"가 가장 중요하게 다뤄지는 파트이다. 물론 "3) 판단기준들에 따라 가부를 판단" 역시 필요하다. 이 둘이 가장 고차원적 사고를 요하는 과정이고 이 둘을 모두 테스트하는 기록형은 변호사시험의 꽃이라고 할 수 있다.

이 부분은 공법 / 형사법 / 민사법 기록형이 각기 매우 다르므로 과목별로 별도로 서술하겠다.

공법 기록형은 부담이 적다. 일단 기록형을 위해 따로 공부해야 할 것이 거의 없다시피 하다. **내가 공법 기록형이 문제라고 생각하는 사람은 양심이 있으면 왼쪽 가슴에 손을 얹고 생각해보자. 내가 공법 기록형을 못하는건지 그냥 공법 공부를 안한건지.**

청구원인 검토 틀과 청구취지[7] 유형 대여섯개 정도, 그리고 각 문서별 형식적 기재

---

7 아직 로스쿨생이 아닌 분들을 위해 설명하자면 청구취지는 소장의 '결론'에 해당하는 파트다. 굉장히 형식적인 문장으로 작성된다. 당연하다. 법원에 낼 서류에 "쟤가 내 돈 떼먹었어요"라고 쓸 수는 없지 않는가. "피고는 원고에게 100원 및 이에 대한 2022.2.2. 부터 다 갚는 날까지 연10%의 비율로 계산한 돈을 지급하라" 이런 식이다. 청구원인은 판사님께 내가 청구취지에 쓴 내용을 왜 들어주셔야 하는지 열심히 설명해드리는 파트다. 여기에 나열해야 될 내용들이 바로 요건사실이다.

사항들만 외우면 된다. 행정소송 소장의 청구원인 검토는 사례형과 살짝 느낌이 다르기 때문에 익숙해지는데 몇 번의 연습이 필요하다. 그나마 행정법이나 그렇고 헌법은 청구취지와 형식적 기재사항 말고는 사례형과 똑같다. 나머지는 공법 수업시간에 배운 기초 법리들의 적용이다. 더군다나 그나마 학생들의 실력이 차이가 드러난다고 할 수 있는 청구취지의 경우는 모두가 다 개판으로 쓰기 때문에 결국 점수 차이가 크지 않다. 상대평가의 아름다운 점이다. 상대적으로 덜 개판이기만 해도 여러분도 상위권이 될 수 있다. 쉽게 줏어먹을 수 있는 점수인 형식적 기재사항만 틀리지 말자.

민사 기록형 공부라 하면 무엇이 가장 중요한가? 청구취지? 요건사실? 아니다. **단언컨대 민사 기록형의 a to z는 '청구권 찾기'다.**
청구취지, 요건사실은 기본이 다 된 학생들이 하는 것이다. 그 근거는 다음과 같다.
첫째, 기출분석과 이런저런 곳에서 줏어들은 이야기들을 종합해보면 기록형 문제 출제위원분들은 '청구권'을 기준으로 생각하며 출제를 하지 '이 청구취지를 내야지'라고 생각하고 출제를 하지 않는 것으로 보인다. '새로운 유형의 확인소송'과 같이 청구취지가 몹시 특이한 특유의 문제를 너무 내고 싶은 경우가 아니라면 출제위원들은 여러분들이 생각하는 것만큼 청구취지를 신경쓰지 않는다. 내가 출제위원이라도 그러겠다. 전자소송 사이트에 들어가면 청구취지가 다 입력돼있는데 뭐하러 그걸 암기 테스트를 하나? 민사법의 진짜 중요한 내용들은 '어떤 청구권이 문제되고 어떻게 적용되는가'이지 '그걸 문장으로 어떻게 쓸것인가'가 아니다.
둘째, 부분점수다. 청구취지의 배점이 높다는 사실때문에 다들 온갖 청구취지 암기에 목숨을 건다. 하지만 청구취지는 '문장 구성이 어떻게 되는가' 정도만 몇 번의 연습으로 익혔으면 됐다. 설사 좀 개떡같이 썼더라도 '부분점수'가 많이 들어가는 파트다. 청구권 검토가 맞다면 청구취지는 아무리 틀려도 10점 중 5점은 받을 수 있다. 기껏해야 어순이나 조사를 잘못쓴 것일테다. 내용이 맞다면 한국어 문장 구조가 바뀌어 봤자 얼마나 크게 바뀌겠는가?
하지만 청구권을 잘못찾으면? '청구취지', '청구원인' 점수 전부가 통으로 날아간다. 청구취지 10점의 문제가 아니다. 단 하나의 실수로 30점이 증발해버린다. 청구취지를 못외운 경우 부분점수 5점 깎이고 마는 것과는 차원이 다른 문제다.
이러한 점에서 민사 기록형은 변호사시험 중 가장 잔인한 과목이다. 내가 앞서 다른 부분들에서는 변호사시험은 학생들간의 차이에도 불구하고 등수 변동이 크게 생기지 않는 잘 구성된 시험이라고 했지만 유일하게 그 예외로 단 한번의 실수로 등수가 나락으로 떨어질 수 있는 과목이 바로 민사 기록형이다. 단 한번의 실수로, 혹은 단 하나의 판례를 몰라서 30점 혹은 그 이상이 사라질 수 있다. 게다가 기록형은 왜 이 청구권을 선택하고 저걸 선택하지 않았나를 변명할 기회가 주어지지 않는 시험이기 때문에 청구권을 잘못 선택한 경우 부분점수도 없다. 너무 무섭다.

그럼 이 무서운 시험을 어떻게 준비할 것인가.

교과서를 펼쳐라. 기록형 문제집이나 요건사실론 말고 민법 교과서. 그리고 청구권이 될 수 있는 것들을 모조리 찾아보자. 그리고 나서 어떤 사안(초기조건)에서 어떠한 청구권들이 문제될 수 있는지 머릿속에 떠올리는 연습을 하자. 요건사실론 책에 있는 청구권들만 보면 안된다. 심지어 요건사실론 책에 나오지 않는 청구권들도 기록형 시험에서 마구 등장한다. 요건사실 표만 달달 외운 학생들은 그 사고에 갇혀 그 표 밖의 청구권이 있을 것이라는 생각을 못하게 된다. 크게 분류해서 계약관계 / 소유관계 / 점유관계를 분석하면 각 사안에서 문제되는 청구권을 찾기가 조금은 수월할 것이다. 다 떠올려봤는데 모르겠다고? 그러면 확인소송[8]이다.

대충 사안을 봤을 때 여러 청구권을 다 쓸 수 있을 것 같은 때에는 고민하지 말자. 예를 들어 계약에 기한 청구도 할 수 있고 물권에 기한 청구도 할 수 있는 경우가 가장 흔하다. 법학이 다루는 딜레마들은 모두 '다기준 문제'이고 하나의 해가 없다[9]. 단지 많은 경우 판례가 있어서 억지로 하나의 정답으로 처리하는 것일 뿐. 여러가지 경우의 수가 모두 가능한 경우가 흔하게 나올 수 밖에 없다. 사례형의 경우 문제에서 당사자들이 청구권을 골라주기 때문에 문제가 되지 않지만 기록형에서는 이도되고 저도되는 경우가 흔하게 나온다. 가장 끌리는 것 하나를 빨리 정해서 일단 쓰자. 고민하는 시간만큼 여러분 손해다. 이러한 경우 청구원인에 어떤 청구권을 선택했는지 한마디 써주면 득점 포인트가 된다.

그리고 그 외에 어떤 청구권을 **쓰면 안되는** 케이스들을 모조리 외워두자. 이부분은 기본법리 공부에 해당하니 쉽다. 예를 들어 '무자력'인 채무자가 등장했다. 민법에 인생의 ⅓을 쏟아부은 여러분들은 바로 채권자대위권과 채권자취소권이 떠오를 것이다. 그런데 당사자 얘기를 들어보니 이미 채권자취소 판결을 받았네? 기판력에 걸리네?

---

8 위에서 언급한 전형적인 청구취지와 같이 상대방에게 무엇인가를 청구할 권리가 있다면 문제가 없지만 그렇지 않은 경우도 있다. 하지만 법적으로 뭔가 불안한 상황이다. 내가 상가를 정당히 임차해서 장사를 하고 있는데 건물주가 이유없이 자꾸 나가라고 껄떡대는 경우를 생각해보자. 이럴 때에는 '내 말이 맞죠?'하고 법원에 물어보는 수 밖에 없다. 이런 소송을 확인소송이라 한다.

9 법의 딜레마와 다기준 문제에 대하여 더 알고싶은 분들은 하기 책을 참조하자.
레오 카츠. 이주만 역. "법은 왜 부조리한가". 와이즈베리. 2012

이런 부분이다. 주로 민사소송법의 중복소송, 기판력 등이 문제가 된다. 그 외에도 여러가지 문제가 될 수 있다.

청구원인은? 요건사실을 열심히 외웠지않는가. 그걸 쓰면 된다. 그런데 꽤 많은 경우 써야할 요건사실들이 뒤죽박죽이 된다. 특히 상대방의 항변과 그에 대한 반박들을 뭉개서 청구원인에 쓰는 경우 더욱 그러하다. 분명히 알고 있는데 막상 쓰려니 헷갈린다. 거기다가 요건사실론에 없는 청구는? 그런 부분들은 대충 쓰고 넘어가자. 그리고 해당 '사실'은 되도록 짧게 치고 넘어가자. 길게 기록에 주어진 사실들을 모두 나열할 이유가 전혀 없다.

모두가 요건사실론을 배우고 모두가 알고있지만 복잡한 문제에서 청구원인을 써보면 제각각 다르다. 그리고 변호사시험 민사 기록형은 대부분 복잡하게 나온다. 친구들과 기록형 스터디를 한번 해보고 청구원인을 비교해보라. 어디에 썼는지, 순서도 다르고, 위치도 다르고, 분량은 천차만별이다. 내가 채점위원 경험은 없어서 장담할 수는 없지만 일단 요건사실에 해당하는 내용을 한톨이라도 썼으면 점수를 줄 것이다. 명백히 써야될 것을 쓰지 않은 경우에만 감점을 할 것이다. 써야될 것을 뭐라도 썼으면 됐지 그것을 기록에 나타난 상세내용대로 모조리 베끼며 10줄씩 써내려갈 필요는 없어 보인다. 여러분이 채점위원이라 생각해보자. 청구원인 기재는 정형화된 부분도 아니고, 어떤 이들은 길게 열심히 썼지만 기록에 나온 내용 베낀게 전부인데 차별화된 점수를 줄 수 있을까? 그 시간과 정력을 아껴서 꼼꼼히 청구권을 찾는데 쓰자. 남들은 기록형 답안지를 8~9장 쓸때 달랑 6장 쓰고 120점을 넘기는 고득점을 하는 학생이 있다(민사기록형은 175점 만점이다). 이것이 무엇을 의미하는지 생각해보자. 짐작하다 시피 내가 그런 녀석이었다.

형사 기록형은 너무 정형화되어 테크닉이 중요하다. 기록에 이 문구가 나오면 이게 문제되는구나, 이게 문제될 때에는 답안지에 이 법리, 저 문구를 써줘야 되는구나. 이런 것들이 정해져있다. 해드릴 말이 없다. 연습으로 익히자. 아마 여러분이 나보다 잘 할 것이다. 나는 이 연습을 하도 안해서 형사 기록형은 계속 못했다. 내 최대 약점과목이다. 형사법은 별도의 기록형 지식이라고는 각 서식별 형식적 기재사항 외에는 알아야 될 것도 없다. 사례형에서도 제일 중요한 증거법이 기록형에서 조금 더 중요해진다.

5. 선택법

일단 선택법은 뭘 선택하는가부터가 문제된다.

선택법을 선택할 때 여러분이 고려해야 할 점은 **오직 표준점수**다. 물론 취업할 때

'나 이런 특이한 선택법 공부했어요' 하고 자랑하고 싶은 마음 나도 잘 안다. 그런데 이 글을 읽는 여러분은 변호사시험 합격부터가 문제인데 왜 벌써 김칫국부터 마시는가? 합격을 해야 취업을 한다. 나도 경제법과 노동법 과목을 수강했고 열심히 공부했지만 결국 표준점수를 위해 국제거래법을 선택했다. 노무사 자격이 있는 동기가 노동법을 선택하는 것을 보고 바로 화끈하게 고집을 접었다. 내가 걔랑 어떻게 싸워?

과락 때문에 겁먹지 말자. **과락이 많이 나온다는 얘기는 시험이 어렵다는 얘기가 아니라 가장 공부 안 하는 학생들이 선택하는 과목이라는 뜻이다.** 그말인 즉슨, 공부 비슷한 것만해도 표준점수를 높게 가져갈 수 있다는 것이다. 특히 합격여부가 간당간당한 사람이라면 이렇게 조금이라도 남들보다 점수를 잘 받을 수 있는 기회는 더더욱 신경써야 한다. 객관식 10개 이상의 점수 차이가 선택법 선택으로 벌어진다.

같은 이유에서 **자신이 상대우위를 확실히 점할 수 있는 과목**이라면 그걸 선택하는게 맞다. 선택법에서 고려할 것은 오직 표준점수다. 예를 들어 자신이 노무사라면 노동법을, 공정위에서 일하다 왔다면 경제법을, 이도저도 아닌데 행정법 하나는 끝내주게 자신이 있다면 환경법을 택하는게 맞다.

그런 것이 없는 경우에는 자신의 학교에서 변시대비가 되는 선택법 수업을 제공한다면 그 과목을 택하자. 사실 이것이 가장 좋은 방법이다. 국제거래법이든 뭐든 학교에서 수업을 들은 사람들만큼 공부하는 학생들 자체가 거의 없다. 여러분의 학교에서 개설되는 선택법 과목을 수강하였다면 그 자체로 상대우위를 확실히 점하게 된다. 시험기간에 열심히 중간고사, 기말고사 공부를 한 기억이 엄청나게 큰 도움이 될 것이다. 학교 내에서는 같이 수업을 들은 동기들 밖에 보이지 않으니 내 상대적 위치에 대한 불안감이 들 것이다. 하지만 변호사시험은 전국단위 상대평가다. 내 주변이 아닌 전국을 보아야 한다. 수업을 함께 수강한 동기들 모두가 최고의 표준점수를 챙겨갈 것이다.

선택법의 선택은 보통 3학년이 되고 나서 하지만 개인적으로 2학년 2학기 즈음에는 선택을 하고 일회독이라도 시작하는 것을 추천한다. 얼마되지도 않는 분량, 일회독이라도 더 해두면 바쁜 3학년 때 큰 힘이 된다. 그리고 2학년 2학기부터 시작을 해두어야 6월 모의고사 때부터 바로 전과목을 온전히 평가받을 수 있다.

일단 선택을 했으면? 제발 공부를 하자. 팁이랄게 없다. 맨날 선택법 걱정만 하고 공부는 안 하는거 다 안다. 한 달에 하루씩이라도 억지로 잡아서 기출문제라도 **훑어보자. 제발.**

나가며

변호사시험이 끝난 후, 4일에 걸쳐 짐을 버리고, 옮겼다. 버릴 것도, 집에 가져갈 것도 많았다. 참 많은 것들을 배웠구나 싶었다. 수험서들 중 멀쩡한 것들은 후배님들께 나눠주고, 교과서들은 모두 집에 가져왔다. 대한민국에서 이토록 짧은 시간에 이토록 많은 배움과 즐거움을 얻어갈 수 있는 곳이 또 있을까. 배운 것도 많고 느낀 것도 많았기에 하고 싶었던 말이 너무 많았지만 출판을 위해 원고에서 약 50페이지 분량 이상을 덜어냈다. 아쉽게 삭제한 부분들은 나중에 여러분과 따로 나눌 기회가 있기를.

지금은 내 인생 마지막 방학을 즐기고 있다. 넷플릭스와 음악, 그리고 독서를 즐기며 틈틈이 글을 썼다. 지난 날들을 돌아보며. 지난 3년, 내 35년 인생 중 가장 빛났던 3년을 되돌아보며. 졸업한지 한 달밖에 되지 않았는데 벌써부터 그립다. 모두가, 모든 것들이 사무치게 그립다. 동기들, 선후배님들, 교수님과 행정실 직원분들, 도서관 얼친들, 신나게 먹던 흑석동 맛집들과 급식, CAU버거 아이스크림, 그리고 캠퍼스에서만 누릴 수 있는 빛나는 자유와 낭만. 이 모든 것들이 나를 그동안 행복하게 해주었던 것이다. 이토록 많은 것들이. 이 모든 것들을 많은 사람들과 함께 나누고 싶었다. 로스쿨에 관심을 가진 학생, 직장인들, 로스쿨 재학생, 졸업생 모두에게.

가진 것 없는 이공계 직장인 아저씨의 치기 어린 퇴사의 꿈은 로스쿨 입학의 꿈을 거쳐 법조인의 꿈으로 커갔고, 꿈은 현실이 되었다. 로스쿨 제도가 아니었다면 상상도 못했을 일이다. 이런 고마운 로스쿨에게 보답하고자 로스쿨의 긍정적인 면을 알리고 싶은 마음도 있었다. 인터넷을 보면 로스쿨에 대한 부정적인 이야기들이 허다하다. 게다가 대부분 추측성 발언에 불과하다. 그러니 긍정적인 글도 하나쯤 있어야 균형이 맞지 않겠는가? 근거를 갖추어서 말이다. 법학에서 요구하는 논리는 수학의 엄밀한 논리가 아니라 근거를 갖추어 주장하라는 의미이다. 그래서 최대한 많은 곳에 근거를 찾아 각주로 넣었다. 이 책에서 내 상상의 산물은 없다.

로스쿨에서의 3년은 최고의 인재들과 함께 흘러넘치는 낭만과 자유 속에서 정말 많은 것들을 즐기고 배워갈 수 있는 소중한 시간이다. 이 책을 접한 로스쿨생들은 물론 로스쿨 준비생분들도 골방에 틀어박혀서 스스로를 괴롭히며 공부만 하지 말고 사람도 많이 만나고 책도 많이 읽으며 세상에 대한 다양한 관심을 놓지 말았으면 하는 바람이다. 공부는 내가 "변호사시험 합격을 위한 공부방법론"에 쓴 대로 효율적이고 효과적으로 하자. 그거면 충분하다. 3년의 그 귀중한 시간을 법 공부에만 쏟기에는 너무나도 아쉽다. 로스쿨 제도의 가장 강력한 도입 취지도 바로 그것 아니겠는가. "법밖에 모르는 법조인을 양성하지 말자." 이런 내 마음이 여러분들께도 전달되어 넓고 넓은 세상의 정말 많고 다양한 분야에서 활약할 수 있는 관심과 실력을 갖춘 행복한 제너럴리스트가 되었으면 한다.

그 무엇보다 '들어가며'에서 언급했듯, 여러분들에게 웃음을 나눠줄 수 있는 글이 되었기를 바란다(별로 재미없었으면 죄송하다). 웃음은 지친 삶 속에서 피어나는 꽃이요 그 꽃은 우리가 다시 일어설 힘이 되니까. 엘비스 프레슬리의 노랫말처럼, "인간이 꿈 꿀 수 있는 힘을 가지고 있는 한, 그는 영혼을 구원하고 날아오를 수 있으리"[10]

---

10 Elvis Presley. "If I Can Dream"의 가사 일부. 'As long as a man has the strength to

마지막으로 내 원고의 진가를 가장 먼저 알아봐주신 박영사의 임재무 전무님, 책의 출간을 위해 큰 노력을 해주신 이후근 대리님, 양수정 편집자님, 이소연 디자이너님께 이 자리를 빌려 감사드린다.

위에 언급한 모든 이들을 사랑하고
이를 읽는 모든 이들을 응원하며
2022. 6월
최기욱

dream, He can redeem his soul and fly'

저자약력

최기욱

1988년 서울 출생
서울외국어고등학교 영어과 졸
고려대학교 기계공학과 졸
현대엔지니어링 근무(엔지니어, 리스크 매니저 2014.1.~2018.12.)
중앙대학교 법학전문대학원 졸
제11회 변호사시험 합격
네이버 블로그 "GEORGE FREDRIC HANDEL" 운영 중(http://blog.naver.com/girugi88)
girugi88@naver.com
인스타그램 choi.kiuk

비바! 로스쿨

초판발행	2022년 6월 20일
중판발행	2022년 9월 15일
지은이	최기욱
펴낸이	안종만 · 안상준
편 집	양수정
기획/마케팅	이후근
표지디자인	이소연
제 작	고철민 · 조영환
펴낸곳	(주) **박영사**
	서울특별시 금천구 가산디지털2로 53, 210호(가산동, 한라시그마밸리)
	등록 1959. 3. 11. 제300-1959-1호(倫)
전 화	02)733-6771
f a x	02)736-4818
e-mail	pys@pybook.co.kr
homepage	www.pybook.co.kr
ISBN	979-11-303-4202-3 03360

copyright©최기욱, 2022, Printed in Korea

* 파본은 구입하신 곳에서 교환해 드립니다. 본서의 무단복제행위를 금합니다.
* 저자와 협의하여 인지첩부를 생략합니다.

정 가   19,000원